David Brooks
Die Bobos

David Brooks

Die Bobos

Der Lebensstil der neuen Elite

Aus dem Amerikanischen
von Martin Baltes

Ullstein

Die Originalausgabe erschien 2000 unter dem Titel *Bobos in Paradise*
bei Simon & Schuster, New York

Der Ullstein Verlag ist ein Unternehmen
der Econ Ullstein List Verlag GmbH & Co. KG

ISBN 3-550-07150-7

Lektorat: Henriette Zeltner
Satz: Franzis print & media GmbH, München
Druck und Bindung: GGP Media, Pößneck

Für Jane

Inhalt

Einleitung

Auf die Idee zu diesem Buch kam ich durch eine Reihe von Beobachtungen. Viereinhalb Jahre hatte ich im Ausland zugebracht, und als ich in die USA zurückkehrte, sah ich meine Heimat mit völlig anderen Augen. Vieles hatte sich verändert: Die reichen Wohngebiete und ehemaligen WASP-Refugien waren plötzlich übersät mit Kaffeehäusern, in denen die Leute aus kleinen Tassen europäischen Kaffee schlürften und sich von *Alternative*-Klängen berieseln ließen, während sich die Wohnungen in den innerstädtischen Bezirken, der traditionellen Bastion der Boheme, in mehrere Millionen Dollar teure Lofts verwandelt hatten, in deren Nachbarschaft man in exklusiven Garten-Boutiquen pseudo-authentische Schäufelchen für schlappe 35,99 Dollar erwerben kann. Selbst Konzernriesen wie Microsoft und GAP hatten sich weit in die Städte vorgewagt und warben mit Zitaten von Gandhi und Jack Kerouac. Sämtliche Statussymbole schienen ausgetauscht worden zu sein: Coole Rechtsanwälte trugen winzige Nickelbrillen. Es war ganz offensichtlich angesagt, wie Franz Kafka und nicht wie Paul Newman herumzulaufen.

Am meisten verblüffte mich allerdings die Tatsache, dass die alten Kategorien ausgedient hatten. Das ganze

20. Jahrhundert hindurch hatte man relativ gut zwischen der bourgeoisen Welt des Kapitalismus und seiner Gegenkultur, der Boheme, unterscheiden können. Die Bourgeoisie, das waren die Spießer und Pragmatiker, die an Tradition und Moral festhielten, für große Unternehmen tätig waren, in den Vorstädten lebten und sonntags in die Kirche gingen. Die Bohemiens hingegen waren Freigeister, die sich über alle Konventionen hinwegsetzten: Künstler und Intellektuelle, Hippies und Beatniks. Nach dem alten Schema standen die Bohemiens für die Werte der radikalen Sechziger, und die erfolgreichen Yuppies der Achtziger waren die Bourgeoisie.

Nun aber waren mit einem Mal Boheme und Bourgeoisie miteinander vermischt. Es war einfach nicht mehr möglich, einen Espresso-süchtigen Künstler und einen Cappuccino-liebenden Banker auseinander zu halten. Und das lag nicht bloß an den modischen Accessoires. Auch in seiner Einstellung zu Sex, Moral, Freizeit und Arbeit ließ sich der Vertreter des Anti-Establishments nicht mehr von einem stromlinienförmigen Unternehmer unterscheiden. Bei den meisten Leuten – zumindest bei denen, die ein College besucht hatten – schienen rebellische Ansichten und soziale Aufstiegswünsche einander nicht mehr auszuschließen. Wider alle Erwartung, vielleicht sogar wider alle Logik, hatte sich die Gegenkultur der Sechziger mit dem Erfolgsstreben der Achtziger offenbar zu einer gemeinsamen Sozialethik verbunden.

Nach immer neuen Entdeckungen und weiterführender Lektüre dämmerte mir allmählich, dass ich hier die Folgen des Informationszeitalters vor mir hatte, in dem der ökonomische Erfolg auf Ideen und Wissen ebenso angewiesen ist wie auf natürliche Ressourcen und Investitionskapital. Die immaterielle Welt der Information verschmilzt mit der materiellen Welt des Geldes. Es entstehen neue Begriffe, in denen beide bereits miteinander verbunden sind: »Intellektuelles Kapital« oder »Kulturindustrie«. Wir leben in einer Zeit, die ideal ist für Menschen, die aus Ideen Produkte machen können, meist gebildete Leute, die mit einem Bein in der Welt der Boheme und Kreativität stehen und mit dem anderen fest in einem bourgeoisen, von Ehrgeiz und materiellem Erfolg geprägten Umfeld. Die Vertreter der neuen Elite des Informationszeitalters sind bourgeoise Bohemiens oder kurz: Bobos.

Sie sind es, die in unserer Epoche den Ton angeben. Sie sind das neue Establishment. Ihre hybride Kultur schafft die Atmosphäre, die wir alle atmen. Ihre Statussymbole beherrschen den Alltag, ihre moralischen Werte sind das Maß unserer zwischenmenschlichen Beziehungen. Wenn ich das Wort »Establishment« verwende, klingt das finster und elitär. Darum lassen Sie mich von vorneherein klarstellen, dass ich selbst zur Spezies der Bobos gehöre – wie wohl auch die Mehrzahl der Leser dieses Buches. Und außerdem: So schlimm sind wir ja gar nicht. Eliten findet man in allen Gesellschaften, und unsere Bildungselite ist ein gutes Stück aufgeklärter als alle bisherigen Eliten, die ihre gesellschaftliche Stellung nur der Abstammung, dem Besitz oder militärischen Verdiensten schuldeten. Ganz gleich wo wir – die Vertreter der Bildungselite – uns niederlassen, überall sorgen wir dafür, dass das Leben interessanter, abwechslungsreicher und erbaulicher wird.

Das Buch, das Sie in Händen halten, beschreibt die Ideologie, die Sitten und Gebräuche sowie die Moral der Bobos. Ich werde bei den oberflächlichen, augenscheinlichen Dingen beginnen und nach und nach in die Tiefe vordringen. Auf ein Kapitel über den Ursprung der wohlhabenden Bildungsschicht folgen Beschreibungen ihres Konsumverhaltens, ihres Geschäftsgebarens, ihrer intellektuellen, sozialen und geistigen Merkmale. Schließlich wende ich mich der Frage zu, in welche Richtung sich die Bobo-Elite entwickelt. Immer wieder werde ich einen Blick auf die Gesellschaft und die Ideen der Fünfzigerjahre werfen, weil dieses letzte Jahrzehnt des Industriezeitalters mit seiner Elitekultur einen starken und anschaulichen Kontrast zur Gegenwart bildet. Außerdem stammen die meisten Bücher, die mir die gegenwärtige Bildungselite verstehen halfen, aus der Zeit zwischen 1955 und 1965 – einer Zeit, als der für viele Entwicklungen so entscheidende sprunghafte Anstieg der Studentenzahlen seinen Anfang nahm. Bücher wie *Herr und Opfer der Organisation*, *Tod und Leben großer amerikanischer Städte*, *Gesellschaft im Überfluss*, *Die unsichtbaren Schranken* und *The Protestant Establishment* waren die ersten Manifeste einer neuen Schicht, und während das Feuer der Sechziger so gut wie erloschen ist, hören die intellektuellen Funken der Fünfziger nicht auf zu zünden.

Abschließend noch eine Bemerkung zum Ton dieses Buchs. Wer nach Statistiken sucht, wird dies vergeblich tun. Auch wer sich eine Theorie erhofft, wird leer ausgehen. Max Weber hat nichts zu befürchten. Mir ging es ausschließlich darum, eine Lebensweise zu beschreiben, und dazu habe ich mich einer Methode bedient, die ich als »Comic Sociology« bezeichnen möchte. Ihr Ziel ist es, die Essenz von kulturellen Mustern herauszudestillieren, den Geschmack der Zeit zu erfassen, ohne ihn jedoch mit wissenschaftlicher Exaktheit zu bestimmen. Oft treibe ich meinen Spott mit dem Verhalten meiner Klasse – bestreite ich meinen Lebensunterhalt etwa als Nestbeschmutzer? – insgesamt gesehen dürfte man mich jedoch eher als Fürsprecher der Bobo-Kultur ansehen. Wie dem auch sei, das neue Establishment wird den Ton noch eine ganze Weile lang angeben. Und das sollte Anlass genug sein, sich mit ihm zu befassen.

1. Bobos an die Macht: Aufstieg der Bildungselite

Ich glaube nicht, dass ich meinen Namen gerne auf der Seite mit den Hochzeitsanzeigen in der *New York Times* wiederfinden würde. Als Vater hingegen hätte ich weniger Bedenken. Stellen Sie sich mal vor, wie glücklich zum Beispiel Stanley J. Kogan gewesen sein muss, als seine Tochter Jamie in Yale aufgenommen wurde, und dann erst der Stolz, als sie in die Studentinnenvereinigung Phi Beta Kappa eintrat und ihren Bachelor of Arts mit Auszeichnung nach Hause brachte. Stanley selbst ist ja auch nicht gerade auf den Kopf gefallen. Immerhin ist er Kinderurologe in Croton-on-Hudson und hält Vorlesungen am Cornell Medical Center sowie am New York Medical College. Und trotzdem wird er sich mächtig gefreut haben, als seine Tochter mit Bachelorhut und Talar ihr Abschlusszeugnis in Empfang nahm.

Aber es kam noch besser. Jamie absolvierte blitzgeschwind das Jurastudium in Stanford und lernte obendrein auch noch einen Mann kennen – und zwar genau so einen, wie ihn sich ein Kinderurologe in seinen kühnsten Träumen erhofft: Thomas Arena, B.A. von Princeton, auch er bei Phi Beta Kappa, auch er mit Auszeichnung graduiert und auch er Jurastudent in Yale.

Und nun prallen diese beiden überwältigenden Lebensläufe aufeinander, um sich für immer zu vereinen. Wer sich beim Anblick der zur Hochzeit geladenen Kommilitonen die Frage nach der Gesamtsumme der Studiengebühren nicht verkneifen kann, wird augenblicklich mit heftigen Schwindelgefühlen bestraft.

Die Nichtgeladenen dürfen das freudige Ereignis auf der Hochzeitsseite der *Times* miterleben. Diese einmal wöchentlich erscheinende Rubrik ist die geheime Obsession aller *Times*-Leser und Möchtegern-Balzacs. Ungeniert elitär und ohne ein Blatt vor den Mund zu nehmen, gewährt die »Mergers- and Acquisitions-Seite«, wie sie von Fans liebevoll genannt wird, einen unverstellten Blick auf Amerikas herrschende Klasse.

Als Amerika noch über eine Elite mit Ahnentafel verfügte, standen auf dieser Seite hohe Geburt und noble Herkunft im Mittelpunkt. Aber im heutigen Amerika sind es Genialität und Umgänglichkeit, die den Weg zur Noblesse ebnen. Und wenn man sich die Seite mit den Hochzeitsanzeigen ansieht, kann man die synergetische Kraft der Examensnoten geradezu am eigenen Leib spüren. Dartmouth heiratet Berkeley, ein MBA einen Doktortitel, und Fulbright streift Rhodes einen Ring über den Finger. Lazard Frères verbindet sich mit CBS, summa cum laude mit summa cum laude. Ein summa kann sich nur schwer für ein magna erwärmen – die Kluft erwiese sich vielleicht später als unüberbrückbar. Für die *Times* sind vier Dinge im Leben eines Menschen von Bedeutung: College- und Uni-Abschluss, Karriere, Beruf der Eltern – denn genau das sind die Zutaten der amerikanischen Elite von heute.

Am liebsten würde man diesen Karrieregöttern ja mit Hass und Verachtung begegnen, aber es ist nicht leicht, ihnen die Anerkennung gänzlich zu verweigern. Sie strahlen Offenheit und Zuversicht aus, ihre Zahnreihen sind Meisterwerke amerikanischer Kieferorthopädie, und da die *Times* nur Fotos abdruckt, in denen die Augenbrauen von Braut und Bräutigam auf einer Höhe sind, wirken alle Paare, als würden sie perfekt zueinander passen. Hier begegnen wir Kindern, die jene für die Entwicklung so wichtigen Jahre zwischen 16 und 24 damit verbracht haben, sich die Anerkennung der Erwachsenen zu sichern. Andere mögen in diesem Alter rebelliert, die gesamte Phase als eine einzige große Entfremdung empfunden oder ihre niederen Instinkte erkundet haben – ganz im Gegensatz zu jenen, die es auf diese Seite geschafft haben. Sie verstanden es schon früh, ihre hormonellen Bedürfnisse zu kontrollieren. Ihre Adoleszenz haben sie damit zugebracht, Lehrer zu beeindrucken, für den nächsten Rhetorikwettbewerb zu trainieren und fakultative Zusatzkurse zu belegen. Sie taten genau das Gegenteil von dem, was unsere Gesellschaft von einem Teenager erwartet. Aber der Beamte in der Vergabestelle von Studienplätzen, der tief in uns allen sein Unwesen treibt, drängt uns, diesen Vasallen der Autorität den Vortritt zu lassen. Und die Verantwortlichen in den echten Zulassungsstellen tun genau dasselbe: Sie öffnen ihnen Tür und Tor zu den einflussreichen Colleges und Universitäten und katapultieren sie in die Erwachsenenwelt.

Die überwiegende Mehrheit der Brautpaare auf der Hochzeitsseite der *Times* stammt aus Familien des oberen Mittelstandes. In 84 Prozent aller Fälle handelt es sich bei einem Elternteil – sowohl der Braut als auch des Bräutigams – um Manager, Professoren, Anwälte oder sonst einen Berufsstand mit Renommee. Vom »alten

Geld« (aus der »alten Ökonomie«) haben wir alle schon gehört. Jetzt aber begegnen wir dem »alten Geist«. Diese Leute heiraten spät: Das Durchschnittsalter der Frauen liegt bei 29, das der Männer bei 32. Und sie lassen sich fein säuberlich in zwei Lager aufteilen, in das der »Tauben« und das der »Falken«. Zu den »Falken« gehören Anwälte, Broker und Unternehmer – Leute, die mit Geld zu tun haben und deren Arbeitstag darin besteht, zu verhandeln, zu konkurrieren oder sonst wie Härte zu zeigen und andere übers Ohr zu hauen. »Tauben« haben hingegen meist einen Abschluss in einem geisteswissenschaftlichen Fach. Sie werden Professoren, Leiter einer Stiftung, Journalisten, Aktivisten oder Künstler – Leute, die mit Ideen zu tun haben und die ihre Zeit damit verbringen, mit anderen *zusammen*zuarbeiten. Bei etwa der Hälfte aller Hochzeiten gaben sich zwei Falken das Jawort: ein Duke-MBA mit einem Job bei der NationsBank und eine Juristin mit einem Examen der Universität Michigan, die für die Kanzlei Winston & Strawn arbeitet. Etwa ein Fünftel aller Hochzeiten auf dieser Seite findet zwischen Tauben statt: ein Fulbright-Stipendiat, der in Stanford Literatur unterrichtet, und eine Rhodes-Stipendiatin, die ebenfalls in Stanford Philosophie lehrt. Die restlichen Vermählungen führen zu Mischehen zwischen Tauben und Falken – wobei in dieser Konstellation der Bräutigam meist der Falke ist: vielleicht ein Finanzberater mit einem MBA von Chicago, der eine Grundschullehrerin heiratet, die einen Magister in Sozialpädagogik der Columbia University hat.

Dieser neue Verdienstadel opfert zahllose Stunden für seine Karriere und schöpft große Befriedigung aus seinem Erfolg. Aber die *Times* will nicht den Eindruck entstehen lassen, als würden diese Menschen von ihrem

Ehrgeiz aufgefressen. Woche für Woche wird in der Kolumne »Vows« eine Hochzeit in aller Ausführlichkeit geschildert – und der Subtext ist immer der gleiche: Die gigantischen Verdienste und beruflichen Erfolge verdanken sich einzig und allein einem glücklichen Zufall. Bei diesen Leuten handelt es sich um rotzfreche Freigeister, die vor allem eins im Leben haben wollen: Spaß. Liebevoll zeichnet so ein Artikel sämtliche Details der eigenwilligen Hochzeitsbräuche nach: die Braut, die ihre Brautjungfern in ein russisches Bad schleppt und dort betrunken macht; ein Paar, das ein ehemaliges Bandmitglied von *Devo* anheuert, damit es die Titelmelodie der Gameshow *Jeopardy* spielt; Eheleute, die während der Trauung Verse aus A. A. Milnes *Pu der Bär* vorlesen lassen. Es wimmelt von unvermeidlichen Zitaten der Freunde, die Braut und Bräutigam in hinreißend entzückenden Paradoxen schildern: als gefestigt und durchgeknallt, mit gewagtem Geschmack und traditionsbewusst, ehrgeizig und bescheiden, schlampig und elegant, vernünftig und spontan. Entweder heiraten heutzutage nur noch paradoxe Menschen oder die Angehörigen dieser Schicht wollen sich und ihre Umgebung partout als Verkörperung ausbalancierter Widersprüche verstanden wissen.

Natürlich kommen in diesen Artikeln auch die frisch gebackenen Paare selbst zu Wort. Eine erstaunlich große Zahl von ihnen scheint sich im Zielbereich von Marathonläufen oder mit einer Schaufel in der Hand bei Ausgrabungen in Eritrea auf der Suche nach Resten unserer Ahnen aus dem Pleistozän kennen gelernt zu haben. Die meisten führten eine lange und vorsichtige Beziehung mit gemeinsamen Reisen an ungewöhnliche, aber unter dem Bildungsaspekt reizvolle Orte wie Myanmar oder

Minsk. Viele von ihnen trennten sich jedoch vorübergehend, weil sie bei dem Gedanken, ihre Unabhängigkeit zu verlieren, in Panik gerieten. Es folgte eine Phase der Einsamkeit, in der, sagen wir mal, er die größte Fusion in der Geschichte der Wall Street klarmachte, während sie sich auf Neurochirurgie kaprizierte, nachdem sie von der Sommelierschule geflogen war. Aber schließlich fanden sie doch wieder zueinander – irgendwann bei einem Urlaub am Strand mit anderen Leuten mit ähnlichem Werdegang. Kurz darauf entschlossen sie sich zusammenzuziehen. Über ihre sexuellen Vorlieben wissen wir noch nichts, weil die *Times* bislang keine Unzuchtseite im Repertoire hat. (»John Grind, Rechtsanwalt bei Skadden Arps mit einem Diplom von der Northwestern University, begann mit Sarah Smith, Kardiologin im Sloan-Kettering Hospital mit einem B.A. aus Emory, heftig zu kopulieren.«) Aber wir gehen einfach mal davon aus, dass die intimen Beziehungen ähnlich paradox geartet sind: hart, aber herzlich; abenteuerlustig und doch intim. Manchmal lesen wir von modernen Paaren, die sich gleichzeitig gegenseitig Heiratsanträge machen, aber meistens ist es auch heute noch der Bräutigam, der es auf die gute alte Art und Weise aufs Tapet bringt – meist, wie es scheint, im Heißluftballon über dem Napa Valley oder indem er seiner Angebeteten beim Erkunden gefährdeter Korallenriffe in der Nähe der Seychellen einen Diamantring in ihrer Taucherbrille versteckt.

Maßvolle Innovation lautet das Motto. Als Spross einer Elite, die sich auf Abstammung und Verwandtschaftsbeziehungen gründet, hat man es nicht nötig, eine Hochzeit bis ins kleinste Detail zu planen – nur um sich selbst in Szene zu setzen. Der hohe Stand ist dank der Gesamtheit all deiner Vorfahren unantastbar, und so kann von Generation zu Generation getrost die immer gleiche Zeremonie wiederholt werden. Gehört man hingegen zu einer Elite, die sich durch den Nachweis von Hirnschmalz definiert – wie das heute der Fall ist –, bleibt einem nichts anderes übrig, als subtile Zeichen zu setzen, die die eigene intellektuelle und geistige Identität hervorheben. Einladungen auf handgeschöpftem Papier, aber mit einer unauffälligen Schrift bedruckt, eignen sich da genauso wie Songs von Patsy Cline oder ein Hauch Mendelssohn und ein Anzug im Stil der Fünfzigerjahre, der *so* auf Retro getrimmt ist, dass er in unsichtbaren Anführungszeichen steht. Als Geschenk tauscht man intime Objekte, wie das Snowboard, auf das man sein liebstes Schillerzitat hat pinseln lassen, oder die Gummiente aus der Kindheit, die als Trostspenderin für Jungassessoren in den finsteren Tagen am Supreme Court ein beeindruckendes Comeback erlebte. Auch das Gesicht, das man zur Hochzeit aufsetzt, bedarf großer Sorgfalt. Es muss unverwechselbar, darf aber nicht zu gewagt sein. Doch all das versteht sich von selbst, denn Selbstdarstellung ist das A und O jeder bildungsbürgerlichen Existenz und das Leben ein einziges, nie enden wollendes Hauptstudium. Wenn diese Leute sterben, erwartet Gott sie an der Himmelspforte mit einer Liste all ihrer erfolgreich bestandenen Selbstinszenierungen, überreicht ihnen ein weiteres Diplom und bittet sie einzutreten.

Die Fünfziger

Die *Times*-Seite mit den Eheschließungen prahlte nicht immer mit den Erfolgen der Karrieregötter. In den späten Fünfzigern bot sie ein weitaus ruhigeres und majestätischeres Bild der Gesellschaft. Man betonte weder Beruf noch akademische Abschlüsse. Nur die Beschäftigung des Ehemanns fand Erwähnung, die der Braut nie. (Und in den ganz wenigen Fällen, in denen der Beruf der Braut doch genannt wurde, berichtete man davon in der Vergangenheitsform, als müsse die Heirat ihrer Berufstätigkeit zwangsläufig ein Ende bereiten.) Stattdessen zählten Abstammung und Verbindungen, namentlich nannte man Vorfahren, Trauzeugen, Brautjungfern. College- und Club-Zugehörigkeit des Bräutigams durften nicht fehlen. Und man beschäftigte sich eingehend mit dem Werdegang der Braut, wo sie debütiert hatte, und ihrer etwaigen Mitgliedschaft in Damenclubs. Kurzum, damals war diese Seite der *Times* eine Galaxie exklusiver Konstellationen. Die eingehende Beschreibung des Brautkleids beanspruchte einen Gutteil des Artikels ebenso wie die erschöpfende Schilderung des Blumenschmucks.

»Sie ist verwandt mit Richard Warren, der im Jahr 1664 in Brookhaven an Land ging. Ihr Mann ist ein Nachfahre von Dr. Benjamin Treadwell, der sich 1767 in Old Westbury niederließ. Er graduierte an der Gunnery School und befindet sich in seinem letzten Studienjahr an der Colgate University.« Oder: »Mrs. Williams hat einen Abschluss des Ashley Hall and Smith College. Als Mitglied der Junior League von New York wurde sie 1952 auf dem Kotillon und Weihnachtsball für Debütantinnen in die Gesellschaft eingeführt.« Sätze, nach denen man heute vergeblich sucht. Selbst die Überschriften wären nicht mehr denkbar: »Mrs. Peter J. Belton, geborene Nancy Stevens.« Derartige Formulierungen würde die *Times* heute nur noch im Zusammenhang mit Geschlechtsumwandlungen gebrauchen.

Zwar wurde das Alter in jener – doch wesentlich diskreteren – Zeit verschwiegen, aber die Paare waren deutlich jünger als heute. Viele Männer besuchten noch das College – nicht selten *West Point* oder *Annapolis,* denn damals waren die Militärakademien noch mit den Colleges an der Ostküste verbunden, und außerdem war der Militärdienst nicht verpönt, sondern Teil des Pflichtprogramms der jungen Elite. Aber es gab noch weitere Unterschiede zu heute. So waren beispielsweise die Hochzeitsseiten viel umfangreicher: An einem Sonntag im Juni konnte dieser Teil der Zeitung bis zu 28 Seiten umfassen, auf denen über 158 Hochzeiten berichtet wurde. Und die Berichterstattung wurde eindeutig von den WASPs beherrscht. In den späten Fünfzigern wurde gut die Hälfte aller Ehepaare nach episkopalischer Zeremonie getraut – heute nur noch jedes fünfte, vierzig Prozent sind jüdisch, und man entdeckt auch immer mehr asiatische Namen. Allerdings lässt sich die Gewichtung einzelner Konfessionen auch schwer messen, da jüdische Hochzeiten in den Fünfzigerjahren noch gesondert in der Montagsausgabe aufgeführt wurden. Dennoch steht ein Trend fest: In den letzten vierzig Jahren lief es für die Juden besser als für die Episkopalen.

Die Beschäftigung mit den Porträts und Kommentaren der Fünfziger ist wie ein Ausflug in eine andere Welt, dabei ist das noch gar nicht so lange her. Die meisten Menschen auf diesen vergilbten Seiten leben noch, und ein nicht unerheblicher Teil der Bräute ist noch jung genug, um nicht durch neuere Trophäen ersetzt worden zu sein. Die Hochzeitsseiten aus den Fünfzigern zeichnen ein Sittengemälde einer Schicht, die damals so mächtig war und heute so antiquiert erscheint, das Bild eines Machtgefüges aus Männerbünden, Countryclubs, Rechtsanwälten in weißen Schuhen, eichengetäfelten Wall-Street-Unternehmen und WASP-Patriarchen. Jeder hat seine eigene Vorstellung vom alten protestantischen Establishment: einen Akzent, der fast nur mit Maulsperre gelingt, Burschenschaftssportler, die Ivy-League-Schulen durchlaufen und pausenlos Martinis und Highballs in der Hand halten, und steife alte Männer, wie sie in John-Cheever- oder John-O'Hara-Geschichten vorkommen. Natürlich ist keine Epoche einfach nur ein Klischee – John J. McCloy, der Inbegriff des Eastcoast-Patriarchen, war ein Selfmademan. Dennoch, das soziologische Datenmaterial dieser Zeit bestätigt die Stereotypen.

Man pflegte das europäische Erbe. »John soll Griechisch lernen«, krächzte Johns Vater vom Sterbebett. Mädchen ließen sich von aristokratischen Ritualen begeistern, die nach einer komplexen Hierarchie gegliedert waren und die heute niemand mehr versteht. Weihnachten war die Hochsaison für Debütantinnen, Thanksgiving galt eher als Nebensaison, wurde aber gesellschaftlich höher bewertet. In jenen Tagen kontrollierten die Protestanten einfach alles: Politik, Wirtschaft und Militär. In den Fünfzigern und frühen Sechzigern konnte man tatsächlich noch von einer herrschenden aristokratischen Klasse sprechen. Diese WASPs hatten zwar nicht das ganze Land in ihrer Gewalt, aber sie besaßen die hypnotisierende Macht des Prestiges. Richard Rovere schrieb 1962 in seinem berühmt gewordenen Essay: »Sie haben beinahe uneingeschränkte Entscheidungsgewalt darüber, was in diesem Land als anständig gilt und was nicht.« Der Bildjournalismus jener Tage in Zeitschriften wie *Time* oder *Newsweek* zeigt eine Ansammlung von weißen Männern über sechzig. Diese alte Elite hatte unter anderem die Macht, ehrgeizige Emporkömmlinge mit der falschen Abstammung wie Lyndon B. Johnson und Richard Nixon durch gesellschaftliche Ächtung an den Rand des Wahnsinns zu treiben.

Unterdessen leistete sich jede wohlhabende amerikanische Stadt ihr eigenes Establishment, das Einstellung und Verhalten des nationalen Vorbilds im Kleinen nachäffte. Es gab Clubs auf dem Lande, in denen sich die Stadtväter trafen, um sich rassistische Witze zu erzählen und Lammkoteletts mit Fertigsoße – Pilzcreme, Spargelcreme, Lauchcreme – zu verspeisen. (Es scherte sich ja noch niemand um Cholesterinwerte. Und es war auch noch nicht »out«, krank zu werden und zu sterben.) Das ästhetische Empfinden der WASPs war in aller Regel erbärmlich – Mencken sprach von einer »auf das Eklige gerichteten Libido« – und ihre Konversation schäumte nun wirklich nicht gerade über vor Witz und Geistesgegenwart. Ihre Töchter quälten sie, indem sie ihnen Reitstunden zahlten und sie anschließend zwangen, an Turnieren teilzunehmen. Das Dressurreiten war wie keine andere Sportart dazu angetan, alle Tugenden der WASP-Elite zur Geltung zu bringen: aufrechte Haltung, vornehme Manieren, übertriebene Körperhygiene, sinnlose Disziplin und die Fähigkeit, lange stillzusitzen.

In jener Epoche wurde das Saufen in der Öffentlichkeit noch toleriert und Fuchsjagden und Poloturniere waren noch nicht verpönt. Aber was uns heute am meisten verwundert, ist das schamlose Elitedenken und die Absonderung vom Rest der Gesellschaft. Obwohl der Zweite Weltkrieg einige Standesschranken beseitigt hatte, basierte die Elite der Fünfziger auf einer Mischung aus Antisemitismus, Rassismus, Sexismus und unzähligen anderen unausgesprochenen Barrieren, die all jenen den Zugang verwehrten, die nicht die richtige Abstammung nachweisen konnten. Kinder aus wohlhabenden jüdischen und protestantischen Familien, die zusammen aufwuchsen, wurden im Alter von 17 Jahren auseinander gerissen und zogen ihre Kreise fortan auf verschiedenen Umlaufbahnen: andere Debütantinnentermine, andere Tanzschulen, andere soziale Verpflichtungen. Ein protestantischer Manager konnte zwar eng mit seinem jüdischen Kollegen zusammenarbeiten, wäre aber nie auf die Idee gekommen, ihn als Mitglied in seinen Club aufzunehmen. Als Senator Barry Goldwater sich anschickte, eine Runde Golf im exklusiven Chevy Chase Club zu spielen, teilte man ihm mit, dass der Zugang reglementiert sei. »Ich bin nur Halbjude«, soll er geantwortet haben. »Kann ich dann nicht wenigstens neun Löcher spielen?«

Die WASPs waren herrlich anti-intellektuell. Sie redeten mit höflicher Abscheu von den »aufgeblasenen Intellektuellen«. Ihr eigenes Ansehen fußte auf »animalischer Anziehungskraft und Geld«, so F. Scott Fitzgerald bereits vor Jahrzehnten. Verglichen mit der heute tonangebenden Klasse hatten sie eine eher unkomplizierte Einstellung zum Reichtum. Sie wussten, dass Angeberei vulgär war. Tendenziell wirtschafteten sie sparsam, sahen aber nie einen Widerspruch in ihrem eigenen Wohlstand und dem amerikanischen Prinzip der Gleichheit. Im Gegenteil, die meisten empfanden ihr Elitedasein als einen natürlichen Zustand innerhalb eines geordneten und wohltätigen Universums. Eine Aristokratie würde es immer geben, und deshalb war es Aufgabe derjenigen, die in sie hineingeboren wurden, mit ihren Privilegien auch ihre Pflichten zu akzeptieren. Und es gab tatsächlich einige, für die Pflichterfüllung und Ehre nicht nur leere Worte waren.

Und doch fand sich kein amerikanischer Schriftsteller, der den Untergang der WASPs so leidenschaftlich beklagt hätte wie Giuseppe Tomasi di Lampedusa in seinem Roman *Der Leopard* den Untergang der sizilianischen Aristokratie oder wie Evelyn Waugh den der britischen in *Wiedersehen mit Brideshead*. Dabei besaß das WASP-Establishment im Dienst an der Allgemeinheit eine Ethik, die bis heute nicht überboten wurde. Sicher waren einige von Ehrgeiz zerfressen, aber seiner Verpflichtungen blieb man sich stets bewusst. Manieren und Selbstbeherrschung galten als höchste Tugenden. Und wenn man heute zurückblickt, erscheinen einem diese Tugenden manchmal bedeutsamer als unsere – vielleicht, weil man mehr für sie opfern musste. Junge Männer wie George Bush meldeten sich als Freiwillige für den Zweiten Weltkrieg und eine unverhältnismäßig große Zahl junger Männer aus privilegierten WASP-Familien starb in den beiden Weltkriegen. Diese Leute waren zurückhaltend und ohne die rebellische Rastlosigkeit nachfolgender Generationen. Verglichen mit uns waren sie für Narzissmus nur wenig anfällig. »Du redest zu viel über dich, George«, rügte Bushs Mutter ihren Sohn im Wahlkampf von 1988. Das Wichtigste jedoch war, dass die WASPs Amerika durch das amerikanische Jahrhundert führten und viele der Institutionen schufen, die heute von den Bildungseliten fröhlich übernommen werden.

Aber die heile Welt der episkopalischen Bräute mit ihren Ahnen, die schon vor langer Zeit in die Neue Welt gekommen waren, mit ihren Kotillons und ihren Bräutigamen edelster Abstammung, die uns von den Hochzeitsseiten des Jahres 1959 entgegenblicken, stand selbst damals nur noch auf wackligen Beinen. Die grundlegenden Entscheidungen waren bereits gefallen und wie so viele andere verhängnisvolle Weichenstellungen wurde auch diese von den Zulassungsstellen der Colleges getroffen. Ohne viel Theater oder gar öffentliche Diskussion zerstörten die Verantwortlichen der Zulassungsstellen das WASP-Establishment. Richard Herrnstein und Charles Murray haben diese Entwicklung am Beispiel von Harvard im ersten Kapitel ihres Buches *The Bell Curve* dargestellt. Im Jahr 1952 stammten die meisten Studienanfänger in Harvard noch aus den Kreisen, die auch die Hochzeitsseiten der *Times* beherrschten: von Prep Schools in Neuengland (allein zehn Prozent aus Andover und Exeter), Manhattans East Side, Main Line in Philadelphia, den Shaker Heights in Ohio, der Gold Coast in Chicago, aus Grosse Pointe in Detroit, Nob Hill in San Francisco und so weiter. Zwei Drittel aller Bewerber wurden genommen. War bereits der Vater in Harvard gewesen, hatte man gar eine Chance von 90 Prozent. Beim SAT (dem Scholastic Aptitude Test) erzielten die Männer im Durchschnitt 583 Punkte. Das war gut, aber nicht enorm. Der Durchschnitt in den Ivy-League-Colleges lag damals etwa bei 500.

Und dann kam der Umschwung: 1960 lag der Durchschnitt in Harvard bei 678, in Mathematik sogar bei 695 SAT-Punkten – und das sind nun wirklich astronomische

Zahlen. Der durchschnittliche Studienanfänger von 1952 hätte 1960 zu den letzten zehn Prozent des ganzen Jahrgangs gehört. Hinzu kam, dass die Studienanfänger 1960 sozioökonomisch gesehen aus einer viel breiteren Schicht stammten. Intelligente Kinder aus Queens, Iowa oder Kalifornien, die ein Jahrzehnt zuvor nicht im Traum daran gedacht hätten, sich in Harvard zu bewerben, suchten nun ihre Chance und wurden belohnt. Harvard hatte sich von einer Universität der Elite des Nordostens zu einer Eliteuniversität für die intelligentesten Kinder der gesamten USA gewandelt. Denselben Prozess machten beinahe alle Ivy-League-Universitäten durch.

Wie war es dazu gekommen? In seinem Buch *The Big Test* bemüht sich Nicholas Lemann um eine Antwort. In gewisser Hinsicht hat sich die WASP-Elite selbst zerstört – und das aus wirklich noblen Motiven. Nach dem Zweiten Weltkrieg wurde James Bryant Conant Präsident von Harvard und dominierte damit den protestantischen Olymp. Conant schreckte die Vorstellung, dass Amerika zu einer Erbaristokratie verkommen und er mit der Ausbildung, für die er in Cambridge verantwortlich war, auch noch dazu beitragen würde. Er hatte eine Vision: eine neue Elite, die sich über Leistung definierte. Eine gebildete breite Masse mit der Fähigkeit zu demokratischer Willensbildung hatte er dabei nicht im Sinn, er dachte vielmehr an eine kleine Gruppe, die an Elitehochschulen ausgebildet würde, um anschließend selbstlos dem Gemeinwesen zu dienen.

Mit der Selektion dieser Hoffnungsträger betraute er Henry Chauncey, der selbst in Groton und Harvard studiert hatte, zur Episkopalkirche gehörte und auch ansonsten waschechter puritanischer Abstammung war.

Chauncey teilte zwar nicht Conants Visionen, aber er pflegte ein ausgefallenes Hobby, das der Umsetzung von Conants Ideen sehr gelegen kam: die Erarbeitung standardisierter Testverfahren nach den neuesten Methoden der Sozialwissenschaft. Chauncey war verrückt nach diesen Tests, so wie Technik-Freaks nach ihrer Eisenbahn, nach Atomkraftwerken oder dem Internet. Er hielt die Tests für Wunderwaffen, die es Experten erlauben würden, die Fähigkeiten einzelner Menschen zu ermitteln und die Gesellschaft damit rationaler und gerechter zu organisieren. Chauncey wurde Leiter des *Educational Testing Service*, der den universitären Eignungstest SAT entwickelte. Dank Conant kam er in den für Sozialwissenschaftler so seltenen Genuss, seinen Enthusiasmus in die Tat umsetzen zu dürfen. Lemann zufolge lebt man in Amerika heute in einer von Conant und Chauncey geschaffenen Gesellschaft, die von einer leistungsbezogenen Elite beherrscht wird.

Conant und Chauncey hatten Glück. Ihre Ära war wie keine zweite gewillt, sich ihren Ideen zu öffnen. Nie, weder davor noch danach, hat sich die intellektuelle Elite Amerikas so sicher gefühlt. Soziologen, Psychologen und Makroökonomen meinten die Formel für die Lösung aller individuellen und sozialen Probleme gefunden zu haben. Die Schriften Freuds als Erklärung der Funktionsweise des Geistes waren so einflussreich wie nie. Der Streit um McCarthy mobilisierte Teile der intellektuellen Kaste, und die erfolgreiche Sputnik-Mission ließ ein effizienteres Bildungssystem auch mit Blick auf nationale Interessen dringend erforderlich erscheinen. Und schließlich öffnete John F. Kennedy den Intellektuellen auch noch die Tür zum Weißen Haus und verschaffte ihnen damit Zutritt zur Gesellschaft (zumindest dachten das einige). Intellektuelle nahmen sich mit einem Mal (noch) ernster – und das mit gutem Grund.

Conant und Chauncey waren nicht die einzigen Akademiker, die sich für intellektuelle Werte im Gegensatz zu denen des WASP-Establishments einsetzten. 1956 veröffentlichte C. Wright Mills sein Buch *Die Machtelite*, einen beispiellosen Frontalangriff gegen das System. 1959 folgte Jacques Barzuns *The House of Intellect*, 1963 Richard Hofstadters *Anti-Intellectualism in American Life*, die Breitseite eines akademischen Superstars gegen die »pragmatische« Klasse, ob sie nun reich war oder arm. 1964 sorgte Digby Baltzell von der University of Pennsylvania mit seinem Buch *The Protestant Establishment* dafür, dass das Akronym WASP (»White Anglo-Saxon Protestant«) in den allgemeinen Sprachgebrauch übernommen wurde. Detailliert listete er darin die intellektuellen und moralischen Schwachpunkte dieses Establishments auf. Obwohl Baltzell weitgehend mit den Idealen der WASP-Elite übereinstimmte, warf er ihr vor, selbstzufrieden zu sein und nicht mehr genügend Talente hervorzubringen, um die Reihen zu schließen. Zusammenfassend kann man sagen, dass diese Akademiker die Universitäten von Pensionaten der Hautevolee zu leistungsorientierten intellektuellen Treibhäusern umwandeln wollten.

Zuvor hatten die WASPs bereits einige Attacken gegen ihre kulturelle Hegemonie abwehren können – durch Ignoranz und Gegenangriffe. Die erste Hälfte des Jahrhunderts war von einem Phänomen geprägt, das Michael Knox Beran als »Risorgimento der Wohlhabenden« bezeichnet. Familien wie die Roosevelts legten sich ein strammes, mannhaftes Erscheinungsbild zu, um der

Ostküstenelite ein wieder erstarktes Gefühl von Macht und Selbstvertrauen zu geben und ihr damit die Spitzenposition in der Machtstruktur zu erhalten. In den 1920er Jahren schraubten die Zulassungskommissionen der Ivy League die teils offiziellen, teils inoffiziellen Quoten für Juden empfindlich herab, weil sie den »Charakter« ihrer Institutionen gefährdet sahen. Nicholas Murray Butler verringerte den Anteil der Juden an der Columbia University in nur zwei Jahren um die Hälfte. In Harvard redete der Präsident A. Lawrence Lowell sogar von einem »jüdischen Problem« und auch er sah in den Quoten ein geeignetes Gegenmittel. Aber gegen Ende der Fünfziger-, Anfang der Sechzigerjahre ließen sich derartige Diskriminierungen nicht länger rechtfertigen. Dennoch musste etwa John F. Kennedys Protokollchef Angier Biddle Duke die Mitgliedschaft in seinem bevorzugten Club, dem Metropolitan Club in Washington, niederlegen.

Geschichte ist, wie Pareto einst anmerkte, der Friedhof der Aristokratien. Gegen Ende der Fünfziger- und zu Beginn der Sechzigerjahre glaubte das WASP-Establishment nicht mehr an seinen eigenen Sittenkodex – oder die sozialen Schranken, die ihn gesichert hatten. Vielleicht war seinen Vertretern einfach der Wille abhanden gekommen, für ihre Privilegien zu kämpfen. Der Schriftsteller David Frum sah das Problem darin, dass ein halbes Jahrhundert vergangen war, seit die letzten großen Vermögen gemacht worden waren. Die wichtigen Familien befanden sich bereits mindestens in der dritten Generation und vielleicht war nach so langer Zeit einfach kein Wille und keine Kraft mehr übrig. Vielleicht war es aber auch der Holocaust, der die Situation veränderte, indem er die Diskriminierung diskreditierte, auf die sich die protestantische Vormachtstellung gründete.

Bereits 1964 hatte Digby Baltzell die entscheidenden Trends erfasst: »Was wir heute miterleben«, schrieb er in *The Protestant Establishment,* »ist die schleichende Ablösung einer von den Werten der Eltern geprägten Klassenhierarchie durch eine akademische Hierarchie, die vom Wertesystem der Zulassungsorgane an den Hochschulen beeinflusst ist. [...] War im Mittelalter die Hierarchie der Kirche der sichere Weg, um sozial aufzusteigen, und im 19. Jahrhundert das Wirtschaftsunternehmen der Ort, an dem sich der Traum vom Tellerwäscher zum Millionär erfüllen konnte (als wir noch ein vor allem angelsächsisches Land waren), so ist nunmehr die Universität zum Vehikel des Aufstiegs geworden.«

Das Tor zur Universität stand nun dem *Geist* ebenso offen wie dem *Blut* und innerhalb weniger Jahre veränderte sich die gesamte Hochschullandschaft. Harvard wandelte sich, wie wir bereits wissen, von einer Institution der guten Kontakte zu einer Streberschmiede. Auch die restlichen Einrichtungen warfen ihre Judenquote über Bord und lockerten die Zulassungsbedingungen für Frauen. Die Gesamtzahl der gebildeten Amerikaner nahm explosionsartig zu. Die Summe der Collegeabsolventen hatte sich das gesamte 20. Jahrhundert über kontinuierlich gesteigert, aber zwischen 1955 und 1974 überschlugen sich die Zahlen. Der Anteil der weiblichen Studierenden erhöhte sich zwischen 1950 und 1960 um 47 Prozent und schnellte dann zwischen 1960 und 1970 noch einmal um 168 Prozent in die Höhe. In den folgenden Jahrzehnten wuchs die Zahl der Studierenden immer weiter. 1960 gab es etwa 2000 Hochschulen,

1980 waren es 3 200, 1960 lehrten in den USA 235 000 Professoren, 1980 waren es 685 000.

Der Anteil der Ivy-League-Absolventen im *Who's Who* hat sich im Verlauf der letzten vierzig Jahre nicht geändert, aber die Universitäten konnten ihre Stellung nur deshalb behaupten, weil sie sich vom Mittelmaß der alten WASP-Familien lossagten und auf Leistungsträger mit weniger guten Kontakten setzten.

Der rasante Zustrom zum Bildungsbürgertum hatte einen ähnlich gewichtigen Einfluss auf die USA wie die Urbanisierung auf andere Länder. Mitte der Sechziger besaßen die WASPs zwar noch enormes soziales und politisches Prestige – von ihrer finanziellen Macht einmal ganz zu schweigen –, aber an den Universitäten hatten sie ihre Vormachtstellung eingebüßt. Stellen Sie sich einmal vor, Sie sind ein junger Aufsteiger, das Kind eines Apothekers und einer Grundschullehrerin, und haben Mitte der Sechzigerjahre gerade Ihre Zulassung zu einer der Prestigeuniversitäten erhalten. Auf dem Campus werden noch einige Rituale der WASP-Kultur gepflegt – auch wenn diese der Verwaltung bereits ein Dorn im Auge sind. Als Sie zum ersten Mal alleine in die Welt hinausziehen, begegnen Sie der letzten Generation der alten Schule, den Leuten, die wir bereits von den Hochzeitsseiten der Fünfzigerjahre kennen und die immer noch Schlüsselpositionen besetzen und Ansehen genießen. Sie sind dort, wo Sie hinwollen. Aber das Establishment lebt noch immer in einem Wertesystem, das Ihnen den Aufstieg schwer macht. Und da ist es die natürlichste Sache der Welt, dass Sie und Ihre Studienkollegen dem alten Regime den Garaus machen wollen, auch wenn Ihnen das vielleicht gar nicht bewusst ist. Sie haben es auf den Rest des WASP-Geistes abgesehen und wollen ein eigenes Wertesystem etablieren, das sich auf individuelle Leistung gründet.

Etwas weiter gefasst heißt das: Sie wollen die Sozialstruktur der ganzen Nation verändern. Der Aufstieg der Leistungsträger führte zu einer klassischen Revolution steigender Erwartungen und Tocquevilles Prinzip bewahrheitete sich: Je größer die Aussichten einer aufsteigenden Gruppe auf Erfolg werden, desto unerträglicher erscheinen die noch existierenden Barrieren. Die sozialen Umwälzungen der späten Sechzigerjahre waren kein Wunder und auch keine Naturkatastrophe, wie sich das manchmal bei links- oder rechtslastigen Autoren anhört, sondern die logische Folge der Richtungsänderungen zwischen 1955 und 1965. Die Zugehörigkeitsmerkmale der Elite hatten sich gewandelt. Ihre Kultur war bereit für eine Revolution.

Die Sechziger

»Wie geht es denn unserem Musterschüler?«, erkundigt sich einer der selbstgefälligen Erwachsenen, der gerade die Treppe herunterkommt und den von Dustin Hoffman gespielten Ben entdeckt. So beginnt Mike Nichols' *Reifeprüfung*, der erfolgreichste Film des Jahres 1968, die Geschichte eines introvertierten College-Absolventen, der gerade nach Kalifornien in eine reiche weiße Vorstadt zurückgekehrt ist, nachdem er mit viel Arbeit und großem Erfolg an der Ostküste seinen B. A. gemacht hat. Mit Schrecken erkennt Ben die enorme Kluft, die sich zwischen ihm und seinen Eltern aufgetan hat. Wie Baltzell vorausgesagt hatte, verdrängten die Werte der Universität diejenigen des Elternhauses. In der legendären

Anfangsszene wird Ben wie ein Kriegsheld von einem aufdringlichen WASP zum nächsten weitergereicht. Inmitten dieser jovialen Dale-Carnegie-Orgie ist Hoffmans Gesicht eine Oase der Ruhe. Bens Mutter liest laut die College-Erfolge ihres Sohnes vor und einer der gönnerhaften Gäste zieht ihn mit sich zum Pool, bläht sich zu voller Selbstgefälligkeit auf und eröffnet ihm, dass die Zukunft aus Plastik sein wird – eine Szene, die in aller Schärfe den Zerfallsgrad der alten Ordnung karikiert. Millionenschwere Filmemacher kennen kein Pardon, wenn es um die Beschreibung millionenschwerer Unternehmer oder Rechtsanwälte geht. Die *Reifeprüfung* zeichnet ein gnadenloses Sittengemälde der protestantischen Elite: bestens bestückte Bars, Golfschläger mit Monogramm, Goldduhren, weißes Mobiliar vor weißen Wänden – und eine Mrs. Robinson, die ihre Verzweiflung in Cocktails ertränkt. Ben weiß nicht, was er will, er weiß nur, dass er das *nicht* will.

In der Romanvorlage von Charles Webb ist Ben Braddock ein einsfünfundachtzig großer, blonder, blauäugiger Jüngling. Mike Nichols hatte sich für die Rolle zuerst Robert Redford vorgestellt. Das hätte plausibler erklärt, warum Mrs. Robinson es auf Ben abgesehen hat, aber wahrscheinlich wäre dem Film bei dieser Besetzung kein vergleichbarer Erfolg beschieden gewesen. Wer hätte sich schon mit einem Trübsal blasenden Adonis identifizieren können? Hoffman hingegen ist der einfühlsame Typ, kein arischer Abenteurer. Er verkörperte all die neuen Ethnien, die sich mit einem Mal an den Colleges tummelten.

Bei der Studentenrevolution, die wir die »Achtundsechziger« nennen, ging es um viele Dinge. Einige davon waren wichtig und hatten beispielsweise mit der Bürgerrechtsbewegung oder dem Vietnamkrieg zu tun, andere waren einfach nur bescheuert oder wurden, wie die sexuelle Revolution, in ihrer Bedeutung überschätzt. Das Sexualverhalten etwa wurde durch die beiden Weltkriege viel stärker beeinflusst als durch Woodstock. Aber in ihrem Innersten war die Kulturrevolution der Sechziger ein Angriff auf die traditionellen Vorstellungen von Erfolg. Es ging um mehr als nur um das politische Ziel, das Establishment aus den Sesseln der Macht zu verscheuchen. Es war der Versuch einer aufsteigenden Generation von Privilegierten, all das zu zerstören, worin die weiße Ostküstenelite noch Ansehen genoss, und die alte Ordnung durch ein neues Sozialverhalten zu ersetzen, das spirituelle und intellektuelle Ideale würdigte. Die Achtundsechziger lehnten die herrschende Definition von einem erfüllten Leben – den Jones und Smiths in nichts nachzustehen – und die herrschende Vorstellung von gesellschaftlichem Ansehen kategorisch ab.

Die demographischen Veränderungen der Fünfzigerjahre führten zu den kulturellen Spannungen der Sechzigerjahre. Oder, wie es Digby Baltzell in seinem Buch *The Protestant Establishment* prophezeite: »Die wirtschaftlichen Reformen einer Generation führen mit einiger Wahrscheinlichkeit zu sozialen Konflikten in der Folgegeneration.«

Was hat einen Vertreter der Studentenbewegung an so einer Heiratsanzeige in der *New York Times* aus dem Jahr 1959 wohl am meisten abgestoßen? Die kulturellen Folgen der Studentenbewegung werden uns später noch detailliert beschäftigen, denn bestimmte Denkgewohnheiten aus ihrer radikalen Phase sind auch heute, wo diese Generation die Machtpositionen besetzt, noch von entscheidender Bedeutung. Die radikalen Studenten hätten die Ehepaare auf den Hochzeitsseiten verabscheut, weil die Brautleute ihnen zu konformistisch, formell und traditionell waren, weil sie klar definierte Geschlechterrollen einnahmen, ihre Vorfahren verehrten, Privilegien genossen, sich des Elitestatus nicht schämten und ihrer Meinung nach ein unreflektiertes Leben voller Selbstzufriedenheit, falscher Zurückhaltung und Kälte führten.

Zu diesen Verschiebungen innerhalb des Wertesystems später mehr, im Augenblick soll die Feststellung genügen, dass die Achtundsechziger eine Selbstverwirklichung im Stil der Boheme kultivierten und die alten Eliten wegen ihrer strengen Selbstbeherrschung verachteten. Ihre Bemühungen, die alten Sitten und Bräuche zu beseitigen, brachten soziale Kosten mit sich. Die Entmachtung alter Autoritäten und die Aufhebung gesellschaftlicher Zwänge führte zu einem für Millionen von Menschen katastrophalen Zusammenbruch der sozialen Ordnung, der einen bemerkenswerten Anstieg bei den Ehescheidungen, unehelichen Geburten sowie bei Verbrechen und Drogenkonsum zur Folge hatte.

Auch die Hochzeitsseiten der *New York Times* in den späten Sechzigern und frühen Siebzigern spiegeln diese Konflikte wider. Waren im Juni 1959 noch 158 Hochzeiten aufgelistet, sind es im gleichen Monat in den späten Sechzigern nur mehr 35. Trendbewusste Paare wollten ihre Eheschließung nicht gerade in einer Rubrik veröffentlichen, die als Bastion der alten Macht galt. Und diejenigen, die sich dennoch für die *Times* entschieden, teilen sich deutlich in zwei Lager. Der einen Gruppe scheint der ganze Tumult um sie herum gar nicht aufzufallen. Sie halten noch immer an den alten

Insignien fest, Junior League, Prep Schools, berühmte Vorfahren und Debütantinnenanekdoten. Sie feiern Hochzeit wie in den Fünfzigerjahren. Aber schon ein paar Spalten weiter stößt man auf eine Hochzeit im Stil einer heidnischen Frühlingsfeier, bei der alle Gäste barfuß herumtanzten. Ein Paar hat mit der tradierten Sprache gebrochen, sein eigenes Ehegelöbnis formuliert und eine Rockband für die Feierlichkeiten engagiert. Das individuelle Gelöbnis markierte die eigentliche Zäsur. Wer beim traditionellen Spruch blieb, stellte sich in eine Reihe mit allen früheren Generationen. Diejenigen, die ihre eigenen Texte schrieben, brachten ihre Individualität und das Begehren zum Ausdruck, das institutionelle Gebaren an ihre Bedürfnisse anzupassen. Sie wollten sich als Kreative sehen, nicht als Traditionalisten, und erwiesen sich damit als Musterschüler der Bildungsschicht, die getreu der Direktive handelte: Du sollst dir dein eigenes Bildnis schaffen.

Die berühmteste Hochzeit jener Zeit war selbstverständlich die am Ende der *Reifeprüfung*. Elaine, von Katharine Ross gespielt, befindet sich inmitten einer konventionellen, wenn auch etwas überstürzten Hochzeitszeremonie in einer modernen Presbyterianerkirche in Santa Barbara. Der Bräutigam ist ein blonder Arzt, eindeutig ein WASP. Dass er konservativ ist, wissen wir, weil er seinen Antrag mit den Worten schließt: »Ich bin mir sicher, wir werden ein tolles Paar abgeben.« Ein Satz, der die der WASP-Kultur zugeschriebene Kälte ebenso in sich birgt wie einen Sportsgeist, der locker wirken soll. Ben kommt kurz vor Ende der Messe völlig zerzaust in die Kirche gerannt, hämmert gegen die Glasscheibe auf der Galerie oberhalb des Mittelschiffs und schreit nach Elaine. Sie blickt auf, bemerkt die finsteren Mienen ihres Bräutigams und ihrer Eltern und entscheidet sich zur Flucht mit Ben. Elaines Mutter, Mrs. Robinson, zischt: »Es ist zu spät.« Aber Elaine schreit zurück: »Nicht für mich!« Ben und Elaine retten sich vor der Familie und allen anderen Anwesenden in einen Bus. In der langen Schlusseinstellung sitzen sie nebeneinander, Elaine in ihrem zerrissenen Brautkleid. Zunächst sind sie freudig erregt, aber dann wirken sie zunehmend ernüchtert und gegen Ende sogar ein wenig beunruhigt. Sie haben sich selbst von einer ganz bestimmten Art von Lebensziel befreit, aber offenbar dämmert ihnen, dass sie sich noch gar keine Gedanken über ihre eigenen Ziele gemacht haben.

Das liebe Geld

Die echten Hardliner unter den Achtundsechzigern hielten nur den Verzicht auf jedwede Form von Erfolg für einen ehrlichen Ausweg: aussteigen aus dem Getriebe und sich in eine kleine Gemeinschaft zurückziehen, wo echte zwischenmenschliche Beziehungen gedeihen sollten. Aber diese Art Utopie brachte es nie zu besonderer Popularität, vor allem nicht bei College-Absolventen. Die Vertreter der Bildungsschicht priesen zwar menschliche Beziehungen und soziale Gleichheit, aber wie für die große Zahl der Amerikaner vor ihnen stand auch bei ihnen Erfolg in der Wertordnung ganz oben. Schließlich waren sie Meritokraten und hatten demnach keine andere Wahl als sich über Leistung zu definieren. Die Mehrzahl stieg nicht aus, um in Kommunen zu leben, an Blumen zu riechen, Schweine zu züchten und Gedichte zu lesen. Im Gegenteil, im Lauf der Zeit entdeckten sie, dass ihnen die Welt und damit das Geld zu Füßen lag.

Zu Anfang bedeutete ein College-Abschluss nicht viel. Die Zahl der Hochschulabsolventen, die auf den Arbeitsmarkt drängten, war einfach zu hoch, um alle schlagartig finanziell besser zu stellen und einen dramatischen Wandel der Lebensumstände zu bewirken. Noch 1976 war es für einen Arbeitssoziologen wie Richard Freeman möglich, ein Buch über das »übergebildete« Amerika zu schreiben, in dem er die Meinung vertrat, dass sich Hochschulbildung am Arbeitsmarkt nicht auszahle. Aber das Informationszeitalter sollte ihn widerlegen, Bildung wurde zunehmend besser honoriert. Bereits 1980 verdiente man in den USA mit einem College-Abschluss etwa 35 Prozent mehr als mit einem Highschool-Abschluss, so der Arbeitsmarktforscher Kevin Murphy von der University of Chicago. Bis Mitte der Neunziger hatte sich der Unterschied auf 70 Prozent und der zu Berufstätigen mit abgeschlossenem Fachstudium sogar auf 90 Prozent erhöht. Der Geldwert des College-Abschlusses hatte sich in nur fünfzehn Jahren verdoppelt.

Die Zinsen für intellektuelles Kapital sind gestiegen, die für physisches hingegen nicht. Selbst Geisteswissenschaftler können inzwischen eines Tages aufwachen und sich in einem lukrativen Spitzenjob wiederfinden. Ein Professor in Yale, der sich einst dem kapitalistischen Konkurrenzkampf entzog, verdiente 1999 113 100 Dollar, ein Professor in Rutgers 103 700, und begehrte Superstars unter den Lehrenden können ihr Jahreseinkommen sogar auf 300 000 hochtreiben. Für Spitzenkräfte in Kongress und Weißem Haus ist bei 125 000 Schluss (allerdings verfünffacht sich ihr Einkommen, wenn sie im Anschluss an ihre politische Karriere in die Privatwirtschaft wechseln). Journalisten, die für überregionale Blätter schreiben, können mit sechsstelligen Summen rechnen, sobald sie ein mittleres Alter erreicht haben – von Vorlesungen und Vorträgen ganz abgesehen. Mit einem Abschluss in Philosophie oder Mathe zieht es einen heute nach der Uni an die Wall Street, wo man von Anfang an Millionen machen kann. In Amerika gab es immer schon sehr viele Juristen und das Durchschnittseinkommen dieser Berufsgruppe liegt heute bei 72 500 Dollar, kann in den Großstädten aber auch siebenstellig sein. Drei Viertel aller niedergelassenen Mediziner haben einen Jahresverdienst von über 100 000 Dollar. Im Silicon Valley leben heute schon mehr Millionäre als Menschen. Drehbuchautoren in Hollywood kassieren zwischen 11 000 und 13 000 Dollar die Woche. Und in New York verdienen die Herausgeber großer Magazine, wie Anna Wintour von *Vogue*, eine Million im Jahr – nur unwesentlich mehr als der Vorsitzende der Ford-Stiftung. Und davon profitieren nicht nur die ersten geburtenstarken Jahrgänge, sondern auch alle nachfolgenden Generationen von Studienabsolventen. Die meisten von denen können sich eine Welt ohne vier Millionen Dollar teure Künstlerlofts, Übernachtungen in 350 Dollar teuren durchgestylten Hotels und den restlichen Schnickschnack der plutokratischen Gegenkultur ohnehin nicht mehr vorstellen.

Das Informationszeitalter hat völlig neuartige Berufe entstehen lassen, von denen einige nach einem derben Scherz klingen, was das dazugehörige Gehalt aber gar nicht vermuten ließe: *Creativity Officer* oder *Team Spirit Coordinator* fallen in diese Kategorie. Daneben gibt es eine Reihe Jobs, die noch gar nicht existierten, als die,

die sie heute ausüben, die Schulbank drückten: Webdesigner, Patentagent oder Talkshow-Booker. Die neue Ökonomie funktioniert so, dass Querköpfe wie Oliver Stone Multimillionäre werden und schlappe Aussteiger wie Bill Gates die Welt beherrschen. Sicher, auch heute gibt es noch den Typ des Wanderakademikers auf der Suche nach einer Festanstellung, der sich nur mühsam über Wasser halten kann, und auch im Verlagswesen tummeln sich ein paar Trottel, die für ein obszön geringes Salär ihre Intelligenz ausbeuten lassen. Aber im Großen und Ganzen hat das Informationszeitalter dazu geführt, dass sich eine höhere Ausbildung bezahlt macht, und das Gehaltsgefälle zwischen Hochschulabsolventen und anderen Berufseinsteigern vergrößert. Aber es hat sich noch mehr verändert: Die obere Mittelschicht hat sich von einem Anhängsel des Mittelstandes zu einer eigenständigen demographischen Größe gemausert. In ein paar Jahren wird es – vorausgesetzt eine Wirtschaftskrise bleibt uns erspart – in Amerika über zehn Millionen Haushalte mit einem Jahreseinkommen von über 100 000 Dollar geben. 1982 waren das erst zwei Millionen. Wenn man sich das kulturelle und finanzielle Kapital dieser Bevölkerungsgruppe vor Augen hält, dämmert einem allmählich ihre gesellschaftliche Macht. Dabei waren die meisten von ihnen gar nicht so sehr auf Geld aus. Es fiel ihnen irgendwie zu. Aber langsam und gegen ihren Willen bahnte sich das Geld einen Weg in ihr Denken und veränderte es.

Zu Studentenzeiten war Geld etwas Greifbares gewesen. Es kam am Stück, in Form eines Schecks zu Beginn des Monats, in dessen Verlauf man es nach und nach aufzehrte, bis es weg war. Als Studenten hatten diese Leute noch ein unmittelbares Gefühl für ihren Kontostand

– wie jemand, der ein Bündel Banknoten in der Hosentasche trägt. Aber je wohlhabender sie wurden, desto flüssiger wurde das Geld. Als breiter Strom floss es mit einem Mal aufs Konto – und genauso breit floss es auch wieder ab. Als Kontoinhaber waren sie zum Zuschauen verdammt und entsetzt darüber, mit welcher Geschwindigkeit es wieder wegströmte. Sie versuchten, etwas dagegen zu unternehmen, aber woher sollten sie wissen, an welcher Stelle man einen Damm errichten muss? Der Geldfluss hat seinen eigenen Rhythmus. Und nach einer Weile empfanden sie ihre anhaltende Liquidität trotz fortwährender Ebbe und Flut als Erfolg an sich. Der große Geldstrom war nur ein weiterer Eignungstest. Flugs wurde aus der Quelle von Korruption ein Zeichen von Meisterschaft und schon ließ sich der neue Zustand als »verdient« und »natürlich« begreifen. Ehemalige Studentenführer wandelten einen alten Marx-Slogan um. Nun heißt es nicht mehr: »Jeder nach seinen Fähigkeiten«, sondern: »Jedem nach seinen Fähigkeiten«.

Die Bildungseliten verdienen heute nicht nur wesentlich mehr Geld, als sie sich jemals vorgestellt haben, sondern bekleiden auch höchst verantwortungsvolle Positionen. Wir alle kennen mittlerweile Topmanager, die den SDS gegen CEO und LSD gegen IPO getauscht haben. Manchmal hat man sogar den Eindruck, dass die Studentenbewegung mehr Vorstandsvorsitzende hervorgebracht hat als die Harvard Business School.

Aber noch einschneidender sind die Veränderungen durch das Entstehen neuer Industriezweige, in denen ausschließlich Angehörige der Bildungselite beschäftigt sind. Nur etwa 20 Prozent aller erwachsenen Amerikaner besitzen einen College-Abschluss, aber in vielen Bürozentren der Großstädte kann man stundenlang von

Büro zu Büro wandern, ohne auf jemanden zu treffen, der kein Diplom in der Schublade liegen hat. Die Bildungseliten haben einen Großteil der Macht übernommen, die früher in den Händen von WASP-Männern mit ausgeprägter Kinnpartie lag. Die Leute des Internationalen Währungsfonds jetten um die ganze Welt, um die makroökonomischen Bedingungen zu verändern. Die Superhirne bei McKinsey & Company mischen Unternehmen auf, die von ehemaligen Quarterbacks aus College-Teams heruntergewirtschaftet wurden.

Die Bildungseliten schrecken nicht einmal mehr vor Tätigkeiten zurück, die früher praktisch zur Arbeiterklasse gerechnet wurden. Die Tage des heftig trinkenden, hemdsärmeligen Journalisten sind endgültig gezählt. Lässt man heute den Blick über die Besucher einer Pressekonferenz in Washington wandern, sieht man nur noch Yale, Yale, Stanford, Emory, Yale und Harvard. Auch die politischen Parteien, die früher von frisch immigrierten Schreiberlingen beraten wurden, setzen heute auf Kommunikationsanalysten mit Doktorhut. Wenn man sich ein wenig in den alten Vorstädten herumtreibt und den T-Shirt tragenden Bohemiens vom Bioladen nach Hause folgt, stellt man fest, dass sie sich in den Häusern der Börsenmakler eingenistet haben. Der Romancier Louis Auchincloss dazu: »Die alte Gesellschaft hat der Leistungsgesellschaft Platz gemacht. Blöde, gut aussehende Leute mit einflussreichen Eltern wurden von cleveren, ehrgeizigen, gebildeten Leuten mit ausgelatschten Schuhen verdrängt.«

Die Angst vor dem Überfluss

In den vergangenen dreißig Jahren konnte die Bildungselite einen Triumph nach dem anderen feiern. Erst servierte sie die WASP-Kultur ab, dann etablierte sie sich in einer Wirtschaft, die die Fähigkeit jedes Einzelnen fürstlich entlohnt, und heute sitzen diese an der Spitze derselben Institutionen, gegen die sie früher protestiert haben. Im Verlauf dieses Prozesses ist ein schwer wiegendes Problem entstanden. Woher nehmen sie die Gewissheit, nicht zu selbstzufriedenen Imitaten der alten, von ihnen noch immer mit derselben Schärfe verurteilten WASP-Elite geworden zu sein?

Wer die Anerkennung der Bildungselite gewinnen will, muss sich der Angst vor dem Überfluss stellen: Wie beweist man – auch sich selbst –, dass man beim Erklimmen der Karriereleiter sich nicht all das zu Eigen macht, was man doch eigentlich verachtet? Wie bringt man Überfluss und Selbstachtung, Erfolg und Ideale, Elitezugehörigkeit und das Streben nach Gleichheit und Brüderlichkeit unter einen Hut? Angehörige der Bildungselite mit sozialem Gewissen machen sich Sorgen über die immer breiter und tiefer werdende Kluft zwischen Arm und Reich und beginnen sich mit ihrem Jahreseinkommen von über 80 000 Dollar unwohl zu fühlen. Viele von ihnen träumen von sozialer Gerechtigkeit, haben aber ein Studium hinter sich, das so viel gekostet hat, dass ein Dorf in Ruanda ein ganzes Jahr davon hätte leben können. Die »Antiautoritären« von einst kontrollieren heute in ihren Start-ups 200 Mitarbeiter. Die Soziologen, die sie auf dem College lasen, hielten Konsum für eine Krankheit, heute kaufen sie sich Kühlschränke für 3 000 Dollar. Den *Tod eines Hand-*

lungsreisenden nahmen sie sich zu Herzen, doch heute hetzen sie ihre eigenen Vertriebsleute durchs Land. Sie lachten über die Plastik-Szene in der *Reifeprüfung* und arbeiten heute für ein Unternehmen, das – Kunststoff herstellt. Sie ziehen in eine Vorstadt, in ein Haus mit Swimmingpool, aber es ist ihnen peinlich, das ihren Freunden gegenüber zu erwähnen, die noch immer als Bohemiens in den Innenstädten leben.

Sie haben noch immer Sinn für Kunst und intellektuelle Fragestellungen, aber sie leben in einer Welt des Kommerzes – oder zumindest in dieser hybriden Zone, in der sich Kreativität und Kommerz überschneiden. Diese Klasse hat sich mehr Kilometer Buchregale bauen lassen als irgendeine vor ihr. Und wenn man einen zweiten Blick auf die ledergebundenen Ausgaben wirft, wird man das ein oder andere Werk entdecken, das Erfolg und Wohlstand als beschämend denunziert: *Babbitt, Der große Gatsby, Die amerikanische Elite, Die Theorie der feinen Leute*. Die Vertreter dieser Elite wurden in einem elitefeindlichen Geist erzogen. Sie leben im Überfluss – und sind Gegner des Materialismus. Sie mögen ihr Leben mit Verkaufen verbringen – und fürchten sich vor dem Ausverkauf. Sie fühlen sich noch immer wie das Anti-Establishment – und wissen doch, dass sie längst zum neuen Establishment geworden sind.

Es ist erstaunlich, wie viel Zeit sich diese Klasse nimmt, um sich mit ihren eigenen Widersprüchen auseinander zu setzen. Diese Menschen schwanken zwischen ihrem privilegierten Status und der politischen Überzeugung von Gleichheit (»Ich glaube an die staatlichen Schulen, aber irgendwie scheinen mir Privatschulen für meine Kinder besser zu sein«), zwischen Faulheit und sozialer Verantwortung (»Wegwerfwindeln sind eine unglaubliche Umweltbelastung, aber sie sind sooo bequem!«), zwischen Rebellion und Konvention (»Natürlich hab ich in der Highschool jede Menge Drogen genommen, aber meinen Kindern predige ich, die Finger von allem zu lassen«).

Aber der größte Widerspruch besteht, ein wenig hochtrabend gesprochen, zwischen Tugend und irdischem Erfolg. Wie kommt man im Leben weiter, ohne dass der Ehrgeiz die Seele auffrisst? Wie bildet man die Ressourcen, die man braucht, um das zu tun, was man tun will, ohne dabei zum Sklaven des Materialismus zu werden? Wie sichert man sich und seiner Familie ein komfortables Leben, ohne dabei in lähmender Routine zu veröden? Wie lebt man in der Oberschicht der Gesellschaft, ohne zu einem unerträglichen Snob zu mutieren?

Die großen Versöhner

Die neuen Eliten werden von solchen Widersprüchen nicht in Verzweiflung gestürzt. Sie sind die Genies der Lebensläufe. Sie hatten die besten SATs und haben es sogar geschafft, während der Schwangerschaft keinen Tropfen Merlot zu trinken. Wenn sie mit einer solchen Herausforderung nicht umgehen können, dann kann das niemand. Wenn sie sich einem Widerspruch zwischen zwei erstrebenswerten Zielen gegenübersehen, tun sie, was jedes intelligente, privilegierte und bis zum Rand mit Kultur voll gestopfte Wesen tun würde: Sie suchen nach einem Weg, beides zu bekommen. Sie sorgen für Harmonie zwischen den Widersprüchen.

Die hervorstechendste Leistung der Bildungseliten

der Neunzigerjahre bestand darin, einen Lebensstil zu entwickeln, der es ihnen ermöglichte, einerseits wohlhabend und erfolgreich zu sein, andererseits aber auch rebellisch und unorthodox zu bleiben. Mit der Gründung von Grafik- und Werbeagenturen waren sie künstlerisch tätig und sicherten sich zudem noch Aktienanteile. Mit der Gründung von Gastronomieketten wie Ben & Jerry's oder Nantucket Nectars gelang es ihnen, das Hippie-Image zu behalten und gleichzeitig Global Players zu werden. Mit William S. Burroughs in Nike-Anzeigen und Rolling-Stones-Hymnen in Werbekampagnen verschmolz der Stil des Anti-Establishments mit unternehmerischen Zielen. Indem sie dem Rat der Managementgurus folgten, das Chaos wachsen ließen und ihr kreatives Potenzial freisetzten, verbanden sie den Geist der Fantasie mit dem Umsatz. Und indem sie sich wie Bill Gates kleideten, der in alten Khakis auf der Aktionärsversammlung erschien, verbanden sie die Mode aus Studientagen mit der Tätigkeit in der Chefetage. Die Öko-Aktivreisen, die sie unternahmen, versöhnten geschickt die aristokratische Abenteuerlust mit dem sozialen Gewissen. Und indem sie ihr Geld bei Benetton oder im Body Shop ausgaben, vereinigten sie Bewusstseinserweiterung mit Sparsamkeit.

Wenn man mit solchen Leuten zu tun hat, weiß man nie, ob man sich unter Börsenmaklern oder Hippies befindet. Man hat ein Zwischenreich betreten, in dem jeder ein wenig von beidem ist.

Von Marx wissen wir, dass Klassen unweigerlich in Konflikt miteinander geraten. Aber manchmal scheinen sich auch nur die Grenzen zu verwischen. Die Werte der bourgeoisen Kultur und die der Gegenkultur der Sechzigerjahre sind miteinander verschmolzen. Der Krieg zwischen den Kulturen ist zu Ende – zumindest innerhalb der Bildungselite –, und auf den Schlachtfeldern von einst hat die neue Klasse eine dritte Kultur errichtet. Dabei war diese Harmonisierung keineswegs von Anfang an geplant. Sie ist das Ergebnis einer millionenfach individuell geleisteten Anstrengung, um in den Genuss beider Extreme zu kommen. Man kann nicht einmal sagen, wer sich hier für wen entschieden hat, denn der Bohemien und der Bourgeois haben jeweils für den anderen optiert. Und heraus kamen bourgeoise Bohemiens oder eben Bobos.

Das neue Establishment

Heute erstrahlen die Hochzeitsseiten der *New York Times* wieder in altem Glanz. In den frühen Siebzigern wollten die jungen Rebellen ihre Namen unter keinen Umständen dort abgedruckt sehen. Aber heute, wo ihre eigenen Kinder aufs College gehen und heiraten, sind sie stolz, wenn ihr Nachwuchs in der Sonntagsausgabe Erwähnung findet. Gegen Gebühr schickt einem die *Times* sogar einen Sonderdruck der Seite, den man sich rahmen lassen kann.

Und die jungen Leute, die zweite Generation der Bobos, wehren sich nicht dagegen. Man braucht nur an einem x-beliebigen Sonntag in die Zeitung zu schauen, um zu sehen, wie sie einen anlächeln. Ihr Lächeln ist echt. Alle wirken so nett und offen, nicht steif oder verängstigt wie so manche Braut aus den Fünfzigerjahren. Alles ist anders, aber auch ein wenig ähnlich. Wer beispielsweise am 23. Mai 1999 die *Times* aufschlug, sah, dass Stuart Anthony Kingsley geheiratet hatte. Mr.

Kingsley graduierte mit Auszeichnung von Dartmouth, machte anschließend einen MBA in Harvard und wurde Partner bei McKinsey & Company. Sein Vater sitzt im Vorstand des National Trust for Historic Preservation, seine Mutter arbeitet für das Boston Symphony Orchestra und sitzt im Vorstand der Society for the Preservation of New England Antiquities. Derartige Voraussetzungen hätten ihm in den Fünfzigern das anerkennende Nicken sämtlicher alter WASP-Witwen eingebracht. Aber schauen wir mal, wen er heiratet: Sara Perry, deren Vater Judaistik an der Southwestern Connecticut University lehrt und deren Mutter stellvertretende Direktorin der New Haven Jewish Federation ist. Da hätten die alten WASP-Hexen vermutlich nicht mehr freundlich genickt.

Aber eine solche Verbindung passt genau in unsere Zeit, denn wir wissen, wie viel die beiden gemeinsam haben. Ms. Perry graduierte mit Auszeichnung – genau wie ihr Ehemann, nur dass sie in Yale war und er in Dartmouth. Auch sie machte ihren MBA in Harvard – und nebenbei noch einen Magister in Verwaltungswesen. Und auch sie ist heute Finanzberaterin. Die alten Feindschaften zwischen Klassen und Ethnien wurden begraben und durch die allgemeine Verbindlichkeit des meritokratischen Aufstiegs ersetzt. Getraut wurden die beiden übrigens vom Bürgermeister von New Haven, John DeStefano Jr., im Haus von Lucille und Arnold Alderman, Ms. Perrys Großeltern mütterlicherseits.

Das heutige Establishment ist eben anders strukturiert. 1962 schrieb Richard Rovere: »Das Establishment hat sich um solche Felder wie Werbung, Film oder Fernsehen nicht gekümmert.« Dagegen ist das heutige Establishment überall. Es übt seine Macht mittels Ideen und

Konzepten ganz subtil und damit sehr nachhaltig aus. Es gibt keinen todsicheren demographischen Anhaltspunkt dafür, wer zum Establishment gehört und wer nicht. Sicher, sie haben teure Colleges besucht – aber nicht alle. Sie leben in guten Wohngegenden, in Los Altos, Kalifornien, in Bloomfield, Michigan, oder in Lincoln Park, Illinois – aber nicht alle. Was sie verbindet, ist ihr Verhalten, das sie unzweifelhaft als Bobos ausweist. Zugang verschafft man sich durch das Erfüllen verschiedener Anforderungen: Man muss wohlhabend sein, ohne gierig zu erscheinen. Die Eltern müssen stolz auf einen sein, ohne dass man dabei konformistisch wirkt. Sie sind an die Spitze gelangt, ohne allzu sehr auf die anderen hinunterzusehen. Sie haben sich durchgesetzt, ohne gegen das Gebot der sozialen Gerechtigkeit zu verstoßen. Sie haben sich einen luxuriösen Lebensstil zugelegt, ohne in die alten Klischees des maßlosen Konsums zu verfallen. (Zu den neuen Klischees Ja zu sagen geht in Ordnung.)

Ich will nicht behaupten, dass alle Mitglieder des neuen Bobo-Establishments das Gleiche denken. Das wäre genauso falsch wie die Behauptung, dass die Mitglieder irgendeines anderen Establishments alle dasselbe dächten. Einige der bourgeoisen Bohemiens stehen eher auf Seiten der Bourgeoisie – das sind die Börsenmakler, die gerne in Lofts wohnen. Andere befinden sich mehr auf der Seite der Boheme – das sind die Kunstprofessoren, die mit Aktien spekulieren. Wenn man sich einen typischen Vertreter des neuen Establishments ansieht – Henry Louis Gates, Charlie Rose, Steven Jobs, Doris Kearns Goodwin, David Geffen, Tina Brown, Maureen Dowd, Jerry Seinfeld, Stephen Jay Gould, Lou Reed, Tim Russert, Steve Case, Ken Burns, Al Gore, Bill Bradley, John McCain oder George W. Bush –, kann man ein gemeinsames Ethos erkennen, in dem sich die Rebellion der Sechziger mit dem Yuppietum der Achtziger verbunden hat. Das Bobo-Ethos ist auch in den alten Institutionen spürbar, die vom neuen Establishment geführt werden. Man denke nur an den *New Yorker*, die *Yale University* oder die *American Academy of Arts and Letters*, der heute auch Toni Morrison, Jules Feiffer und Kurt Vonnegut angehören. Auch die gute alte *New York Times* gehört dazu, wenn sie einen Leitartikel mit der Überschrift »Ein Lob auf die Gegenkultur« bringt. Vor allem ist dieses neue Ethos in Eliteinstitutionen spürbar, die es früher gar nicht gab: National Public Radio (NPR), DreamWorks, Microsoft, AOL, Starbucks, Yahoo, Barnes & Noble, Amazon und Borders.

In den vergangenen Jahren hat es das neue Establishment immer besser verstanden, seine Rolle anzunehmen. Es ist eine Reihe sozialer Kodizes entstanden, die dem gesellschaftlichen Leben eine kohärente Struktur geben. Heute verfügt Amerika wieder über eine herrschende Klasse, die das Maß für den guten Geschmack und die richtige Meinung festlegt, auch Umgangsformen und die Hackordnung innerhalb der Gesellschaft, die all diejenigen ausschließt, die sich diesem Verhaltenskodex widersetzen. Den eigenen Kindern werden Moral und Anstand vermittelt und dem Rest der Gesellschaft wird soziale Disziplin auferlegt, um die »Lebensqualität« zu heben, wie man das heute nennt.

Das neue Establishment hat diese Rolle nur zögerlich angenommen. Seine Vertreter haben sich nicht als Technokraten mit Hang zum Beamtentum entpuppt, wie viele befürchtet hatten. Bisher gibt es noch keine klar abgegrenzten Autoritäten, weil man mit der Autorität an sich noch nicht im Reinen ist. Stattdessen macht das neue Establishment seinen Einfluss über tausendundeinen Privatkontakt geltend und verändert die Gesellschaft mehr auf dem Weg der Kultur als auf dem der Politik. Versuche, eine gewisse Ordnung zu etablieren, blieben bisher eher vereinzelt und waren zudem meist primitiv: Man denke nur an die *Political Correctness*. Aber nach und nach hat sich eine Reihe von Einsichten und Verhaltensweisen durchgesetzt und die neuen sozialen Normen werden weithin akzeptiert. Vor dreißig Jahren, als der Sturz der alten Ordnung auf dem Programm stand, genoss der zivilisierte Umgang miteinander keinen hohen Stellenwert, vor allem nicht an den Universitäten. Aber heute, angesichts einer neuen sozialen Ordnung, gehört es zum guten Ton, wieder über zivilisierte Umgangsformen zu reden. Allmählich scheint sich erneut sozialer Friede einzustellen. Viele der gesellschaftlichen Indikatoren, die in den Jahren des Übergangs in die Höhe schossen, sind rückläufig: Verbrechen, Abtreibung, Teenagergeburten, uneheliche Kinder, Scheidungen und Alkoholismus bei Jugendlichen.

In diesem Buch geht es vor allem um diesen neuen Kodex von Etikette und Moral. Wer heute nicht das Wertesystem der Bobos teilt, wird es schwer haben, einen Job in einer Institution des Establishments zu ergattern. Zu anderen Zeiten im 20. Jahrhundert war es in Ordnung, rassistisch, antisemitisch oder homophob zu sein. Heute führen derartige Überzeugungen zum Ausschluss aus den gebildeten Zirkeln und verhindern das berufliche Weiterkommen. Zu anderen Zeiten äfften die Aufsteiger in Amerika den Geschmack der europäischen Aristokratie nach und lebten in verschnörkelten Palästen. Auch heute kann sich ein Vorstand von Microsoft einen riesigen Landsitz bauen, wenn er aber aussieht wie der von J. P. Morgan, wird man ihn für einen aufgeblasenen Idioten halten. Vor vierzig Jahren konnten die Großen noch die Wände ihrer Häuser mit den Fellen des selbst erlegten Großwilds schmücken. Heute würde das als Affront gegen die Humanität aufgefasst.

Die neuen Eliten neigen nicht dazu, ganze Gesellschaftsgruppen auszugrenzen, aber wie jedes andere Establishment haben auch sie klar definierte Grenzmarkierungen. Wer sich als Materialist zu erkennen gibt, zu sehr den Snob rauskehrt oder sich als Anti-Intellektueller outet, wird in die Verbannung geschickt. Darum fällt auf nachfolgende Menschen und Institutionen nicht der Glanz der Bobo-Elite: Donald Trump, Pat Robertson, Louis Farrakhan, Bob Guccione, Wayne Newton, Nancy Reagan, Adnan Khashoggi, Jesse Helms, Jerry Springer, Mike Tyson, Rush Limbaugh, Philip Morris, Stadtsanierer, Hallmark-Grußkarten, die National Rifle Association.

Die neue Hackordnung

Als das protestantische Establishment kollabierte, wurde Amerika keineswegs zu einem Paradies ohne Eliten und Hierarchien, ohne kodierte Umgangsformen oder soziale Grenzen. Mag sein, dass manchem das in den Jahren des Übergangs so vorgekommen ist. In den Siebzigern und teils auch noch in den Achtzigern war es in der Tat nicht immer ganz leicht, eine Gesellschaftsordnung zu erkennen. Aber dieser ungewisse Zustand konnte nicht von Dauer sein – und das ist wahrscheinlich auch gut so. Ein Land muss nach großen Veränderungen wieder zu einem neuen sozialen Gleichgewicht finden – und nichts anderes geschieht momentan in den USA. Neue Maßstäbe haben die alten ersetzt. Sie sind anders, erfüllen aber oft dieselbe Funktion: das Zusammenleben zu ordnen und sinnvoll zu organisieren.

So ist beispielsweise die Sozialstruktur in den USA heute noch ebenso hierarchisch, wenn nicht sogar noch hierarchischer als in den Fünfzigerjahren. Die Hierarchien, die sich auf Beziehungen gründeten, sind verschwunden, und in der heutigen Leistungsgesellschaft wird man eher nach seinem Job als nach seiner Herkunft bewertet. Einladungen zu Renaissance Weekends, zu Seminaren in Aspen, Technologiekonferenzen mit Esther Dyson oder exklusiven Dinners – sie alle hängen davon ab, was man beruflich tut. Bekleidet man einen angesehenen Posten, ist auch das soziale Leben gesichert. Man erfährt ununterbrochene Wertschätzung von Mitmenschen, die es genauso weit oder noch weiter gebracht haben, und genießt dabei so etwas wie Gipfelglück. Hat man es nicht so weit gebracht, wird man immer wieder unangenehme Momente durchleben, wenn einen der Tischnachbar fragt, was man denn beruflich treibe. Als Professor in Yale, der sich einen Namen gemacht hat, wird man bei einer Gastvorlesung an einem kleinen College ins beste Restaurant am Ort geführt. Kommt man nur von der Colgate University, wird man den Abend im Haus der Gastgeber mit deren Kindern verbringen. Als Staatssekretär im Justizministerium werden sich alle Juristenverbände darum reißen, einen als Lunchtime-Speaker zu verpflichten. Entscheidet man sich dann aber für den besser bezahlten

Job in einer Kanzlei, hat man Glück, wenn man noch zu einer der Podiumsdiskussionen am späten Nachmittag eingeladen wird. Dem *New York Observer* zufolge veranstaltete die frühere Herausgeberin des *New Yorker*, Tina Brown, Partys, zu denen Top-Autoren und Spitzen-Lektoren für acht Uhr eingeladen wurden, alle anderen für halb zehn.

Das alles bedeutet natürlich nicht, dass die mit den größten Büros automatisch auch das höchste Ansehen genießen. In jeder Karriereentscheidung muss sich der typische Bobo-Konflikt widerspiegeln. In den Fünfzigerjahren war Geld am besten ererbt, heute hingegen wird es am besten beiläufig erworben. Es ist im Idealfall Geld, in dessen Besitz man ganz unfreiwillig gelangt, so etwas wie ein Nebenprodukt der Kreativität. Berufe mit dem höchsten Prestige sind solche, in denen künstlerischer Ausdruck und dicke Knete miteinander verbunden sind. Ein Romanautor, der eine Million im Jahr verdient, genießt weitaus höheres Ansehen als ein Banker, der 50 Millionen kassiert. Ein Softwareentwickler mit Unternehmensbeteiligung gilt mehr als ein Bauunternehmer mit Beteiligungen in zweistelliger Millionenhöhe. Ein Zeitungskolumnist, der 150 000 im Jahr verdient, wird schneller zurückgerufen als ein Anwalt, der das Sechsfache einstreicht. Der Besitzer eines beliebten New Yorker Restaurants wird mehr Einladungen zu Cocktail-Partys erhalten als der Besitzer einer Supermarktkette.

Wir leben im Zeitalter des relativen Einkommens. Heute wird erwartet, dass man ein besseres Gehalt zugunsten höherer Lebensqualität ausschlägt. Wer nicht auf Einkünfte verzichten will, darf nicht auf ein hohes Ansehen aus sein. Professoren, die aufgrund ihrer äußeren Erscheinung ein Angebot als Nachrichtensprecher erhalten, dieses aber ablehnen, dürfen mit Bewunderung rechnen – und mit Neid von denen, die keine andere Wahl hatten als die wissenschaftliche Laufbahn einzuschlagen. Leute, die mit so genannten nicht-kommerziellen, unabhängigen Streifen Erfolg haben, genießen ein höheres Ansehen als Regisseure, die mit einem der großen Studios Filme für 150 Millionen machen. Einem Rockstar, der mit einem einfühlsamen Album ohne großen technischen Aufwand Gold holt, wird mehr Bewunderung entgegengebracht als einem Kollegen, der mit dem üblichen Headbanging Platin schafft. Die Hochzeit von Medienmenschen wie Christiane Amanpour und James Rubin ist eine Schlagzeile auf den Hochzeitsseiten der *Times* wert, während sich die normalen Finanzanalysten mit einem kleinen Absatz irgendwo weiter unten zufrieden geben müssen. Der Typ, der sein Harvard-Studium hingeschmissen hat, um ein Softwarehaus zu gründen, darf bei einer wichtigen Veranstaltung die Tischrede halten, während neben ihm der Vanderbilt-Erbe sitzt, der wie alle anderen um seine Aufmerksamkeit buhlt – und außerdem noch für den ganzen Abend bezahlen muss.

Um den Status eines Menschen zu ermitteln, nimmt man sein Nettoeinkommen und multipliziert es mit seinen materialismuskritischen Überzeugungen. Eine Null bei einem der beiden Faktoren ergibt auch null Prestige, aber hohe Werte bei beiden Variablen katapultieren den Kandidaten bis auf den Gipfel. Um in dieser Welt anständig behandelt zu werden, genügt es nicht mehr, ein hohes Einkommen nachzuweisen, man muss auch noch eine Reihe von Täuschungsmanövern durchführen, die belegen, wie wenig einem dieser materielle

Erfolg bedeutet. Deswegen kleidet man sich immer einen Tick weniger elegant als seine Umgebung. Und manchmal kann es sogar ratsam sein, sich eine Tätowierung machen zu lassen oder einen Pick-up zu fahren. In Gesprächen wird man seine Redezeit weidlich dazu nutzen, sich über den eigenen Erfolg zu mokieren – natürlich nicht, ohne dabei alle Erfolge zu betonen. Pausenlos wird man auf Yuppies einprügeln, um so nachdrücklich zu demonstrieren, dass man selbst noch keiner ist. Über das Kindermädchen spricht man wie über eine Freundin der Familie und tut so, als sei es reiner Zufall, dass man selbst in einer 900 000-Dollar-Villa in Santa Monica lebt und sie jeden Tag zwei Stunden mit dem Bus zurück in ihr Barrio fährt. Man kultiviert einen Kodex, der es einem erlaubt, seine akademischen Erfolge subtil herunterzuspielen. Fragt man nach der Universität, wird man mit »Harvard?« antworten und die Stimme mit der letzten Silbe etwas heben, als wollte man fragen, »Haben Sie schon mal davon gehört?«. In Washington begegnete ich einmal einem gebürtigen Briten, der auf meine Frage nach seinem Studienort antwortete: »Eine kleine Schule in der Nähe von Slough.« Slough ist ein kleiner, bescheidener Ort westlich von London. Direkt daneben liegt Eton.

Klassenzugehörigkeit wahren

Es stimmt nicht, dass der Untergang der WASP-Kultur Amerika in ein moralisches Vakuum gestürzt hat. Einige mögen den alten Werten nachtrauern, dem Verlust von ritterlichem Verhalten, Pflichtgefühl und Verantwortungsbewusstsein, der Achtung von Autoritäten,

Zurückhaltung und Selbstverleugnung, von Keuschheit und Schicklichkeit, dem Verschwinden von echten Ladies und echten Gentlemen, von Tapferkeit und Ehre. Aber diese Menschen sehen nur den Verhaltenskodex und die Regeln, die über Bord geworfen wurden, und nehmen an, dass wir damit in eine Ära des Nihilismus eingetreten sind.

Auf das protestantische Establishment mit seinen Zwängen folgte zwar eine Phase der Anarchie. Aber vor noch gar nicht allzu langer Zeit hat sich der Verhaltenskodex des neuen Establishments durchgesetzt. Und dabei ist – wie wir im 5. Kapitel noch sehen werden – vor allem auf den ersten Blick nicht klar, welches der beiden Systeme restriktiver ist, das alte der WASPs oder das neue der Bobos.

Die Bobos sind die ängstlichste Elite aller Zeiten. Und das nicht etwa weil uns draußen auf der Straße eine aufgebrachte Meute auflauern würde, die uns guillotinieren will. Nein, die Bildungselite ist ängstlich, weil die Individuen, aus denen sie sich zusammensetzt, alle zwischen zwei Zielen hin- und hergerissen sind: dem Streben nach Erfolg und der Angst vor dem Verrat. Ein weiterer Grund für unsere Angst liegt darin, dass wir uns keine Privilegien zugestehen. Frühere Eliten schufen Institutionen, die ihren Mitgliedern Sicherheiten gaben. In der ersten Hälfte des 20. Jahrhunderts war es relativ einfach, sich in der Oberschicht zu halten, wenn man sich einmal Zugang zu ihr verschafft hatte. Gute Verbindungen sorgten für gute Geschäfte, die Kinder wurden automatisch von den richtigen Schulen und Colleges aufgenommen und später auch als potenzielle Ehepartner hoch gehandelt. Die alles dominierende Frage in diesen Kreisen war nicht, was man tat, sondern, wer man war. Hatte man sich einmal als Biddle, Auchincloss oder Venderlip etabliert, war der weitere Weg vorgezeichnet. Die Mitglieder der heutigen Elite können sich hingegen nicht in solcher Sicherheit wiegen. Das Ende ihrer Karriere lauert hinter jeder Ecke. Ja, für die Bildungselite ist sogar das Privatleben zu einem Eignungstest geworden. Wir alle müssen uns ständig den sich ununterbrochen ändernden Vorstellungen von korrektem Verhalten, den immer anspruchsvolleren Anzeichen einer immer weiter fortschreitenden Kultivierung anpassen. Eine einzige despektierliche Äußerung kann das Ansehen ruinieren, ein Anflug von Lüsternheit, schlechte Presse oder die vermasselte Rede beim Finanzgipfel in Davos können einen die Karriere kosten.

Erschwerend kommt hinzu, dass sich die Mitglieder der Bildungselite auch bezüglich der Zukunft ihrer Kinder nie sicher sein können. Zwar haben ihre Nachkommen, was Bildung und Elternhaus angeht, bestimmte Vorteile, aber Schule und SAT müssen sie selbst bestehen, wenn sie den sozialen Rang ihrer Eltern halten wollen. Im Vergleich zu früheren Eliten gibt es keine Garantien.

Ironischerweise ist es aber gerade diese Unsicherheit, die die Bildungsschicht noch stärker macht. Ihre Vertreter und deren Kinder müssen ständig auf der Hut sein, hart arbeiten und Erfolg haben. Und dadurch gerät die Bildungselite auch nie in Gefahr, zu einer abgeschlossenen Kaste zu werden. Jeder mit dem richtigen Abschluss oder Job und der erforderlichen kulturellen Kompetenz wird aufgenommen. Schon Marx warnte, dass je besser es die herrschende Klasse verstünde, die besten Männer (und Frauen) der unterdrückten Klasse zu integrieren, desto sicherer und gefährlicher würde ihre Herrschaft sein. Und genau das scheint sich zu bestätigen. Man kann sich kaum vorstellen, wodurch die Herrschaft der Meritokraten eines Tages beendet werden sollte. Die WASPs waren relativ leicht zu stürzen. Sie ergaben sich fast ohne Gegenwehr. Aber die Bobo-Klasse befindet sich in der vorteilhaften Position, mit dem Geist der Selbstkritik gesegnet zu sein. Sie ist flexibel und amorph genug, um das einzubeziehen, was nicht ohnehin schon von ihr kontrolliert wird. Die Bobo-Meritokratie wird nicht leicht zu stürzen sein, selbst wenn eine andere Bevölkerungsgruppe aufsteigen und sich dies zum Ziel setzen würde. Und weil sie uns so lange erhalten bleiben werden, wollen wir uns jetzt ihren Sitten und Gebräuchen zuwenden.

2. Vom Luxus der einfachen Dinge: Konsum

Wayne, Pennsylvania, war mal so richtig schön spießig. Es liegt 13 Meilen westlich von Philadelphia, aber während über anderen Orten der Main Line wie Bryn Mawr oder Haverford immer ein Hauch von kosmopolitischem Flair lag, der gut zur hohen Dichte der Country Clubs passte, war Wayne einfach immer nur langweilig und farblos – wie ein Stück ungetoastetes Weißbrot. Noch vor ein paar Jahren lief im örtlichen Kino den ganzen Sommer über *Mary Poppins* – nachdem der Film einige Zeit vorher neu herausgekommen war. Auf der Hauptstraße konnte man verstaubte Apotheker sehen, die den alten Main-Line-Witwen auf ihren Anwesen im südlichen Teil der Gemeinde ihre Medikamente brachten. Was die Zahl der Nennungen im *Social Register*, dem *Who's Who* der einflussreichsten Familien der USA, angeht, belegte das kleine Wayne Platz acht, und die St. David's Episcopal Church in Wayne war auf den Hochzeitsseiten der *Times* immer stark vertreten. Die Frauen redeten sich mit diesen eigenartigen Spitznamen an, auf die die WASPs so standen, wie Skimmy oder Binky, und sie versuchten sich gegenseitig bei der alljährlich stattfindenden *Devon Horse Show* in ihrem Eifer zu überbieten. Gegen sechs Uhr sah man die Männer in ihren unauffälligen Anzügen aus dem Bahnhof kommen. Manchmal trug einer eine Krawatte mit einem Entenschwarm darauf, oder wenn ihm nach einem Dinner im *Merion Cricket Club* zumute war, unternahm er noch einen Abstecher zum Herrenausstatter *Tiger Club*, um dort ein Paar grüner Golfhosen zu erstehen. Jahrzehntelang wiegte die Zeitung mit dem einfallsreichen Namen *The Suburban* die Pendler in der Sicherheit, dass hier absolut nichts geschah und auch niemals etwas geschehen würde.

Aber in den vergangenen sechs Jahren hat sich alles geändert. Eine neue Kultur ist über die Stadt hereingebrochen und hat die traditionellen Main-Line-Strukturen verdrängt. Bekam man hier früher gar keinen Espresso, so wetteifern heute sechs Gourmet-Kaffeehäuser um die Gunst der Koffein-Junkies. Im *Gryphon* treffen sich melancholische, intellektuelle Teenager zu Dichterlesungen. Das *Café Procopio* gegenüber vom Bahnhof bewirtet sonntags morgens vor allem gut aussehende Paare mittleren Alters, die sich Zeitungen über die Tische reichen und sich über die Schulaussichten ihrer Kinder unterhalten. Solche Treffpunkte für die Upper Class sind überladen mit Texten aller Art. So entdeckt man beispielsweise auf den Pappbechern zum Mitnehmen einen Absatz, in dem erklärt wird, dass das *Café Procopio* seinen Namen von einem Pariser Café am linken Seineufer hat, das 1689 gegründet wurde und über die Jahrhunderte hinweg der Ort war, »an dem sich Intellektuelle und Künstler zu einer guten Tasse Kaffee einfanden. Hier, im *Café Procopio* führen wir diese Tradition eines echten Cafés fort, eines Ortes der natürlichen Begegnung mit ganz eigenem Flair«. Wahrscheinlich gibt es noch immer keine Intellektuellen und

Künstler in Wayne, aber plötzlich gibt es jede Menge Leute, die ihren Kaffee so trinken wollen wie sie.

Ein großartiger Buchladen namens *Reader's Forum* ist in die Stadt gezogen – genau dorthin, wo früher der alte Drugstore war. Jetzt kann man hier literarische Biografien in der Auslage bestaunen. Auch die Buchhandelskette *Borders* hat ganz in der Nähe eine riesige Niederlassung eröffnet, wo man hingehen und sich schuldig fühlen kann, weil man sein Geld nicht im unabhängigen *Reader's Forum* ausgibt. Die Kunstbeflissenen kaufen ihr Geschirr jetzt bei *Made By You,* in dem sie für das Sechsfache des normalen Preises Tassen und Teller selbst gestalten können. Außerdem gibt es auch ein *Studio B* wie »Birthday«, in dem kreative Geburtstagspartys steigen können, damit die eingebildeten Kinder noch eingebildeter werden. Natürlich hat sich auch kulinarisch einiges getan. *Sweet Daddy's* hat sich auf den Verkauf von Fruchtgummis in Gourmetqualität, mit Gewürzen gespickten Apfelmostsorbets und »Gelati« in Geschmacksrichtungen wie zum Beispiel Zuppa Inglese spezialisiert. Gleich zwei Geschäfte bieten raffinierte Picknickkörbe an, damit man »al fresco« Sonnengetrocknete-Tomaten-Käse-Stangen mit einem (fettfreien!) Dip aus schwarzen Bohnen genießen kann. Zum Lunch schnappt man sich ein paar Panini mit Krabben oder eine mit Kräutern marinierte gegrillte Hähnchenbrust mit Sprossen im Sauerteigbrötchen. Das gibt's beides in *Your Gourmet Kitchen,* die sich samstags morgens als Omelette-Bar präsentiert. In Zentrumsnähe befindet sich ein neues Restaurant im Stil von Los Angeles, *Teresa's Cafe,* wo es nachts sehr voll und sehr laut wird: ein bisschen Santa-Monica-Geschäftigkeit in der Vorstadt von Philadelphia.

Im alten Wayne gab es gar keine Läden, in denen man außergewöhnliche Dinge kaufen konnte. Und mit Sicherheit gab es keine Restaurants mit so alltäglichen Namen wie *Teresa's.* Früher hatten Restaurants eindrucksvolle französische Namen wie *L'Auberge,* aber heute geben sich selbst die französischen Restaurants Mühe, Schritt zu halten. Das *La Fourchette* hat sich zum weniger prätentiösen *Fourchette 110* umbenannt, und die Karte sieht heute auch mehr nach der Handschrift von Gérard Depardieu und weniger nach Charles de Gaulle aus.

Die *Great Harvest Bread Company* hat eine Filiale eröffnet und bietet Aprikosen-Mandel- oder Spinat-Feta-Brot für schlappe 4.75 Dollar an. Die hiesige Niederlassung gehört Ed und Lori Kerpius. Ed machte 1987 seinen MBA und zog als Devisenhändler nach Chicago. Und dann eines Tages, wie getrieben von den übermächtigen Winden des Zeitgeistes, setzte er einen Schlusspunkt hinter das Jahrzehnt des Geldscheffelns und beschloss, sich mehr seiner Familie und seinen Freunden zu widmen. So kam es, dass er zusammen mit seiner Frau diese Niederlassung eröffnete.

Sie begrüßen einen warmherzig und drücken einem, gleich wenn man zur Tür reinkommt, ein Stück Brot zum Probieren in die Hand – etwa in der Größe eines Bildbandes. Es folgt eine kleine Ansprache über die Naturbelassenheit der Zutaten und die Authentizität des Backvorgangs, der direkt vor den Augen des Kunden stattfindet. Der Raum ist so schlicht, dass man gar nicht den Eindruck hat, als solle hier etwas verkauft werden. Aber ganz so ist es nicht. Man kann hier Teddybären und Kinderbücher kaufen und für die Erwachsenen gibt es Starbucks-Kaffee. Die Familie Kerpius unterstützt ortsansässige Künstler: Jedes Kind, das eine Zeichnung an die Bäckerei schickt, bekommt einen Laib Brot geschenkt, und so sind die Wände von oben bis unten mit Kinderzeichnungen geschmückt, und daneben hängen Belege für das Sponsoring der regionalen Fußballliga. Wenn man die beiden bittet, einem das Brot in Scheiben zu schneiden, sehen sie einen mitleidig an, eben wie jemand, der noch einen weiten Weg bis zur Meisterschaft im Brotverzehr vor sich hat. Dann geben sie einem ein Informationsblatt, auf dem man nachlesen kann, wie man Brot zu Hause schneidet, wenn es die richtige Temperatur hat (am besten im Fischgrätmuster!). Aus diesem Manifest erfährt man auch, dass Einfrieren und Aufwärmen der Unverfälschtheit des Brotes nichts anhaben können. (»Wenn wir Ski fahren gehen, wickeln wir es in Folie ein und legen es auf den Motor.«)

Im Westen der Ortschaft liegt das *Zany Brainy*, eins von diesen Spielwarengeschäften, die sich für eine Bildungseinrichtung halten und mit dem Verkauf lebensnaher Nachbildungen bedrohter Tierarten ihr Geschäft machen. Den alten Laden, *Wayne Toytown*, in dem man Spielzeug kaufen konnte, auf dem nicht das Prädikat »pädagogisch wertvoll« prangte, hat *Zany Brainy* schon auf dem Gewissen. Fährt man die Lancaster Pike weiter hinunter, stößt man auf den *Fresh Fields*-Supermarkt, hinter dessen Eingangstür sich das Epizentrum eines feudalen Hippietums verbirgt, das so typisch ist für das neue Wayne und so untypisch für das alte. Im *Fresh Fields* wird man von einer Anzeigetafel begrüßt, die verkündet, wie viele biologisch-dynamische Produkte heute im Angebot sind: das Barometer der Tugendhaftigkeit. Würde auf der Anzeige nur die Zahl sechzig erscheinen, würde man sich betrogen fühlen. Bei dreistelligen Zahlen kann man voller Zuversicht durch die Regalreihen schlendern und die vielen Kohlsorten bestaunen, darunter auch »Kale« und »bok choy«, von denen die Nachfahren der alten Main-Line-Bewohner noch nie gehört haben.

Wie so vieles, was auf der neuen Kulturwelle schwimmt, bedient sich auch *Fresh Fields* unter behutsamer Modernisierung eines Ethos, das in den Sechzigerjahren in Kalifornien geprägt wurde. Verschwunden sind die Spaßattribute der Jugendkultur wie freie Liebe, und geblieben ist all das, was in die Jahre gekommenen Hypochondern gut tut, wie z. B. Vollkorn. Und so kommt es, dass der Vorstadtkunde mitten im Informationszeitalter durch mit Radieschen gefüllte Regalreihen und Körbe voller Basmati- und Wildreis streifen kann, an Döschen mit Foti-Wurzelpulver, Fungus-Seife der Mayas, natürlichen Haartönungen, Mundwässern aus Baumölen und vegetarischen Hundekuchen vorbei, um sich dabei seiner vollwert-reflektierten Ganzheitlichkeit zu freuen.

Und schließlich gibt es noch eine Reihe neuer Einrichtungshäuser in Wayne. In unmittelbarer Nachbarschaft befinden sich auf der Lancaster Pike drei Geschäfte, die neue Möbel auf alt trimmen, und einer, der aus altem Holz neue Möbel fertigt. Sie alle haben sich auf krachneue Antiquitäten spezialisiert.

Die Unternehmen konkurrieren darum, wer den besten Abnutzungs-Look zustande bringt. Dabei gehen sie so weit, dass manche Möbel gar nicht mehr gebraucht, sondern eher schon halb kompostiert aussehen, mit schief sitzenden oder nicht schließenden Schubladen und abgesplittertem Lack. Ein Laden namens *Painted Past* verkauft handbemalte Fernsehschränke, fette Duftkerzen und verbeulte, metallene Schlafzimmerschränke auf Rollen. Ein Laden namens *Domicile* verkauft handbemalte Fernsehschränke, fette Duftkerzen und Spaghettisiebe aus der Provence. Die *Somogyi Collection,* die sich nicht lange halten konnte, verkaufte handbemalte Fernsehschränke, aber keine Duftkerzen. Dafür gab's dort jede Menge verkratzte Wohnzimmerwägelchen aus einem Holz mit extrem vielen Astlöchern.

Die Apotheose von alledem ist ein Unternehmen namens *Anthropologie,* das seinen Vorzeigeladen in einem ehemaligen Autohaus untergebracht hat. Schon schlimm genug, dass Wayne mit einem Laden leben muss, der nach einer akademischen Disziplin benannt ist. Den Alten wäre derartiges pseudointellektuelles Getue zutiefst suspekt gewesen – von der französischen Schreibweise ganz zu schweigen. Aber die Avantgardisten der neuen Kultur scheinen das Leben in ein nicht enden wollendes Studium zu verwandeln. Spätestens im Inneren des Ladens hätte die Ureinwohner aus den nahe gelegenen Reitclubs der Schlag getroffen, denn erstens gibt es mitten im *Anthropologie* ein Café, und das heißt, dass man in Wayne an keiner Stelle mehr weiter als fünfzig Meter von einem Cappuccino und einer französischen Zeitschrift entfernt ist. Zweitens scheint der Laden ununterbrochen von Louis Armstrongs *What a Wonderful World* berieselt zu werden – keine vornehme Bach-Musik weit und breit. Und drittens und schlimmstens: Man findet keinen einzigen Hepplewhite-Stuhl und auch keine Couch mit Adlerfüßen (George Washington hätte sich im *Anthropologie* sicher nicht wohl gefühlt). Auch nach Louis XIV. oder Empire sucht man vergeblich. Die alten Wayner orientierten sich in ihrem

Möbelgeschmack an der europäischen Aristokratie, wohingegen sich die neuen Bewohner mehr am europäischen Bauernstand orientieren. Der Laden, ein riesengroßer offener Raum mit Deckenbalken, ist eine Symphonie dessen, was Modefritzen Hämatomfarben nennen, gedämpftes Blau und viel Braun, Schwarz und Grün.

Zwischen den Dielen am Boden klaffen Ritzen, und rohe Stämme tragen die Decke. Es gibt einen Bereich, der auf Wohnen wie in der Provence, und einen, der auf Wohnen wie in der Toskana spezialisiert ist. Hier findet man in der Tat alles, was der äquatoriale Bauernstand täglich benötigt: in Ecken mit marokkanischem Kunsthandwerk, peruanischen Stoffen und indianischen Körben. Für den Essbereich steht eine große Auswahl an Bauerntischen zur Verfügung, nicht poliert, aber mit Gebrauchsspuren. Auf der Schlachtbank von einst stehen heute Kürbisravioli in 25 Dollar teuren Tongefäßen.

Auch bei den Bildern hat sich der Geschmack gewandelt. Bevorzugten die alten Wayner vor allem Jagdszenen mit Hirschen, Hunden, Enten und Pferden, stehen die Neubürger mehr auf friedliche und ulkige Tiere wie Pinguine, Kühe, Katzen oder Frösche. Die alten Matronen von Wayne kauften Blusen mit Blumenmustern, und wenn sie nebeneinander die Straße runtergingen, sah es aus, als käme einem eine wuchernde Hortensienhecke entgegen. Die Blusen und Shirts im *Anthropologie* sind einfarbig und die Farben zudem noch gedämpft. Das Motto dieses Geschäfts könnte lauten: »Ein Jahr in der Provence«, während die Preise eher an »schon sechs Jahre mit dem Medizinstudium fertig« erinnern.

Die neue Elite in den Betten der alten

Die gestylte Bäckerei, die kunstbeflissenen Cafés und die erdverbundenen Einrichtungshäuser mögen einem wie oberflächliche Phänomene vorkommen. Aber es handelt sich nicht um beliebige Moden. Die Veränderungen, wie wir sie in Wayne und anderen wohlhabenden amerikanischen Vorstädten beobachten, sind das Symptom eines tief greifenden kulturellen Wandels. Die demographischen Veränderungen, mit denen wir uns im letzten Kapitel beschäftigt haben, werden in Wayne sichtbar. Die Leistungsträger der Bildungselite haben das alte Main-Line-Städtchen übernommen, genauso wie sie die Elite-Colleges und die Hochzeitsseite der *New York Times* übernommen haben. Die großen alten Anwesen wurden in Parzellen aufgeteilt und mittlerweile haben Bauunternehmer dort zum Stückpreis von 600 000 Dollar Eigenheime für hoch dekorierte Akademiker errichtet. Die Rechtsanwälte, die in den Neunzigerjahren noch viktorianische Häuser mit sechs oder mehr Zimmern kauften, haben nicht dieselben Ansichten und denselben Geschmack wie die Rechtsanwälte, die in den frühen Sechzigern solche Häuser kauften. Und selbst die Alteingesessenen aus den alten WASP-Familien haben sich an das neue Klima angepasst.

Mit einem Mal tummeln sich auf den Straßen von Wayne die typischen Liebhaber der Bildungsmedien: Ärzte unterwegs zur Weingutbesichtigung, Bücher schreibende Rechtsanwälte, Professoren mit einem Faible fürs Gärtnern, belesene Immobilienmakler, Psychologinnen mit baumelnden Ohrringen und alle anderen Varianten von Bürgern des Informationszeitalters. Diese Menschen haben andere Ziele als die Mitglieder

der Country Clubs und die Martini-Trinkerinnen aus den Vorstädten, und es ist die natürlichste Sache der Welt, dass sie ihre Ideale auch in dem wiederfinden wollen, was sie kaufen, und in der Erscheinung, mit der sie sich in der Öffentlichkeit präsentieren. Shoppen mag ja vielleicht nicht die intellektuellste Tätigkeit auf der Welt sein, aber sie gehört zu denen, die sehr viel über eine Kultur verraten. So ist eines der Ergebnisse der neuen Ära, dass Karl Marx es verkehrt herum betrachtet hat. Während er behauptete, Klassen würden sich über Produktionsbedingungen definieren, könnte man heute die Ansicht vertreten, dass sich Klassen über ihre Konsumbedingungen definieren.

Die Wurzeln der Bobo-Kultur

Die Geschichte der Bildungselite beginnt im ersten Drittel des 18. Jahrhunderts. Man muss so weit zurückgehen, weil sich das Wertesystem dieser Klasse, auch wenn sie erst in den letzten Jahrzehnten explosionsartig gewachsen ist, schon mit dem ersten Aufflackern der Industrialisierung herausgebildet hat. Wir werden uns die Geburt der bourgeoisen Ethik ansehen und auch die erste Rebellion der Boheme. Erst wenn wir uns der Geschichte dieser beiden rivalisierenden Kulturen bewusst sind, werden wir verstehen, wie sich die verschiedenen Stränge aus Bourgeoisie und Boheme zu einer Klasse Biscotti knabbernder Bobos verknüpfen ließen.

Das erste Aufblühen bourgeoisen Geschmacks lässt sich in Amerika um das Jahr 1720 beobachten. Eine größere Zahl wohlhabender Amerikaner entdeckte für sich so etwas wie Noblesse. Nach ein paar Generationen hatten viele Siedler das harte Leben der Pioniere überwunden. Die amerikanische Gesellschaft hatte sich stabilisiert und die erfolgreichen Kaufleute wollten in ihren Häusern ihre geschmacklichen und kulturellen Vorlieben zum Ausdruck bringen. Sie errichteten neue Häuser und renovierten alte, die Decken in den Wohnzimmern wurden höher und die Balken verkleidet. Den Boden belegten sie mit zierlichen, schmalen Hölzern, nicht mehr mit schweren Dielen wie in der Pionierzeit. Sie fügten Friese, Vertäfelungen und Giebel hinzu und schufen so eine Atmosphäre raffinierter Anmut. Die Küche und andere Nutzräume wurden auf die Rückseite des Hauses verbannt, wo sie von Besuchern nicht gesehen wurden. In den Vorderräumen verkleinerten sie die Kaminöffnungen und verwandelten damit Zimmer, die so heiß gewesen waren wie Backöfen, in wohltuend temperierte Salons.

So ein Salon war ein Raum, der mit den praktischen Verrichtungen im Haus nichts zu tun hatte. Im Salon wurden wichtige Besucher empfangen oder vornehme Tätigkeiten wie Lesen, Sticken oder das Genießen von Musik gepflegt. Im Salon standen die schönsten Möbel, und auch der wertvollste Besitz der Familie wurde hier verwahrt: Feuerböcke aus Messing, vergoldete Spiegel und Uhren, Teppiche, Kirschholzsessel mit gerader Lehne und Adlerklauen als Füßen. Ganze Armeen von Handwerkern waren damit beschäftigt, edles Porzellan, hauchdünne Teeservice und dergleichen Zierrat mehr herzustellen, der in den Salons ausgestellt wurde. Sie sollten ein vornehmes Ambiente schaffen, in dem sich Feingefühl und höhere Interessen kultivieren ließen. Und außerdem konnte man im Salon auch sehr gut mit feinen Manieren und Zugehörigkeit zur Elite protzen. »Salonmenschen nahmen für sich eine höhere Ebene in Anspruch als die einfache und derbe Bevölkerung, um sie in ihrem inneren Wert zu übertreffen«, schreibt der Historiker Richard Bushman von der Columbia University in *The Refinement of America*, einer ausgezeichneten Analyse dieser sozialen Verschiebung.

Der größte Teil Amerikas, so Bushman, war rau und hässlich, »nur ganz wenige Orte genossen Achtung wegen der herausgeputzten Bewohner, die vornehme Muße und Anmut zur Schau trugen«. Die neu entstandene obere Mittelschicht etablierte eine soziale Hierarchie, die es ihr erlaubte, sich von der breiten Masse abzugrenzen. In der Salongesellschaft bewunderte man Frauen mit zierlichen Händen und Füßen, die schmetterlingsgleich über die Teppiche schwebten. Männer mussten im 18. Jahrhundert eng sitzende Westen tragen, die die Bewegungsfreiheit einschränkten und für eine aufrechte Haltung sorgten. Edmund Burke war es, der die allgemeinen Prinzipien jener Ästhetik formulierte: »Ich kann mich heute an nichts Schönes erinnern, das nicht völlig glatt wäre … Man stelle sich beispielsweise einen schönen Gegenstand vor und verleihe ihm eine zerrissene raue Oberfläche, und so wohlgeformt dieser Gegenstand in anderer Hinsicht auch sein mag, er wird einem nicht länger gefallen.«

Die amerikanischen Eliten mögen sich am europäischen Geschmack und den dort üblichen Umgangsformen orientiert haben, aber sie waren eben keine europäischen Aristokraten. Wie bei der Mittelschicht auf der anderen Seite des Atlantiks handelte es sich bei ihnen um Kaufleute, nicht um Lords. Als sich die Kaufleute die höfische Etikette zu Eigen machten, wurden bereits einige höfische Zeremonien weggelassen, und nach und nach bildete sich ein eigenständiges Verhalten heraus, das man vor allem in den Schriften Benjamin Franklins wieder entdecken kann.

Franklin forderte einen gesunden Ehrgeiz. Das zentrale Lebensziel schien ihm, sich selbst zu übertreffen und dabei seine Lebensumstände zu verbessern. Franklin verherrlichte sämtliche bourgeoisen Tugenden: Genügsamkeit, Aufrichtigkeit, Ordnung, Mäßigung, Besonnenheit, Eifer, Beharrlichkeit, Keuschheit, Reinlichkeit, Friedfertigkeit, Pünktlichkeit und Demut. Das sind keine heldenhaften Tugenden. Sie regen weder die Vorstellungskraft an noch die Leidenschaft, wie etwa der aristokratische Begriff der Ehre. Es handelt sich nicht um geistige Werte. Aber sie sind von jedem umsetzbar und daher demokratisch. Franklin schrieb: »Wie wenig hat doch die Abstammung mit Glück, Tugend oder Größe zu tun.«

Franklin war kein Anhänger intellektueller Akrobatik. »Intelligenz beginnt mit Leistung.« Ausgedehnter Phasen der Innenschau oder der metaphysischen Kontemplation bedarf es hierzu nicht. »Mir selbst gönnte ich gelegentlich den Genuss, mich mit Poesie zu befassen, aber ausschließlich zum Zwecke der Verbesserung der Ausdrucksfähigkeit, und nicht mehr.« Franklins Bemerkungen zur Religion haben die Tendenz, das Transzendente mit dem Alltäglichen zu verbinden: »Gott hilft dem, der sich selbst hilft«, predigte er und verwässerte damit die puritanische Vorstellung, dass jeder Mensch zwei Berufungen habe, eine in dieser und eine in der nächsten Welt. Unvorstellbar, dass Franklin seine irdischen Errungenschaften aufgegeben hätte, um sich in ein Kloster zurückzuziehen und dort über das Ewige zu sinnieren.

Er steckte die weltlichen Ambitionen in einen simplen, aber festen Rahmen: Sei ehrlich! Arbeite hart! Behalte dein Ziel im Auge! Konzentriere dich auf die konkreten und unmittelbaren Interessen und verliere dich nicht in abstrakten und utopischen Vorstellungen! So wurde er zum Vorbild platter amerikanischer Binsenweisheiten: »Fische und Gäste fangen nach drei Tagen an zu stinken«, lautet eine seiner berühmten Sentenzen.

In Franklins Schriften finden wir sämtliche Werte der neu entstandenen Salongesellschaft wieder, die an Kultivierung und Selbstüberwindung glaubte, zumindest solange diese sozial oder finanziell sinnvoll war. Ihre Vertreter standen für klaren, klassischen Stil, nicht für protzigen Barock. Sie hatten gute Manieren und waren weder dekadent noch schwülstig. Sie waren clever, aber nicht auffallend intellektuell. Ihre Kleidung war mit Sorgfalt genäht, aber sie bevorzugten gedeckte Farben. Sie wollten Geld machen, aber sie gaben es nicht für Luxus aus, sondern zur ständigen Weiterbildung. Sie liebten alles, was kultiviert war, aber Extravaganz stieß sie ab. Sie wollten sich von den arbeitenden Massen unterscheiden, aber nicht den verschwenderischen und snobistischen Aristokraten in Europa nacheifern. Nicht umsonst nannte man sie den Mittelstand. Sie liebten das vernünftige Maß und hassten alles Extreme.

Die Revolte der Boheme

Nur ein halbes Jahr nach Franklins Tod 1790 rebellierten Schriftsteller, Künstler, Intellektuelle und Radikale gegen die zunehmende Herrschaft der Bourgeoisie und ihres Geschmacks. Die Rebellen versammelten sich in einer Stadt, in der Franklin erst ein paar Jahrzehnte zuvor so begeistert empfangen worden war: in Paris. In einer Welt, die von Kaufleuten dominiert wurde, fanden die Künstler keine aristokratischen Mäzene mehr. Das führte zwar einerseits zu ihrer Emanzipation, aber fortan mussten sie sich auch auf dem Markt behaupten, was neue Traumata mit sich brachte. Wer Erfolg haben wollte, musste einem anonymen Publikum gefallen, und viele dieser kreativen Köpfe hassten die neue Abhängigkeit von einem schwer fassbaren Mittelstand, der das Genie nicht zu würdigen wusste. Und in dem Maße, in dem Schriftstellern und Künstlern ihre Abspaltung vom Rest der Gesellschaft bewusst wurde, fingen sie an, heroische Vorstellungen davon zu entwerfen, wie wichtig sie selbst seien.

Ein Buch, in dem die Künstlerrevolte gegen die Klasse der Kaufleute hervorragend beschrieben wird, ist César Grañas 1964 erschienenes Werk *Bohemien contra Bourgeois*. Danach wurde in den 1830er Jahren Abscheu gegenüber der Bourgeoisie zur offiziellen Haltung der Mehrzahl aller Schriftsteller und Intellektuellen. Flaubert, der Leidenschaftlichste unter den Rebellen, unterzeichnete seine Briefe bisweilen mit »Bourgeoisophobus«. Hass auf die Bourgeoisie stand, so Flaubert, »am Anfang aller Tugend«. Stendhal bezeichnete Benjamin Franklin als einen »Kunsthandwerker aus Philadelphia« und hielt ihn für einen frommen Langweiler. Der Dichter Alfred de Musset verfluchte die heiligen Institutionen der Salongesellschaft: »Verwünscht seien Familie und Gesellschaft, verflucht seien Heim und Stadt, Verdammnis über das Vaterland.«

Was genau fanden die französischen Literaten eigentlich so abstoßend am Mittelstand? In einem Wort: den

Materialismus. Erfolg schien sich beim Bürgertum einzig und allein in Geld und Produktivität auszudrücken. Die Künstler hingegen achteten Kreativität, Vorstellungsvermögen und Esprit. Außerdem hielten die Intellektuellen die Bourgeoisie für dumm und jämmerlich. Sie sagten ihr Stumpfsinn, Lustlosigkeit, Fantasielosigkeit und Konformität nach. Am schlimmsten jedoch war, dass die Bourgeoisie nichts Heroisches besaß. Die alten Aristokraten waren zumindest um Größe bemüht gewesen und den Bauern haftete noch so etwas wie eine ursprüngliche Heiligkeit an. Aber die neue Mittelschicht zeigte keine Spur von Transzendenz. Sie war prosaisch und mittelmäßig. Nichts, was in irgendeiner Form die Fantasie angeregt hätte: Nützlichkeit, Pünktlichkeit, ihre tägliche Schufterei, ihre Maschinen, ihr Philistertum. Flaubert hielt den Bourgeois für »stur und geizig«, und Stendhal sah in ihm jemanden, der »pedantisch seiner eigenen kleinen Ordnung folgt« und ihn gleichermaßen zum »Weinen wie zum Kotzen bringt«.

Am ärgerlichsten war jedoch die Tatsache, dass genau diese Verhaltensweisen für den enormen weltlichen Erfolg des Bürgertums ausschlaggebend waren. Die Geldgier ermöglichte es den Kaufleuten, erfolgreiche Unternehmen aufzubauen und Reichtümer anzuhäufen. Ihre eiskalten Berechnungen sorgten für positive Bilanzen. Das mechanische Ticken in ihrem Verstand half ihnen bei der Konstruktion von Maschinen und Fabriken und letztlich bei der Verdrängung der Handwerker. Ihre Geldgier trieb sie an die Macht. Heute haben wir uns an die Vorstellung gewöhnt, dass Menschen, die ihr Leben dem Vermarkten von Seife oder Schuhen gewidmet haben, ein Vermögen verdienen, in großen Häusern leben und gern gesehene Gäste auf

Cocktailempfängen sind. Aber in den 1830er Jahren war das neu und schockierend. Es war die Beschränktheit der Bourgeoisie, die ihr die Macht eintrug.

Die Intellektuellen wandten sich ab und bauten sich ihr eigenes Universum, das vielleicht ökonomisch gesehen immer schwach bleiben, im Reich des Geistes und der Fantasie aber stark sein würde. Sie wollten lieber königliche Outlaws sein, so Graña, als voll gefressene Maden. Und so entstand *la vie bohème*. Genau genommen ist die Boheme nur die soziale Manifestation der romantischen Bewegung. Aber aus Gründen der Klarheit und auch deshalb, weil der Begriff Romantik in so viele Richtungen gedehnt wurde, spreche ich lieber von Boheme und meine damit ebenso die geistige Haltung wie das Verhalten und die Sitten, die damit einhergehen.

Die französischen Intellektuellen haben Lebensstile geprägt, die heute allen geläufig sind. Die sensiblen Seelen strömten in heruntergekommene Stadtbezirke, um dort Künstlerkolonien zu gründen und mit neuen Lebensformen zu experimentieren. So entstanden Orte, an denen ein Maler oder Poet mehr Ansehen genoss als ein Bankier oder der Präsident. Und da die Boheme dem Aufstieg der Bourgeoisie nichts entgegenzusetzen hatte, versuchte sie sie wenigstens zu schockieren. Nachdem Flaubert die Arbeit an seinem Roman *Salammbô* abgeschlossen hatte, prophezeite er: »Er wird 1) die Bourgeoisie vor den Kopf stoßen …; 2) sensible Menschen nerven und schockieren; 3) die Archäologen verärgern; 4) Frauen unverständlich bleiben; 5) mir den Ruf eines Päderasten und Kannibalen eintragen. Hoffentlich.« So entstand der Schlachtruf, der zum Inbegriff der Fehde zwischen Boheme und Bourgeoisie wurde: *Epater les bourgeois!*

Die Männer, die zur Boheme gehörten, ließen sich die Haare wachsen und Bärte stehen. Sie trugen auffällige Kleidung, an der sie leicht zu erkennen waren: rote Jacken, spanische Umhänge. Sie verherrlichten die Jugend und waren auf Provokation, spleenigen Humor und Schabernack aus. Der Maler Emile Pelletier ging mit einem Schakal spazieren, den er als Haustier hielt. Der Schriftsteller Gérard de Nerval lief mit einem Hummer an der Leine durch die Tuilerien. »Er bellt nicht und kennt die Geheimnisse der Tiefe«, meinte er dazu. Viele entwickelten eine sarkastische Begeisterung für das Mystische und das Makabre. Sie schrieben über Selbstmord und nicht wenige führten ihn sogar aus. Sie begrüßten alles Neue und lobten Experimente, und sei es nur, um ihre Verachtung gegenüber der konservativen Mittelschicht zum Ausdruck zu bringen.

Die Bohemiens solidarisierten sich mit anderen, die sie ebenfalls als Opfer der Bourgeoisie betrachteten, mit den Armen, den Kriminellen, den ethnisch und rassisch Ausgegrenzten. Sie waren fasziniert von exotischen Kulturen, die scheinbar noch nicht vom Bazillus der Bürgerlichkeit befallen waren. Viele Pariser idealisierten Spanien, das ihnen noch immer mittelalterlich erschien. Flaubert bestaunte das einfache Leben, das er in der Bretagne kennen lernte. Die Bohemiens verehrten jene, die sie für edle Wilde hielten, und dekorierten ihre Schlafzimmer mit afrikanischer Kunst. Sie beneideten unerreichbare Kulturen, wie die chinesische, die ihnen geistig unberührt erschienen. Sie erhoben Sex zur Kunstform (im Grunde hielten sie jeden Aspekt des Lebens für Kunst) und nahmen die prüde Bourgeoisie damit auf die Hörner. Je mehr man über die Pariser Bohemiens von damals nachliest, desto klarer wird einem, dass sie damals bereits alles durchdacht hatten. In den 150 Jahren, die darauf folgten, konnten Intellektuelle und Hippies nicht viel mehr tun als diese Urrebellion immer wieder neu zu inszenieren.

Natürlich war die Gegnerschaft zwischen Boheme und Bourgeoisie niemals so ernsthaft, wie die Polemik auf beiden Seiten vermuten ließe. Die Bourgeoisie war weitaus kultivierter, als ihr Flaubert und Konsorten zugestehen wollten. Die Deutschen gingen sogar so weit, einen feinen Unterschied zwischen »Besitzbürgertum« und »Bildungsbürgertum« zu machen. Und auch die Rebellen waren im Grunde nicht so idealistisch, wie sie sich gerne gerierten. Trotzdem beherrschte dieser Kulturkampf das Denken der Menschen. Die Bourgeoisie predigte Materialismus, Ordnung, Zuverlässigkeit, Tradition, rationales Denken, Disziplin und Produktivität. Die Bohemiens feierten Kreativität, Rebellion, Erneuerung, eigene Ausdrucksformen, Idealismus und intensive Erfahrung. Das bürgerliche Lager glaubte an eine natürliche Ordnung aller Dinge und stand für Tradition und die Einhaltung von Regeln. Die Bohemiens leugneten jeden strukturierten Zusammenhang im Universum. Für sie ließ sich Realität immer nur in Fragmenten, Illusionen und Andeutungen erhaschen. Deswegen waren sie für Rebellion und Erneuerung.

Die Bourgeoisie beherrschte die Welt der Geschäfte und des Marktes, die Boheme regierte im Reich der Kunst. Die Bourgeoisie bevorzugte numerische und mechanistische Denkweisen, die Boheme Intuition und organisches Denken. Die Bourgeoisie schätzte Organisation, die Boheme Unabhängigkeit. Die Bourgeoisie liebte Maschinen, die Boheme das vorindustrielle Zeitalter. In punkto Manieren und Konsumverhalten hielt es die Bourgeoisie mit Hochglanz und aufrechter Haltung, die Boheme – mit Ausnahme der Dandys im 19. Jahrhundert – mit Authentizität und Natürlichkeit. Die Bourgeoisie huldigte dem Erfolg, die Boheme legte sich nach und nach eine Reihe von Statussymbolen zu, die den Misserfolg zelebrierten. Die Bourgeoisie suchte nach handfesten Verbesserungen, das große Ziel der Boheme war die Erweiterung des Selbst. Graña fasst es so zusammen: »Die romantischen Texte verherrlichten große Gefühle, unwiederholbare Empfindungen und besondere Taten. Sie verachteten Normalität, Vorausschau, Alltagssorgen und den Einsatz für er reichbare Ziele – alles, wofür die Mittelschicht Tag für Tag lebte.«

Die Transzendentalisten

Der Pariser Konflikt zwischen rechtem und linkem Seineufer erreichte schon bald Amerika, aber die Blütezeit der Boheme von Greenwich Village – die Zeit, in der es möglich war, mit einem Hummer durch einen Park zu spazieren – war noch mindestens sechzig Jahre entfernt. Den amerikanischen Künstlern und Intellektuellen, die Mitte des 19. Jahrhunderts Kritik am bürgerlichen Industrialismus übten, fehlte der beißende Humor und das rebellische und amoralische Auftreten der Europäer. Die amerikanischen Idealisten waren nicht darauf aus, eine Gegenkultur urbaner Rebellen aufzubauen. Für sie bestand die Alternative zur industriellen Wirtschaft in der Besinnung auf die Natur und das einfache Leben. Ihre Ästhetik war mehr von der Natur geprägt als von der Kunst.

Weil die Transzendentalisten enormen Einfluss auf die Bildungsschichten hatten, bezeichnete Richard Hofstadter die Bewegung als »Protestantismus für Intellektuelle«. Die meisten von ihnen stammten aus New England wie Ralph Waldo Emerson, Henry David Thoreau, Bronson Alcott und Margaret Fuller. Den Namen »Transzendentalisten« erhielten sie, weil es ihr Ziel war, Materialismus und Rationalismus zu transzendieren und so zu einer Spiritualität zu gelangen, die sie in der Seele eines jeden Menschen vermuteten. Den Ausgangspunkt bildete eine Überzeugung, die William Channing formulierte: »In jedem Individuum gibt es etwas Größeres als in der Gesamtheit des materiell Erschaffenen, als in allen Welten, die Auge und Ohr bestürmen; und nach innen gerichtete Bemühungen haben einen Wert und eine Würde an sich.«

Die nächste Folgerung dieser Philosophie war nahe liegend: Das Leben ist zu kostbar, um es an das Geld oder irgendwelche Dinge zu verschwenden. Materielle Bedürfnisse sollten nicht mehr sein als ein Sprungbrett in die Welt der geistigen oder spirituellen Entdeckungen. Die Transzendentalisten lehnten die Welt nicht vollständig ab. Emerson entwickelte beispielsweise eine Ethik mit mehreren Stufen, bei der die Menschen mit der Befriedigung ihrer materiellen Bedürfnisse beginnen und dann immer höher steigen. In »The Young American« schrieb er: »Auch der Handel hat nur eine Weile Bestand und muss etwas Vielseitigerem und Besserem weichen, dessen Gestirne schon am Himmel aufgehen.« Thoreau handelte mit Lebensmitteln, predigte aber das »einfache und bewusste« Leben, denn »ich wollte intensiv leben und dem Leben alles Mark aus den Knochen saugen und so entschlossen und spartanisch leben, um all das in die Flucht zu schlagen, was nichts mit dem Leben zu schaffen hat.«

Die Transzendentalisten lebten in einem bürgerlichen Klima, das von Verheißungen des technischen Fortschritts vergiftet war: Dampfmaschine, Eisenbahn, Fabrik, professionelles Management – all diese Erfindungen ließen die Entfernungen kleiner werden, förderten den Handel und schufen Wohlstand. Der Mensch stand kurz davor, im Kampf mit der Natur den Sieg davonzutragen und die bedrohliche Wildnis in seinen Produktionsprozess einzugliedern.

Selbst Emerson war anfangs voller Begeisterung. Aber im Lauf der Zeit erkannten die Transzendentalisten, dass die Technologie zwar Wohlstand schuf, aber auch die Natur und die spirituelle Verbindung des Menschen zu ihr gefährdete.

»Die Dinge sitzen im Sattel / Und reiten die Menschheit«, formulierte Emerson. »Wir fahren nicht mit der Eisenbahn, sie fährt mit uns«, echote Thoreau. Maschinen, Wohlstand und Geld treten zwischen die Menschen und die Erfahrungen, die wirklich wichtig für sie wären. Die Transzendentalisten meinten, die meisten Amerikaner würden zu viel und zu sklavisch arbeiten. Sie könnten prima rechnen und etwas ausmessen, hätten aber keine Zeit zum Fühlen und Empfinden. Die Mittelschicht sorge sich nur um den Erhalt ihres Lebensstandards und stelle sich nicht einmal die Frage, warum sie überhaupt lebe.

Die intensivsten Erfahrungen machten die Transzendentalisten in den Wäldern. Thoreau zog an den Walden Pond, wo er ein »Leben an der Grenze« führte, zwischen der Zivilisation in den Städten im Osten und der »Frontier« zum primitiven Westen. »Das Land«, so Emerson,

»ist die geeignete Medizin für alles, was in unserer Kultur falsch oder absurd ist. Der Kontinent, auf dem wir leben, sollte Heilmittel und Nahrung für unseren Geist wie für unseren Körper sein. Das Land mit seinen beruhigenden, heilenden Einflüssen soll die Fehler der akademischen und traditionellen Erziehung beheben und das Verhältnis zwischen Dingen und Menschen in ein rechtes Lot bringen.« Als Antithese zur vornehmen Salonkultur fügte Thoreau dem hinzu: »Das Leben ist Wildnis. Der Lebendigste ist der Wildeste.« Eine Zivilisation, die Barrieren zwischen Mensch und Natur errichtet, müsse demnach in Verfremdung und Unglück enden.

Die Transzendentalisten hinterließen deutliche Spuren in der amerikanischen Kultur. Zum Teil ist es ihrem Einfluss zu verdanken, dass die amerikanische Boheme stärker der Natur und dem einfachen Leben verbunden ist als dem innerhalb der europäischen Boheme weit verbreiteten Nihilismus.

Kulturkampf

Der Kulturkampf zwischen Bourgeoisie und Boheme tobte das gesamte Industriezeitalter hindurch. Er veränderte sein Erscheinungsbild und wurde auf verschiedenen Schlachtfeldern ausgetragen, aber die zentralen Themen blieben stets die gleichen. In Amerika hat es immer eine bürgerliche Strömung gegeben, die materialistisch, rationalistisch und technikfreundlich war und nach gehobenem Geschmack und feinen Umgangsformen strebte. Aber es gab auch immer eine Bewegung, die künstlerisch, idealistisch und spirituell war, die authentische Möbel, Abenteuerlust und ungezwungene Umgangsformen bewunderte.

In den Zwanzigerjahren spitzten sich die Fronten zu: Einerseits gab es typisch bürgerliche Präsidenten wie Harding, Coolidge und Hoover, und man konnte das Entstehen wohlhabender Vorstädte beobachten. In Gegenden wie der Main Line von Philadelphia und Westchester County in der Nähe von New York schoss eine Villa nach der anderen aus dem Boden. Das Kleinbürgertum wuchs und staffierte seine Einfamilienhäuser in Chicago oder Los Angeles mit Salons aus. Und das zu einer Zeit, als das gehobene Bürgertum bereits dazu überging, den Salon als Wohnzimmer zu bezeichnen. Die Gruppe der neuen Salonbesitzer machte fast gar keinen Gebrauch von diesem neuen Wohnraum. Ihre Behausungen waren meist so klein, dass sie sich den Luxus eines Salons eigentlich gar nicht leisten konnten. Trotzdem mussten die Salons her, zum Zeichen der frisch erworbenen – wenn auch leicht angestaubten – Vornehmheit. Und es gab Millionen aufstrebender Kleinbürger, die Bücher lasen wie Bruce Bartons *The Man Nobody Knows*. Barton vertrat die Auffassung, man könne Jesus am besten verstehen, wenn man ihn sich als kontaktfreudigen Spitzenmanager vorstellte. »Ein Miesepeter! Der beliebteste Dinner-Gast in ganz Jerusalem!«, ereiferte sich Barton. »Ein Versager! Er scharte zwölf Männer aus den Niederungen des Wirtschaftslebens um sich und schmiedete daraus ein Unternehmen, das die Welt eroberte.« Im Jahr 1962 wurden mehr Exemplare von *The Man Nobody Knows* verkauft als von irgendeinem anderen Sachbuch.

Gleichzeitig gab es literarische Angriffe auf das Bürgertum und einen signifikanten Zuwachs an Bohemiens, vor allem in Greenwich Village. Autoren wie Sinclair Lewis, Thorstein Veblen, John O'Hara, John Dos Passos, Ernest Hemingway und Gertrude Stein kehrten den bürgerlichen Werten den Rücken und zogen nach Paris oder Moskau, engagierten sich für radikale Politik oder machten sonst wie Stimmung gegen spießigen Provinzialismus. Malcolm Cowley, Schriftsteller und Lektor aus New York, fasste die Themen und Ansichten, die die amerikanische Boheme in den frühen Zwanzigerjahren bewegten, in seinem 1934 erschienenen Buch *Exile's Return* zusammen: »Erlösung durch das Kind« – jeder von uns wird mit einem bestimmten Potenzial geboren, das die Gesellschaft nach und nach zerstört; »Selbstverwirklichung« – Sinn und Zweck des Lebens ist es, die Individualität einer jeden Existenz voll zu entfalten; »Heidentum« – der Körper ist ein Tempel, gegen Sex und Nacktheit ist nichts einzuwenden; »Leben für den Augenblick«; »Freiheit« – Beseitigung aller hemmenden Gesetze und Konventionen; »Gleichberechtigung der Frau«; »Angepasstes Verhalten« – Menschen sind unglücklich, weil sie unterdrückt werden, wenn sie sich nicht ausreichend anpassen; »Reisen« – die Wahrheit liegt auf der Straße. Wenn man sich aufmacht, um einen neuen oder interessanteren Ort kennen zu lernen, ist man auf dem richtigen Weg.

Dann kamen die Fünfzigerjahre: der vermeintliche Höhepunkt der Bürgerlichkeit, zugleich aber auch der Anfang ihres Endes. Es war die Zeit von Eisenhower, der Junior League und einer Fernsehkultur, die in *Leave It to Beaver* ihren Ausdruck fand. Aber es gab auch rebellische Bohemiens, die in Gruppen über Land zogen und Pott rauchten. Diese Beatniks setzten wie ihre Vorfahren auf Spontaneität und eigene Erfahrungen. Es machte ihnen Spaß, die Bourgeoisie zu schockieren. Geld und Komfort interessierten sie nicht, ihre Ziele hießen Emanzipation und Freiheit. Sie verachteten das, was Allen Ginsberg den »Moloch eines rein mechanistischen Denkens« nannte.

Einige Schriftsteller und Intellektuelle sahen in der Beatgeneration das erste Wetterleuchten der Revolution. Paul Goodmans 1960 erschienenes Buch *Aufwachsen im Widerspruch* ist eine Schwärmerei für die Beatgeneration. »Ihr Thema ist das ›System‹, mit dem sie sich auf keinen Kompromiss einlassen. Gute Jobs sind für sie Lüge und Selbstbetrug. Für sie ist es unvorstellbar, sich den Lebensstil diktieren zu lassen, und jemand, der den Kühlschrank in Raten abbezahlt, halten sie für verrückt.« Goodmans Hauptgegner war die ›Ordnung‹, das allumfassende, alles regelnde System aus Bürokratien und Strukturen, die Goodman und die Beatniks in Verdacht hatten, Autonomie und Kreativität zu ersticken. Die Strukturen mussten zerschlagen und die Gesellschaft selbst chaotischer werden. Aber Goodman bemerkte immerhin, dass die Beatniks bei aller Opposition und Ablehnung von Wohlstand ganz gut lebten. Es war ihr Hang zu Freude und Ausgelassenheit, der ihren Lebensstil so anziehend machte. In einem Abschnitt seines Buches, der ebenso gut auf die heutige Situation der Bobos gemünzt sein könnte, schreibt Goodman: »Die Gegenkultur des Beat ist eigentlich keine Reaktion gegen die Mittelschicht oder das System, sondern einfach ganz natürliches Verhalten. Zwar verbinden sich die Beatniks mit den Minderprivilegierten, aber sie passen sich ihnen nicht an. Ihre Wohnungen sind meist angenehmer als die der Mittelschicht. Auch ernähren sie sich besser, besitzen teure Schallplatten usw. Einige ihrer

Verhaltensweisen, wie keine Termine zu haben, sich schlampig zu kleiden, sexuell freizügig zu sein, einer Kommune anzugehören und sich nicht um das Ansehen zu scheren, wenden sich gegen die Mittelschicht, aber diese Verhaltensweisen haben ihren Ursprung weniger in einer Ablehnungshaltung als im gesunden Menschenverstand. Es sind zumeist natürliche Verhaltensweisen, für die sich die Mehrzahl der Menschen entscheiden würde, wenn sie gegenüber sich selbst ehrlicher wäre.« Das war neu: Das Leben der Boheme war ein Lebensstil, den die meisten übernehmen würden, wenn sie sich selbst gegenüber nur ehrlicher wären. Hätte man diese Idee 1960 beherzigt und zum Grundprinzip seiner Investitionen und Entscheidungen gemacht, wäre man heute Milliardär.

In den Sechzigern wurde die Subkultur der Boheme zum Massenphänomen und fand sich auf den Covern von Magazinen wie *Life* und *Look* wieder. Die Angriffe der Hippies auf das Establishment sind hinlänglich bekannt und müssen hier nicht in aller Breite dargelegt werden. Nur kurz und ohne auf die Bürgerrechtsbewegung, Vietnam und die komplexen und tief greifenden politischen Unruhen jener Zeit einzugehen, möchte ich ein paar Vertreter der Gegenkultur in Erinnerung rufen. Abbie Hoffman bewarf die Wertpapierhändler an der Wall Street mit Dollarnoten. The Diggers, Performancekünstler aus San Francisco, verkündeten den »Tod des Geldes und die Geburt des freien Menschen«. Norman Mailer erkundete das Leben als Hipster. In seiner Essaysammlung *Advertisements for Myself* veröffentlichte er im Stil von Hochglanzmagazinen eine Liste all dessen, was »hip« und was »spießig« war – eine Liste, die sich nahtlos in die überlieferte Trennung von Bourgeoisie und Boheme einpassen ließ. Die Nacht, so Mailer, war hip, der Tag spießig. Dealer sind hip, Bullen spießig. Der Körper ist hip, der Geist spießig. Fragen sind hip, Antworten spießig. Induktion und Intuition sind hip, Deduktion und Rationalität spießig.

Theodore Roszak, der Chronist der Revolte, fasst die Kritik der Hippies an der Mittelschicht in seinem Buch *Gegenkultur* zusammen. »Das Bürgertum ist von Gier besessen, sein Sex ist fade und prüde, seine Familienstrukturen sind entwürdigend. Sein sklavischer Konformismus in Kleidung und Aufmachung ist erniedrigend, seine auf Gewinn ausgerichtete Lebensroutine unerträglich.« Das Bürgertum schwelgte im Überfluss, die Studentenführer lehnten den Materialismus kategorisch ab. Das Bürgertum schätzte Höflichkeit, Eleganz und Etikette, deshalb waren die Studentenführer ungehobelt. Das Bürgertum war überlegt, trug das Haar kurz und stand dem technischen Fortschritt positiv gegenüber, die Studentenführer waren spontan, langhaarig und eher naturverbunden. Die Bürgerlichen dachten an Karriere, den Studenten waren Erfahrungen wichtiger. Die Bürgerlichen gaben sich keusch, die radikalen Studenten freizügig. Die Bürgerlichen übten sich in demonstrativem Konsum, die Studenten in demonstrativer Konsumverweigerung. Die einen priesen die Arbeit, die anderen den Spaß. Das Bürgertum aß Fleisch und Fertiggerichte, die Studenten hielten sich an Sojabohnen und andere makrobiotische Lebensmittel. In den Sechzigern machten viele die Erfahrung, dass sie im Ansehen der Gleichaltrigen stiegen, wenn sie in punkto Kleidung und Lebensstil tiefstapelten. Und aufgrund der großen Zahl ihrer Vertreter stellte die romantische Gegenkultur den bürgerlichen Mainstream in den

Schatten. Mehr als ein Jahrhundert nachdem Flaubert und seine Pariser Kumpane die Parole »Epater les bourgeois!« ausgegeben hatten, war die Boheme von einer Clique zur Massenbewegung geworden. Und eine Weile sah es so aus, als würden die Ansichten der Boheme all das ausmerzen, was von Benjamin Franklin und seinem bürgerlichen Ethos noch übrig war.

Die Gegenoffensive der Bourgeoisie

Aber dann kamen die Siebziger und Achtziger und plötzlich bäumte sich das bourgeoise Ethos wieder auf. Ein Jahrhundert lang war die Argumentation einseitig gewesen: Die Bohemiens richteten ihre verbalen Attacken gegen die Bourgeoisie, und die tat nichts anderes, als sich an die Devise zu halten, wonach die beste Vergeltung darin besteht, es sich gut gehen zu lassen. Sie lebten einfach weiter das Leben, das sie gewohnt waren, und versuchten die Angriffe der Subkultur so gut es ging zu ignorieren. Sie verspotteten die Intellektuellen und die Radikalen, aber eine umfassende Kritik des Lebensstils der Boheme brachten sie nicht zustande.

Zu den ersten, die sich zu Wort meldeten, gehörten die Neokonservativen, Schriftsteller und Professoren wie Irving Kristol, James Q. Wilson, Gertrude Himmelfarb, Norman Podhoretz und Midge Decter, die noch in den Siebzigerjahren die Politik des New Deal vertraten. Der Neokonservativismus begann als eine Bewegung von Sozialwissenschaftlern. Irving Kristol und Daniel Bell gründeten 1965 die Zeitschrift *Public Interest*, in der sie eiskalte, technokratische Analysen veröffentlichten. Sie glaubten, dass die großen ideologischen Auseinandersetzungen vorüber wären und politische Entscheidungen künftig von der nüchternen Warte der Sozialwissenschaft aus getroffen würden. Daniel Patrick Moynihan schrieb für die erste Nummer einen Beitrag mit dem programmatischen Titel »Die Professionalisierung der Reform«: »Wir können die industrielle Produktion immer besser beherrschen … Die Fähigkeit, Ereignisse vorherzusehen, hat sich, anders als die Fähigkeit, Ereignisse zu kontrollieren, beachtlich entwickelt.« Aber wie bei so vielen Magazinen mussten auch die Leute von *Public Interest* und *Commentary*, einer weiteren neokonservativen Publikation, feststellen, dass sie für ein ganz anderes Projekt herzuhalten hatten als ursprünglich beabsichtigt. Die Neokonservativen, meist Kinder aus der unteren Mittelschicht, waren schockiert vom antibürgerlichen Auftreten der Intellektuellen und radikalen Studenten. Und dieser Generation gelang etwas Ungewöhnliches in der Geschichte dieser Auseinandersetzung: eine eindrucksvolle Verteidigung der Bourgeoisie und eine vernichtende Kritik der Boheme.

Alle neokonservativen Argumentationen begannen mit dem Zugeständnis, dass der bürgerliche Lebensstil weder heldenhaft noch inspirierend sei. »Die bürgerliche Gesellschaft ist die prosaischste aller möglichen Gesellschaftsformen … eine Gesellschaft, deren Struktur dem Wohlbefinden und dem Komfort der einfachen Männer und Frauen dient«, so Irving Kristol in dem Essay »The Adversary Culture of the Intellectuals«. Ziel der bürgerlichen Gesellschaft sei es, die materiellen Bedingungen zu verbessern, sie investiere nicht in Transzendenz. Bürgerliche Gesellschaften brächten eine glückliche Kultur hervor, aber keine großartige und unvergessliche. Kristol attestiert ihnen ein »sympathisches Philistertum«, das der hohen Kunst wenig Respekt entgegenbringe, in deren Umfeld aber die Massenkultur prima gedeihe (und jeder Film glücklich ende). Bürgerliche Gesellschaften sind meistens freie, aber nicht immer gerechte Gesellschaften. Meist schafft es der bornierte Brutalo, zu Geld und Erfolg zu gelangen, während der wirklich Intelligente leer ausgeht.

Andererseits könne sich die bürgerliche Gesellschaft einer historischen Errungenschaft rühmen, argumentierten die Neokonservativen. Sie stelle den perfekten moralischen Rahmen für den Kapitalismus zur Verfügung. Mit der Betonung von Vorsicht, Genügsamkeit, Pünktlichkeit, Sparsamkeit, Frömmigkeit, Verantwortung und Fleiß zähme sie einige der gefräßigen Leidenschaften, die jede Marktwirtschaft barbarisch aussehen ließen. Mit der Ehrfurcht vor Institutionen wie Familie, Religion oder den Rotariern bewahre die bürgerliche Kultur die freie Gesellschaft vor dem Sturz in die Amoralität. »Wir dürfen den materiellen Fortschritt nicht zu gering schätzen«, lautete ein weiteres Argument der Neokonservativen. Die bürgerliche Tugend, den Wohlstand zu mehren, hat dazu geführt, dass Milliarden von Menschen auf der ganzen Erde heute länger und besser leben. Der technische Fortschritt hat das Leben jedes Einzelnen enorm erleichtert. Die Tätigkeit eines Unternehmers mag vielleicht nichts Großartiges an sich haben, aber kaufmännische Errungenschaften bringen echte Vorteile. So führte der bürgerliche Kapitalismus beispielsweise zu einer noch nie da gewesenen sozialen Mobilität.

Mag sein, dass die Bohemiens es zu großer Meisterschaft in Transzendenz bringen, so die Neokonservativen, aber diese Transzendenz mündet in selbstgefälligen

Nihilismus. Die Neokonservativen verabscheuten die unaufhörliche Rebellion der Gegenkultur. Der neue linke Snobismus, seine Verachtung für das »normale« Amerika widerte sie an. Ablehnung von Tradition und Autorität allein macht noch nicht selig. Sie führt vielmehr, so unkten die Neokonservativen, zu selbstzerstörerischem Verhalten. Die romantischen Abenteurer haben die alte Moral abgelegt, aber ihre Haltung unterläuft jede Form von Moral und Selbstbeherrschung. Selbstgefälligkeit greift um sich. Väter verlassen ihre Familien, und Kinder, die ohne klare moralische Werte aufwachsen, werden kriminell und/oder drogensüchtig. Die Massenkultur wird noch geschmackloser als früher. Aus Menschen werden Opfer der Gesellschaft, denen man nicht zumuten kann, Verantwortung für ihr eigenes Leben zu übernehmen.

Neokonservativen wie Gertrude Himmelfarb zufolge ist die Scheidungsrate in den USA und in England zwischen 1860 und 1970, also während des gesamten Zeitalters der Industrialisierung, gleich geblieben. Aber mit dem Jahr 1970, als der Lebensstil der Boheme zur Norm wurde und die bürgerliche Kultur an Boden verlor, schossen die Scheidungsrate und die Zahl unehelich geborener Kinder in die Höhe. Nicht anders verhielt es sich mit Kriminalität, Drogenkonsum und anderen pathologischen Sozialphänomenen. Der Anschlag auf die bürgerlichen Werte hatte in die soziale Katastrophe geführt, meinten die Neokonservativen. Und ihre Aufgabe sahen viele von ihnen nun darin, die alten Werte wieder aufzurichten.

Der Traum von der Versöhnung – der Verhaltenskodex der »finanziellen Korrektheit«

Bereits auf dem Höhepunkt der Auseinandersetzung zwischen Bourgeoisie und Boheme gab es Ansätze, beide Seiten miteinander zu versöhnen. In seinem 1915 erschienenen Werk *Das Erwachen Amerikas* beklagte Van Wyck Brooks die soziale Kluft zwischen »der Maschinerie der Selbsterhaltung und dem Mysterium des Lebens«.

»In Amerika«, schrieb Brooks, »haben wir zwei Öffentlichkeiten, eine kultivierte Öffentlichkeit und eine geschäftliche, die der Theorie und die der Praxis, die einen lesen Maeterlinck und die anderen scheffeln Geld. Wir haben eine eher feminine und eine eher maskuline Öffentlichkeit.« Zwischen diesen beiden Polen machte Brooks ein »friedliches Zwischenreich« aus. Er wollte Ideen und Dinge, »gut sein« und »Gutes herstellen«, miteinander verbinden. Auch wenn einige Schriftsteller und Intellektuelle eine solche Versöhnung herbeigesehnt haben, die Zeit der Industrialisierung war einfach nicht reif dafür. Aber im Zeitalter der Information ist das anders.

Heute haben wir diese dritte Kultur. Und langsam, aber sicher etablieren sich neue Regeln und Kontrollmechanismen. Der neue Verhaltenskodex betrifft vor allem das Konsumverhalten der Bildungsschicht. Er ermuntert zu bestimmten Ausgaben, die als tugendhaft gelten, und entwertet andere, die als vulgär oder elitär erachtet werden. Diese Regeln definieren damit neu, was es heißt, ein kultivierter Mensch zu sein.

Als Ganzes signalisieren sie unmissverständlich, dass die Thorstein-Veblen-Ära zu Ende ist. Vielleicht gibt es in Las Vegas noch ein paar mit Geld ausgestopfte Bauern, die sich einem unkontrollierten Konsum hingeben, um zu prahlen. Doch die Bobos lehnen die Anhäufung von Reichtümern ab und halten viel mehr davon, etwas für die Kultur zu tun. In ihrem Konsumverhalten zeigen sie, dass sie bewusst handeln und nicht achtlos. Der neue Kodex des korrekten Geldausgebens erlaubt es den Bobos, Geld in Umlauf zu bringen, ohne dabei wie die ordinären Yuppies zu wirken, die sie zutiefst verachten. Die neuen Regeln helfen ihnen, ihr Geld in spirituell und intellektuell erhebende Erfahrungen zu investieren. Jeder, der sich an diese Regeln hält, kann vier oder fünf Millionen im Jahr ausgeben und dabei noch demonstrieren, wie wenig ihm materielle Dinge bedeuten.

Regel Nummer 1 – Kultivierte Menschen geben nur dann große Summen aus, wenn es notwendig ist

Von Aristoteles stammt die Unterscheidung zwischen Grundbedürfnissen – wie Geborgenheit, Nahrung, Kleidung – und solchen Dingen, die wir uns wünschen, um uns anderen überlegen zu fühlen. Genau diesen Unterschied hat sich die Bobo-Elite zu Eigen gemacht, um sich von früheren oder konkurrierenden Eliten zu unterscheiden. Die Bildungselite gibt sorglos große Summen für Dinge aus, die sie als Bedürfnisse definiert, hütet sich aber tunlichst davor, sich Wünsche nach reinen Begehrlichkeiten zu erfüllen. 25 000 Dollar für ein Badezimmer auszugeben, ist völlig in Ordnung, 15 000 für die Hi-Fi-Anlage oder einen Großbildfernseher sind dagegen vulgär. 10 000 Dollar für einen Freiluftwhirlpool rauszuschmeißen ist dekadent, aber nicht mindestens das Doppelte für eine überdimensionierte Dusche aus Schiefer zu investieren, gilt als sicheres Zeichen dafür, dass man noch nicht gelernt hat, die einfachsten Dinge im Leben zu genießen.

Ebenso wird es gerne gesehen, wenn man Hunderte von Dollars für Wanderschuhe ausgibt, als vulgär gilt hingegen, denselben Betrag für Lacklederschuhe aufzuwenden. 4 400 Dollar für ein Merlin XLM-Straßenrad hält man für angemessen, denn Bewegung ist nun mal wichtig. Ein Motorboot hingegen wäre ein sicheres Zeichen für Oberflächlichkeit. Nur eine bemitleidenswerte Person würde für mehrere Hundert Dollar Kaviar kaufen, jemand mit Verstand hingegen könnte es fertig bringen, für denselben Betrag Gartenerde zu erstehen – bei Gartenerde sollte man nie sparen.

Man kann so viel ausgeben, wie man will, solange das, was man kauft, noch als Werkzeug durchgeht, wie etwa ein Range Rover für 65 000 Dollar. Schon allein die Bezeichnung »Sport Utility Vehicle« für Geländewagen ist verräterisch. So lange ist es noch gar nicht her, dass »Sport« und »Nützlichkeit« als Gegensatz galten: Entweder man spielte *oder* man arbeitete. Aber die Tastaturjunkies des Informationszeitalters, die nur mit Ideen und Vorstellungen zu tun haben, lechzen nach körperlicher Aktivität in ihrer Freizeit, und so kommt es, dass das Spazierenfahren von Dingen in den hochbeinigen Riesen-Cruisern als eine Art Sport durchgeht.

Und wenn es um die Einrichtung eines zweckgebundenen Raumes wie der Küche geht, wäre jede Form von Einschränkung fehl am Platz. Bis zum Auftauchen der Bobos war die Küche einer der meist geschmähten Orte im ganzen Haus. Calvert Vaux, Architekt im 19. Jahrhundert, war empört, wenn Menschen in der Küche aßen. »Eine Gewohnheit, die von einem niedrigen kulturellen Niveau zeugt«, urteilte er. »Frauen der oberen Mittelschicht betreten die Küche nie«, schrieb Charles Merrill Smith noch 1972. »Frauen der oberen Mittelschicht gehen nur dann in die Küche, wenn es sich nicht vermeiden lässt, vermitteln aber den Eindruck, als täten sie es nicht. Der typische Haushalt in der oberen Mittelschicht spielt häusliche Annehmlichkeiten herunter.« Zur selben Zeit, aber am anderen Ende des kulturellen Spektrums drängten Betty Friedan und andere Feministinnen die Frauen, sich nicht länger um die Küche zu kümmern. Heute, im Zeitalter der Bobos, sind alle wieder in der Küche versammelt. In den Wohnungen der Bildungselite ist die Küche zum Inbegriff häuslicher Glückseligkeit aufgestiegen – so wie einst der Platz vor dem Kamin für die Bourgeoisie.

Deswegen erinnern die neu gestalteten Küchen bei netten, geselligen Menschen heute so oft an Flugzeughangars mit Installationen. Die alten Küchenwände hat man herausgerissen und mehrere angrenzende Räume wurden der neuen Küche einverleibt – so wie es die Sowjetunion früher mit ihren Nachbarstaaten tat. Manchmal ist es gar nicht leicht zu sagen, wo diese modernen Megaküchen enden. Man glaubt vielleicht, irgendwo in der Ferne eine Wand flimmern zu sehen, aber es könnte genauso gut ein Trugbild, eine Reflexion der weitläufigen Arbeitsflächen sein. Übrigens: Die Speisekammer ist größer als das ganze Apartment, das der jetzt so stolze Küchenbesitzer zu Studienzeiten bewohnte.

Küchen von derartigen Ausmaßen brauchen Strategien. Die Architekten prahlen damit, wie sie ihre Küchen zu genialen »Arbeitsdreiecken« gruppiert hätten, um die Anzahl der Schritte zwischen Herd und Spülmaschine oder Spüle so gering wie möglich zu halten. In den alten Küchen war das nicht notwendig, denn Schritte konnte man in denen sowieso keine machen. Man drehte sich einfach um und schon hatte man, wonach man suchte. Aber in den heutigen unendlichen Küchen, die über Frühstücksbuffets mit Barhockern, eingebaute Fernseher, Computer und Bücherregale verfügen, sollten auch kleine Küchenpläne aufgehängt sein, die dem Besucher den Weg zur nächsten Getränkequelle anzeigen.

Die Gerätschaften in Bobo-Küchen genügen durchweg den Ansprüchen von Sterneköchen. Was einem sofort ins Auge springt, ist ein vernickelter Atomreaktor, der sich erst auf den zweiten Blick als Herd entpuppt. Gekocht wird auf anderthalb Metern Fläche über einem sechsstrahligen, doppelt befeuerten Raketentriebwerk. Außerdem verfügt die moderne Küche über einen Lavasteingrill, einen Wok mit eigener Gasbefeuerung und Gasanzünder aus Messing (Aluminium ist nur was für Ignoranten). Im Ofen sollte schon ein Viertel Kubikmeter Platz sein. Man weiß ja nie, wann man mal einen Bison zubereiten muss. Und die gesamte Küche soll mit Metall verkleidet sein, und zwar mit Metall mit einem so hohen Nickelanteil, dass keine Magnete mehr haften bleiben. Erst dann kann man sicher sein, dass man den Grad an Praktikabilität eingekauft hat, den die Familie verdient. La Cornue baut einen angemessenen Ofen mit Strom und Gasbefeuerung für knapp 23 500 Dollar. Der anderthalb Meter breite Herd von AGA, ein Patent aus dem Jahr 1922, ist von solch schmuckloser Stabilität, dass man vermuten könnte, er sei früher zur Verarbeitung von Pferden zu Leim verwendet worden. Der AGA verfügt aber zugleich über solche Annehmlichkeiten wie eine Warmhalteplatte, eine Niedertemperaturplatte, einen Backofen, einen Grill und jede Art von Kochfläche. Er verwendet keine direkte Hitze, sondern nur wärmespeichernde Oberflächen, und drückt so für nur 10 000 Dollar eine sanfte Einstellung zum Leben aus.

Den sich an den Kochbereich anschließenden Quadranten dominiert die Kühleinheit. Das Leitmotiv dieses Küchenabschnitts lautet: »Einfrieren ist nicht kalt genug!« Die Maschinen, die hier aufgestellt sind, sollten schon in der Lage sein, bis zum absoluten Gefrierpunkt, an dem jegliche molekulare Bewegung zum Stillstand kommt, runterzukühlen. Der Kühlschrank selbst sollte etwa Form und Größe eines Kleintransporters haben, der auf der Schnauze steht. Zwei Türen sind das Minimum, eine für die Gefrierabteilung, die andere, falls man einen Teil als Einliegerwohnung untervermieten möchte. Selbstverständlich auch Zapfstellen für Wasser (Kohlefilter!), Eis (Würfel, gestoßen oder als Eisalphabet wegen des großen pädagogischen Werts für die Kinder) und vielleicht noch verschiedene Biersorten von kleinen Ökobrauereien. Dazu kommen enorme Türfächer mit Unterteilungen gegen das Verschütten von Flüssigkeiten, luftdicht schließende Behälter, vollständig herausziehbare Rollkästen und kratzfeste Glasböden. Und nicht zu vergessen: Außen darf der Kühlschrank auf gar keinen Fall weiß sein wie die Kühlschränke, die man bei Sears kaufen kann. Er braucht eine Front aus Edelstahl – dem Material des kulinarischen Machismo.

Eine weitläufige Küche mit langlebiger Ausstattung ist ein Zeichen dafür, dass man sich selbst um die Hausarbeit kümmert, sich den kleinen Mühen des Alltags nicht entzieht – genau so wie Gandhi oder Marx das von einem erwartet hätten. Bei einer solchen Ausrüstung können Sie sicher sein, dass die Fischstäbchen gleichmäßig braun werden. Und auch das Nudelwasser ließe sich im Ernstfall innerhalb von Sekunden zum Sprudeln bringen – wenn man das Gerät mal bis zum Anschlag hochfahren würde. Mit einem Wort: Man hat sein Geld für etwas ausgegeben, das absolut unerlässlich ist, für etwas, das man selbst und die Familie jeden Tag benutzt. Zwar sind übertriebene, angeberische Ausgaben tabu, aber wenn sie für Bereiche des Hauses aufgewendet werden, die früher dem Personal vorbehalten waren, können sie als im egalitären Geist getätigte Aufwendungen verbucht werden.

Regel Nummer 2 – Es ist begrüßenswert, große Summen für alles auszugeben, was von »professioneller Qualität« ist – auch wenn es nichts mit der eigenen Profession zu tun hat

Nur wenige Bobos sind gebürtige Sherpas und führen regelmäßig Expeditionen auf die Gipfel der Achttausender. Aber das heißt nicht, dass eine dreifach gesteppte Jacke namens Alpenglow, verstärkt mit Murmeltierfell und aus Gore-Tex mit Expeditionsgewicht keine sinnvolle Anschaffung wäre. Nur weil man selbst keinen Bagel-Shop besitzt, ist das noch lange kein Grund, sich mit einem Billigtoaster für 29 Dollar zufrieden zu geben, zumal es schon für 300 Mäuse professionelle Toastsysteme gibt, mit denen man sein Backwerk noch bis weit ins 23. Jahrhundert hinein knusprig rösten wird können. Kultivierte Menschen würden andere nie nach dem Wert ihres Schmucks beurteilen – sondern nach der Kostspieligkeit ihrer Werkzeuge. Schon beim Einkauf muss man unter Beweis stellen, dass man Haltbarkeit und Qualität zu schätzen weiß. Man muss beweisen, dass man es wert ist, die maximale Summe auszugeben.

Um dieses Bedürfnis richtig zu befriedigen, haben sich exklusive Geschäfte ein paar geschickte Verkleidungen einfallen lassen. Sie tun beispielsweise so, als würden sie Material für den harten Arbeitseinsatz verkaufen, wo sie doch nur mit Kleidern handeln. So macht *REI* Werbung mit Eisäxten, weil die der Kundschaft ein heroisches Gefühl vermitteln – auf dem Weg zu den Pullovern. *Restoration Hardware* pflegt sein Image als Werkzeugladen, macht aber viel mehr Umsatz mit Sofas und Sesseln. *Lands' End* verkauft viele Socken, auf dem Cover des Katalogs sieht man aber Wanderer auf dem Gipfel des Mount Everest.

Als Folge dieser Entwicklung tut sich ein Abenteuerabgrund zwischen der Bildungsschicht und ihren Besitztümern auf. Alles, was sie besitzen, wurde für viel gefährlichere Zwecke entwickelt. Die Wanderschuhe für die Anden verbringen die meiste Zeit auf dem Bauernmarkt, und die Heavy-duty-Fleece-Oberbekleidung schützt ihren Besitzer beim Schlendern zwischen den Kühlregalen im Supermarkt. Die Allradfahrzeuge bekommen nie mehr zugemutet als ein paar Schlaglöcher und ein wenig Schneematsch. Aber so wie beim Adel vergangener Tage Heuchelei ein Laster war, das die Tugend forderte, so ist für die Bobos heute robustes Werkzeug ein Tribut an die Abenteuerlust.

Regel Nummer 3 – Man muss in den kleinen Dingen perfekt sein

Es ist irgendwie prätentiös, sich ein riesiges Anwesen mit perfekt gepflegtem Garten zuzulegen. Aber niemand wird einen für eingebildet halten, wenn man seine ganze fanatische Aufmerksamkeit kleinen Haushaltsgegenständen schenkt, wie beispielsweise dem einzig richtigen Nudelsieb, einem einzigartigen Türknauf oder einem jener genialen Korkenzieher. Bobos praktizieren etwas, das der Journalist Richard Starr den Perfektionismus der kleinen Dinge nennt. Sie legen ihren Brotkasten mit Terracotta aus – sorgt für mehr Frische. Sie sinnieren stundenlang über den richtigen Spritzwasserschutz, der zwar keineswegs die Hauswand schützt, aber nicht abstoßend wirkt. Sie opfern ganze Abende, um zu wahren Isolierungskoryphäen zu werden. Sie kämmen Kataloge durch, bis sie den in der Schweiz gefertigten KWC-Wasserhahn gefunden haben, der vielen als die beste herausziehbare Geschirrbrause der Welt gilt. Hinter solchem Tun steckt die Absicht zu zeigen, dass man über so viel Hirnmasse verfügt, dass man sogar noch Zeit hat, sich über seine Armaturen den Kopf zu zerbrechen.

Die geistige Potenz, die einst ganz und gar für Diplomprüfungen in Chemie oder Hausarbeiten in Metaphysik eingesetzt wurde, kann heute auf die Gestaltung von Gartenhäuschen verschwendet werden (es kommt darauf an, dass man die mit den Rollladentüren bestellt!). Bobos wollen keine protzigen Besitztümer, sie wollen niemanden beeindrucken. Sie wollen seltene Kleinode, die von der Masse noch nicht entdeckt wurden, klug gestaltet sind und das Leben einfacher und abwechslungsreicher machen. Wer über eine in Brusthöhe eingebaute Spülmaschine verfügt, hat schon eine höhere Stufe des Wohnens erreicht, weil er sich beim Ein- und Ausräumen nicht mehr bücken muss.

Regel Nummer 4 – Man kann gar nicht genug Textur zeigen

Glatte Oberflächen haben Edmund Burke gefallen. Und die Yuppies aus den Achtzigern, die ebenso erfolgreich wie habgierig waren, haben sich ebenfalls mit glatten Flächen umgeben: mattschwarze Möbel, polierte Lackböden und marmorierte Seidentapeten. Um ihre Überlegenheit gegenüber solchen Leuten auszudrücken, leben die Bildungseliten gerne in einer Umgebung, die von natürlicher Unregelmäßigkeit geprägt ist. Der Rohzustand verkörpert für die Bobos Authentizität und moralische Korrektheit.

Deshalb mögen die Bildungseliten sichtbare Strukturen. Sie haben lieber Teppiche, die aus absonderlichen Fasern gewebt sind und nur einen Teil des Bodens bedecken als glatte Auslegeware, die von einer Wand zur anderen reicht. Sie bevorzugen klobiges Holzspielzeug, unhandliche Steinguttassen und struppige, aber eigenwillige Wiesenblumen anstelle von Plastikspielzeug, Porzellan und Tulpen. Unsere Sehnsucht nach allem Vergangenen lässt uns in Bildern von alten Messingtürklinken, efeubewachsenen Mauern, ramponierten Bauernschränken, grob behauenen Balken, verwittertem Schiefer, unregelmäßigen tibetischen Geweben und gestampften Lehmfußböden schwelgen. Wirklich reiche Bobos heuern Handwerker an, um den neuen breiten

Holzdielen den Anschein von etwas bereits Benutztem zu geben, oder sie lassen sich ein so massives Fundament aus Natursteinen bauen, als sollte dies einem Beschuss durch keltische Katapulte standhalten.

Jeder hirnlose Devisenhändler kann seine Kleidung anhand von Mustern auswählen, aber es bedarf schon einer besonderen Sensibilität, seinen Kleiderschrank mit einer Vielzahl verschiedener Materialien zu füllen. Bobo-Hemden sind aus Flanell, nicht aus Seide. Die Kragen sind weich und knittrig, nicht steif und glatt. Zur Leinenhose tragen wir ein Khakihemd, ein Fleece mit lateinamerikanischen Mustern, eine Baseballkappe aus Hanf und – wenn sie endlich auf dem Markt sein wird – Unterwäsche aus Sisal. Wenn irgendwo eine Gruppe Bobos herumsteht, fällt dem Beobachter sofort die Vielfalt der Stoffe auf.

Stofflichkeit und Struktur geben auch im Bereich der Ernährung die Richtung vor. Alles, was ein gebildeter Mensch trinkt, wird Spuren in Form von Ablagerungen im Glas hinterlassen: hefehaltiges Bier aus kleinen Brauereien, naturtrübe Fruchtsäfte, biologischer Kaffee. Gleiches gilt für Gewürze: je derber, desto besser. Brauner, nicht raffinierter Zucker gilt vielen als die ultimative Raffinesse.

Regel Nummer 5 – Eine Stufe runter, einen Schritt zurück

Kultivierte Menschen finden die Vorstellung, unbedingt mit den Nachbarn mithalten zu müssen, abstoßend. Nichts ist heute verrufener als sich mit seinesgleichen auf einen Wettkampf um die gelungenere Imitation der nächsthöheren Gesellschaftsschicht einzulassen. Bildungseliten lehnen Statussymbole ab, und alles an einem sollte sogar noch eine Spur gewöhnlicher sein als bei den Nachbarn. Nur so kann man sich heute noch über seinesgleichen erheben. Die Möbel einen Tick ländlicher, das ganze Leben mit einem Anstrich von Schlichtheit. Kein protziges Geschirr, sondern schlichtes weißes – so wie man es in der Töpferei angeboten bekommt. An die Füße gehören keine todschicken Pumps, sondern einfache, aber teure Halbschuhe von Prada. Prahlerei ist eine Schande, aber alles Schmucklose ist Zeichen erfrischender Aufrichtigkeit. Man muss lernen, zu den Nachbarn hinabzusteigen.

Die Umkehrung der Statussymbolik begann in den Sechzigerjahren, als irgendein namenloses Genie die Entdeckung machte, dass man ausgewaschene Jeans zu einem höheren Preis verkaufen konnte als neue. Plötzlich war eine Konsumentengeneration da, die den bis dahin herrschenden Kult des Neuen ablehnte. Die Vorliebe für das Artifiziell-Archaische hat sich mittlerweile zum Haupttrend im gehobenen Preissegment weiterentwickelt. In allen Entwicklungsländern sind Arbeiter damit beschäftigt, das, was sie gerade hergestellt haben, zu malträtieren, damit es sich auf dem amerikanischen Markt verkaufen lässt. Man kann sich unschwer vorstellen, was sie von uns denken. Aber unser Gewinn aus diesem Handel ist nicht zu verachten. Sieht unsere Einrichtung gequält aus, bleiben uns Seelenqualen erspart.

Die Umkehrung der Statussymbole verläuft in zwei Richtungen: rückwärts und nach unten. Es reicht nicht aus, Dinge zu kaufen, die alt sind. Man muss auch auf der sozialen Leiter noch eine Stufe nach unten klettern und etwas kaufen, das jemandem gehörte, der viel ärmer war als man selbst ist. Ziel ist es, sich mit Objekten zu umgeben, die angeblich keine Funktion als Statussymbole haben, weil sie einmal einfachen und ehrlichen Menschen gehörten, die gar nicht merkten, wie modebewusst sie waren. Das ist der Grund dafür, dass Bobos, je reicher sie werden, immer mehr wie Mitglieder einer mittelalterlichen Sekte leben. In solchen Häusern findet man von Shakern inspirierte Stereoanlagen und Workstations, Schranktüren aus stillgelegten Wurstfabriken, historische landwirtschaftliche Gerätschaften, die dekorativ von der Decke hängen – den Tisch schmücken Kultobjekte der Industriekultur wie alte Keksdosen aus Blech und verbeulte Salzstreuer.

Ein weiteres wichtiges Element des »Eine Stufe runter, einen Schritt zurück«-Prinzips ist die Patenschaft für unterdrückte Kulturen. Die alten Eliten haben die europäischen Adelshäuser oder die Kolonialherren imitiert, die Bobos stehen auf Seiten der Opfer jeglicher Kolonialisierung. In einem Bobo-Haushalt wird einem das wilde Durcheinander aus Kunstgegenständen auffallen, die alle nichts miteinander zu tun haben – außer der Tatsache, dass ihre Schöpfer allesamt zu Opfern unserer Kultur wurden. Afrikanische Masken neben Inkastatuen auf einem Tischtuch aus Samoa, Brasilien, Marokko oder Tibet. Selbst einige europäische Kulturen eignen sich für dieses Prinzip: beispielsweise die Kelten. Sie wurden genügend unterdrückt, so dass ein gebildeter Mensch beim Anblick der Schönheit ihrer Ikonographie seine eigene Güte spüren kann. Manchmal handelt es sich auch um religiöse Objekte wie Figurinen aus dem Amazonasgebiet oder Totems der nordamerikanischen Ureinwohner. Es ist vertretbar, religiöse Objekte in der Wohnung eines gebildeten Menschen auszustellen, solange sie weder der Religion des Besitzers noch der von irgendeinem seiner Gäste entstammen.

Wir Bildungsmenschen umgeben uns mit Motiven eines Lebens, das wir selbst nicht führen wollen. Wir sind geschäftige Meritokraten, kaufen aber Dinge, die vor-meritokratische Ruhe ausstrahlen. Bewaffnet mit Palm Pilots und Handys marschieren wir der Zukunft entgegen und verbarrikadieren uns gleichzeitig hinter Ursprünglichem, Archaischem, Reaktionärem. Schuldbewusst stehen wir zu unseren Privilegien und schmücken uns demonstrativ mit Objekten der weniger Privilegierten. Wir sind keine Heuchler. Wir suchen nur nach Gleichgewicht. Trotz des Überflusses wollen wir keine Materialisten werden. Viel beschäftigt versuchen wir die zeitlosen Werte nicht aus den Augen zu verlieren. So hetzen wir durch die Shops auf der verzweifelten Suche nach Accessoires der Ruhe. Wir träumen von einem Haus, in dem wir endlich einmal zur Ruhe kommen, von einem Ort, an den uns unser Ehrgeiz nicht folgen kann.

In dieser Geisteshaltung kommt es auch schon einmal vor, dass wir unserem Eklektizismus Stilelemente der WASP-Kultur beimischen. Die WASPs waren zwar elitär und rassistisch und wurden von uns entmachtet, aber eins waren sie mit Sicherheit nicht: von Ehrgeiz zerfressen. Wenn wir uns diese ruhigen schönen Gesichter in der Ralph-Lauren-Werbung ansehen, beschleicht uns das Gefühl, dass sie etwas haben, was uns fehlt. Und so kommt es, dass sich in unser multikulturelles Sammelsurium auch ein oder zwei Dinge einschleichen, die direkt aus dem New Yorker Yachtclub stammen könnten, ein abgewetzter Ledersessel vielleicht oder ein schwarzer Holztisch. Das WASP-Establishment ist tot und wurde dadurch – welche Ironie! – auf wundersame Weise zu einer jener Kulturen, die beim Vormarsch von Technologie und Fortschritt auf der Strecke blieben.

Regel Nummer 6 – Unsummen für Dinge ausgeben, die früher mal billig waren

Zu unseren Anstrengungen, uns von der Korruption durch das Geld zu befreien, gehört es auch, dass wir viel Zeit damit verbringen, uns vom Geldadel abzusetzen, also von jenen Leuten, die mehr Geld haben als wir, aber weniger in der Birne. Die Reichen verschleudern ihr Geld für reinen Luxus, wie Juwelen oder Yachten, für Dinge, die sich die unteren Schichten nie leisten könnten. Sie ernähren sich von Kaviar, Trüffeln und Entenleber. Wir Bildungsbürger hingegen sind auf Dinge aus, die sich die Reichen nie zulegen würden. Wir kaufen lieber das Gleiche wie das Proletariat, nur etwas verfeinert, so dass es von Proletariern als absurd abgetan würde. Wir kaufen Hähnchenkeulen wie alle anderen auch – nur dass unsere von freilaufenden Hühnern stammen, die zu Lebzeiten besser behandelt wurden als Elizabeth Taylor auf einer Schönheitsfarm. Wir kaufen auch Kartoffeln, aber keine aus Idaho, sondern besondere Miniaturkartoffeln, die nur auf ganz bestimmten Böden in Nordfrankreich gedeihen. Bei Kopfsalat kommen nur mickrige Insidersorten in Frage, die man für ein Sandwich praktisch nicht verwenden kann. Das Schöne an solchem Verhalten? Es erlaubt uns, egalitär und prätentiös zugleich zu sein.

Eine Folge davon ist, dass wir weit überzogene Preise für alles und jedes bezahlen, was früher einmal billig war: Kaffee, Wasser, Holzpantinen, Seife, italienische Kekse, Nudeln, Saft und Zitronengras. Selbst unsere weißen T-Shirts kosten fünfzig Dollar das Stück oder mehr. Wir geben unser Geld für Bauernprodukte aus, die als soziale Upgrades ihrer selbst daherkommen. Wir schaffen es, einen immer erleseneren Geschmack für immer einfachere Dinge zu entwickeln.

Regel Nummer 7 – Die Bildungselite verlangt nach Geschäften mit einer größeren Auswahl, als ein Mensch eigentlich verkraften kann, in denen aber nicht von so vulgären Dingen wie Preisen die Rede ist

Die Bildungselite unterscheidet sich vom Rest nicht nur dadurch, was sie kauft, sondern auch dadurch, wie sie kauft. Jeder weiß, dass es in einem Kaffeehaus absolut unüblich ist, einfach eine Tasse Kaffee zu bestellen. Nein, einer bestellt einen doppelten Espresso, halb entkoffeiniert mit Kakaopulver und nicht so voll, damit noch Milch hineinpasst. Ein anderer nimmt einen Mandel-Frappuccino aus angolanischer Mischung mit Rohrohrzucker und einem Hauch Zimt. Wir bestellen auch nicht einfach ein Bier. Nein, wir bestellen eins von einer der 16 000 Mini-Brauereien, ein Winter Ale, Belgian Lager oder eine bestimmte Getreidemischung. Dank unseres Einflusses auf den Markt gibt es die Dinge, die früher nur in zwei, drei Varianten erhältlich waren, in unendlicher Vielfalt: Reis, Milch, Tomaten, Pilze, scharfe Saucen und sogar Eistee (die Marke Snapple bietet über fünfzig Geschmacksrichtungen an!).

Der Grund hierfür ist einfach: Gebildete Menschen geben sich nicht damit zufrieden, im großen Konsumentenschach nur die Rolle des Bauern zu spielen. Andere mögen maschinell gefertigte Produkte kaufen, in den Vorstädten in einander zum Verwechseln gleichenden Häusern leben oder gewöhnliche Äpfel verspeisen, Bobos hingegen möchten sich bei ihren Einkäufen keine fehlende Originalität nachsagen lassen. Schließlich sind das keine Plagiate!

Eminent wichtig ist es auch, über die Dinge zu reden, die man einkauft. Deshalb findet man im Katalog von *Land's End* nicht bloß die Abbildung einer Tweedjacke, sondern auch noch jede Menge Text, der uns alle über die keltischen Ursprünge des Tweed informiert. Dazu eine Tweed-Sage aus dem 14. Jahrhundert, etwas über die hervorragende Qualität der Wolle in den ersten sechs Lebensmonaten eines Schafs und außerdem noch den Hinweis darauf, dass diese Jacke von liebenswerten alten Männern mit von Wind und Wetter gegerbten Gesichtern genäht wurde. Die Leute von *Land's End* garnieren ihre Waren mit erbaulichen Artikeln von Autoren wie Garrison Keillor, damit wir auch ganz deutlich verstehen, dass das Dokument, das wir in Händen halten, kein Katalog im eigentlichen Sinne ist, sondern eher eines dieser Intellektuellenmagazine, die immer Verluste machen. Hier wie in vielen anderen Fällen haben die Unternehmen ganz präzise Marketingstrategien für Menschen entwickelt, die Marketing verabscheuen. Sie verleihen dem Shoppen das Flair eines Benefizprojekts. Wir wählen nicht einfach eine Zahnpasta aus, wir tragen uns selbst für den Kurs in Zahnpastalogie ein und erfahren alles Wissenswerte über Aufheller (es ist uns peinlich, dass wir so eitel sind), Zahnfleischpflege (sehr verantwortungsbewusst!), Backpulver (was soll das schon anrichten? Vielleicht ein Problem für den Zahnschmelz?). Dann studieren wir die Markennamen – solche riesiger Unternehmen wie Crest und Colgate, aber auch solche kleiner Hersteller wie Tom's of Maine, wo so nette, einfache Menschen arbeiten. Und nur wenn wir völlig erschöpft durch einen Flughafen hetzen, lassen wir uns dazu hinreißen, die Zahncreme mit der ansprechendsten Verpackung zu kaufen.

Unternehmen, die bei der Bildungselite gut ankommen, liefern nicht nur Information, sondern auch den philosophischen Zusammenhang. Starbucks beispielsweise dekoriert die Wände seiner Cafés mit Text, einem passenden Zitat von Emerson oder Napoleon. Lebensmittelläden verteilen Broschüren, in denen sie ihre Unternehmenskultur erläutern. Volvo wirbt für seine Autos mit dem Slogan: »Ein Wagen, der Ihnen nicht nur das Leben retten kann – sondern auch die Seele.« Bei Toyota heißt das so: »Transportiere Holz, lade Beton, rette die Welt!« Und bei Johnny Walker: »In einer dummen, verlogenen Welt gibt es zum Glück noch eins …« Der Carpet & Home Store Ecke 19. Straße und Broadway in New York vereinnahmt Keats: »Ich bin mir keiner Sache sicher, außer der Heiligkeit der Liebe und der Wahrheit der Fantasie.« Ich weiß zwar nicht, was das soll, aber es klingt erhaben.

Rowenta setzt nicht einfach darauf, dass Bügeleisen Falten beseitigen. Das Unternehmen verschickt kleine Kataloge zum Thema »Bügel-Feng-Shui«. »Im Feng Shui bedeuten Falten Spannungen im Gewebe. Durch Beseitigung der Falten beseitigt man die Spannungen und erhöht den Fluss des Chi.«

Der aufgeklärte Katalog von Williams-Sonoma versucht nicht etwa, uns moralisch neutrale Würstchen anzudrehen. Die Zusammensetzung der Würstchen richtet sich, so erfahren wir aus dem Katalog, nach den Heilmethoden der Ureinwohner Nordamerikas (das gibt sofort sechs Extrapunkte für die Moral). »Die Würste werden aus 100 Prozent Schweinefleisch und natürlichen Gewürzen hergestellt – unverändert seit vielen Generationen.« Das ist keine Upton-Sinclair-Erfindung, sondern das Angebot eines kleinen Wurstherstellers, bei dem 24 kleine Würstchen 29,50 Dollar kosten. Aber was ist das schon angesichts solch historischer Dimensionen? Einkaufen ist wie jeder andere Lebensbereich zu einer Form der Selbsterfahrung und Selbstverwirklichung geworden. Wie sagte schon Wallace Stevens: »Glück ist eine Anschaffung.«

Aber es geht beim Einkaufen nicht nur um unsere egoistischen Interessen. Die materiellen Dinge, mit denen wir uns umgeben, sollen zu einer positiven sozialen Veränderung beitragen. Die Modelle in den Katalogen sind schlicht, die Kleider fallen weit. Indem wir uns bei der Auswahl des T-Shirts für das natürliche Material und einen erdigen Braunton entscheiden (für dessen Entwicklung garantiert kein Tierversuch notwendig war), nutzen wir unsere Macht als Konsumenten, um die Welt zu verbessern. Wir besuchen Restaurants, die Biobauern unterstützen, und bevorzugen Läden, die auch Übergrößen führen. Wenn wir unsere Visakarte für die Umwelt zücken, schaffen wir ein reinigendes Verbrauchertum. Und wenn wir sie stecken lassen, ebenfalls. Es soll Bobos geben, die ihre Freunde danach klassifizieren, mit welchen Argumenten sie auf den Verzehr von Thunfisch verzichten.

Wir schenken der Reinheit unseres Essens mehr Beachtung als der Hälfte der Zehn Gebote. Wir bestehen auf natürliche Zutaten von Bauern, die auf Pestizide verzichten, global denken und lokal handeln.

Von Marx stammt die Behauptung, dass die Bourgeoisie alles Heilige in Profanes verwandle. Die Bobos hingegen verwandeln alles Profane in Heiliges.

3. Kapitalismus für Kreative: Wirtschaft

Burlington, Vermont. Ich bin zu Fuß unterwegs. An einer Straßenecke bleibe ich stehen, um ein Auto abzuwarten, und sehe ein paar Hippies beim Frisbeespielen zu. Als ich wieder nach vorne auf die Straße sehe, ist da immer noch das Auto, das sich eben der Kreuzung näherte. Es wartet. Es wartet, bis ich die Straße überquert habe.

In anderen Städten nützen Autofahrer jede freie Lücke um voranzukommen. Aber nicht so in Burlington, einer der aufgeklärtesten Städte Amerikas, in der alle Autofahrer Schuldgefühle haben, weil die amerikanische Kultur vom Autowahn besessen ist. Autos stellen eine große Gefahr für die natürlichen Rhythmen des Fußgängerverkehrs und damit auch für die Sozialkontakte auf der Straße dar. Die Motoren verbrauchen fossile Brennstoffe, verpesten die Luft und verdrängen die Fußgänger. Der Fahrer hinter dem Lenkrad ist sich seiner ethischen Unterlegenheit bewusst. Um mir sein moralisch korrektes Bewusstsein zu beweisen, wird er warten, bis ich mein »Vorfahrtsrecht« ausübe – egal wie lange das dauert.

Schließlich hupt der Fahrer höflich. Ich erwache aus meinem Tagtraum und überquere endlich die Straße.

Doch als ich an der nächsten Straßenecke ankomme, bin ich schon wieder in Gedanken versunken und bleibe für das herannahende Fahrzeug stehen. Aber auch dieser Wagen hält an und wartet. Es dauert eine Weile, bis ich kapiere, dass in Burlington die Fußgänger das Sagen haben und ich ohne nach links oder rechts zu blicken über die Straße laufe.

Burlington ist eine so genannte »Au-lait«-Stadt oder, wie wir in Amerika dazu sagen, eine »Latte«-Stadt. Das sind wohlhabende liberale Gemeinden, die oft landschaftlich reizvoll gelegen, von einem Uni-Campus geprägt sind und die neue amerikanische Oberschichtkultur maßgeblich mitbestimmen. Hier findet man Bäckereien für Gourmets, handgefertigte Möbel, Bioläden – eben alles, was das Bobo-Herz höher schlagen lässt. Boulder, Colorado, ist eine Latte-Stadt, genauso wie Madison, Wisconsin, Northampton, Massachusetts, Missoula in Montana und Wilmington, North Carolina, sowie die Hälfte aller Städte in Nordkalifornien, Oregon und im Staat Washington. Insgesamt gibt es in den USA mehrere Hundert Latte-Städte, und jede Nicht-Latte-Stadt verfügt über mindestens ein Latte-Viertel. In einer Latte-Stadt kann man vom Radweg gleich ins Antiquariat hüpfen, wo sich die Regale unter der Last der unverkäuflichen Bücher über Marxismus biegen. Und auf dem Weg zum Laden für afrikanische Trommeln oder feministische Dessous schlürft man noch einen Espresso in einem Café mit einem Wortspiel im Namen.

Die idealtypische Latte-Stadt hat einen liberalen Stadtrat wie in Schweden, fußgängerfreundliche Einkaufszentren im deutschen Stil, Architektur viktorianischen und Kunsthandwerk indianischen Stils, man engagiert sich dort für die Menschenrechte wie in Berkeley und die Einkommensstruktur ähnelt der von Beverly, Hills. Sollte es in so einer Stadt stillgelegte Industrieanlagen geben, dann werden diese sofort in Lofts, Softwarefirmen oder ökologische Keksfabriken umgewandelt.

Die Literaten des 20. Jahrhunderts haben kleinere Gemeinden meist als kleinbürgerliche Gefängnisse beschrieben. Heute hingegen nennt man sie liebevoll »Micro-Cities« und betrachtet sie als Oasen in einer gleichförmigen Massenkultur. Und wie hat man sich so etwas vorzustellen? Im Bistro in der Fußgängerzone sitzen jeden Morgen ein paar Geschäftsleute und nehmen in Timberlandschuhen, T-Shirt und Jeans ihr Frühstück ein. Ein Geschäftsführer mit wallendem Grauhaar unterhält sich angeregt mit einem Kollegen, der stolz einen Jerry-Garcia-Bart trägt. Die Handys ruhen in schwarzen Segeltuchtaschen. Im Birkenstockladen um die Ecke preist ein Schild die Öko-Schuhe als Kundengeschenke an.

Auf der Straße begegnen einem junge sportliche Elternpaare, die geländegängige Kinderwägen vor sich her schieben. Eine noble Modekette hat ihre Filiale unmittelbar neben dem Dritte-Welt-Laden und demonstriert so die friedliche Koexistenz von Haute Couture und Hippie-Stil. Die Einkaufspassage ist gesäumt von teuren Bonbon- und Muffinshops und Eisdielen. Die meisten Läden tragen ulkige Namen wie *Madhatter* und *Muddy Waters*. Ironische Anspielungen und gezwungener Sprachwitz gehören zum Latte-Selbstverständnis wie das ungenierte Zurschaustellen von Bildung und Kultur. Natürlich gibt es etliche sehr gut sortierte Buchläden in Burlington, in denen man keine *New Republic* oder andere konservative Blätter findet, dafür aber lesbische Zeitschriften mit wohlklingenden Namen wie *Curve* und französische Hochglanzmagazine zuhauf. Auch politische Themen sind vertreten, obwohl die aktuellen Bücher nur im hintersten Regal Platz finden. Gleich im Eingangsbereich liegen die populärsten und wahrscheinlich auch meistverkauften Titel zu Themen wie Sexualität, Psychologie, Kochen, (meist frauenspezifische) Ethnologie und alternative (zu achtzig Prozent homosexuelle) Lebensformen. Die thematische Akzentuierung scheint die Prioritäten der Einwohner widerzuspiegeln.

Burlington ist voll von belebten öffentlichen Plätzen, auf denen Lenkdrachenwettbewerbe, Yogaseminare und kulinarische Veranstaltungen stattfinden. Es gibt Kunstausschüsse und Komitees, die das Verhältnis zwischen Universität und Gemeinde verbessern sollen, Umwelt- und Anti-Modernisierungs-Gruppen sowie Ad-hoc-Aktivisten. Die Bürger dieser Städte verbringen mehr Zeit im öffentlichen Raum als in den eigenen vier Wänden.

Früher waren die alten Vororte wie Wayne durch und durch bürgerlich, Städte wie Burlington und Berkeley dagegen Epizentren der Boheme. Die kulturellen Differenzen schienen unüberbrückbar. Aber in Burlington und Wayne hat sich viel geändert. Obwohl diese Latte-Städte Anziehungspunkte für all das darstellen, was unter die Rubrik »alternativ« (alternative Musik, alternative Medien, alternative Lebensformen) fällt, sind sie auch florierende Geschäftszentren. Städte wie Napa sind wichtig für den Weinhandel, in Santa Monica und Soho ist die Kulturindustrie zu Hause und in Universitätsstädten findet man alles, vom Biotech-Unternehmen bis zur Tischlerei. In Burlington gehört *Ben & Jerry's* noch nicht mal zu den zwanzig größten Arbeitgebern. Es widerspricht anscheinend nicht den moralischen Wertvorstellungen der Einwohner, bei IBM, General Dynamic, GE, der Bank of Vermont oder Blodgett Holdings zu arbeiten. Business gilt in Burlington als »chic«. Es gibt vier firmeneigene Publikationen am Ort, und manchmal kann man darin ganze zwei, drei Sätze lesen, bevor wieder irgendein Geschäftsführer unterstreicht, wie nötig man die Wirtschaft braucht, um soziale Projekte finanzieren zu können.

Der in Burlingtons Buchhandlungen so beliebte *Couple's Business Guide* erzählt von zehn Paaren, die ihre Karrieren in Städten wie New York oder Boston aufgegeben haben, um nach Vermont zu ziehen und dort Positives Fruchtmark, Sommerfrische-Essig oder Ethno-Nudeln herzustellen und zu verkaufen: Es war einmal ein hoch qualifiziertes Paar, das dem hektischen Stadtleben nichts mehr abgewinnen konnte und, um sich einen Lebenstraum zu erfüllen – z. B. das beste Jasminbrot der Welt zu backen –, in die Berge zog, um wie besessen am perfekten Rezept zu arbeiten. Dann kam eine Phase, in der die beiden feststellten, wie schwierig es war, ihr Produkt auf den Markt zu bringen. Aber nach fünf Jahren Schwerstarbeit und Sorgen machen sie inzwischen fünf Millionen Dollar Gewinn pro Jahr. Jetzt können sie sich endlich mit ihren liebenswerten Kindern Dylan und Joplin auf der Veranda ihres renovierten viktorianischen Landhäuschens ausruhen und den Wechsel der Jahreszeiten genießen …

Als sich George McGovern aus der Politik zurückzog, übernahm er ein Bed-and-Breakfast in New England. Daher ist es auch verständlich, dass er heute derbe Clogs den grauen Anzügen vorzieht. Ben und Jerry, die Eiscreme-Mogule, repräsentieren die Quintessenz des Latte-Kapitalismus. Ihre Gesichter starren einen in Burlington an jeder Ecke wie zwei ungepflegte Big Brothers von den Werbeplakaten an.

Eines Tages aß ich draußen bei Leunig's zu Mittag und versuchte, mich in Thoreaus *Walden* zu vertiefen und nebenbei die Anzahl der Ringe zu zählen, die meine Bedienung in Ohren, Nase, Lippen und Bauchnabel trug (es waren 19, glaube ich). Ich wurde jedoch immer wieder von einem alternden Hippie am Nebentisch abgelenkt, der nicht müde wurde, über den Unterschied zwischen Vorzugsaktien mit variablen Dividenden und Stammkapital zu reden. Mit grauem Pferdeschwanz und in legeren Klamotten hielt er einer jüngeren Frau mit Nickelbrille und Bauernkleidung einen Vortrag wie an der Harvard Business School. Sie machte sich auf einem Block Notizen. Hin und wieder kamen sie vom Thema ab und unterhielten sich über Buchhaltung oder Management-Strategien, die sie in ihrem Unternehmen anwenden könnten. Der alternde Hippie wusste sehr genau, wovon er sprach.

Derart hin- und hergerissen zwischen der Unterhaltung am Nachbartisch und meiner Lektüre, schien es mir langsam so, als sei auch *Walden* eine Business-Lektüre. Thoreau führt sorgsam Buch über seine Ausgaben, und wenn er eine positive Bilanz ziehen kann, brüstet er sich damit. Vielleicht ist es daher auch nicht weiter verwunderlich, dass die Rebellen der Sechzigerjahre, die einst in Kommunen namens *Walden* lebten, nach einiger Zeit entdeckten, dass sich das Geschäftsleben mit einer in spiritueller Hinsicht äußerst befriedigenden Lebensform verbinden lässt. Der Philosoph von Walden

Pond hätte nicht schlecht gestaunt über die Begeisterung, mit der sich Leute, die früher Bäume umarmten, inzwischen auf das Geschäftsleben eingelassen haben.

Der heutige Latte-Stadt-Mogul erinnert uns daran, dass Wirtschaft nichts mit profaner Kapitalanhäufung zu tun hat, sondern vielmehr bedeutet, der Tätigkeit nachzugehen, die einem wirklich am Herzen liegt. Das Leben ist eine einzige große Hobbywerkstatt. Mehr noch, früher glaubte man, dass sich das Geschäftsleben negativ auf den Seelenfrieden auswirke. Heute hat man eingesehen, dass es ungemein bereichernd sein kann. Man macht aus seinem Beruf ein Handwerk, indem man natürliche Rohstoffe wie Äpfel nimmt und sie mit Hilfe altmodischer Verarbeitungstechniken in Naturprodukte wie Cidre verwandelt. Die Verpackung in aktuellem Künstlerdesign verleiht dem Produkt kosmopolitisches Flair und lässt auf ästhetisches Bewusstsein schließen. Der Besitzer eines Restaurants, einer Kneipe oder eines Cafés kann aus seinem Betrieb einen Ort der Begegnung machen, wo Menschen zwischen Büchern, Zeitschriften und Spielzeug eine echte Gemeinschaft bilden.

Das hervorstechendste Merkmal dieses aufgeklärten Kapitalismus ist sicherlich, dass er Profit mit progressiven Motiven verknüpft. Man kann den Regenwald retten, den Treibhauseffekt lindern, indianische Traditionen erhalten, bäuerliche Familienbetriebe unterstützen, sich für den Weltfrieden einsetzen – und das alles, ohne sich weiter von zu Hause wegzubewegen als bis zu den Kühlregalen des nächsten Einkaufszentrums. Früher ging man davon aus, dass Profitstreben soziale Wertvorstellungen zerstöre. Heute glauben viele Unternehmen, dass gehobene Wertvorstellungen zu hohen Profiten führen, zumindest solange es eine gebildete Schicht gibt, die für den sozialen Fortschritt gerne etwas mehr bezahlt. »Man kann seine sozialen Ideale nicht von seinen wirtschaftlichen Interessen trennen«, sagte Judy Wicks, Gründerin des links orientierten *White Dog Cafe* in Philadelphia. Zwar macht sich jeder über die Auswüchse dieses sanften Kapitalismus lustig – wie über die probiotische Zahnpasta, die keine Bakterien zerstört, sondern sie nur zum Gehen auffordert –, und dennoch fühlen sich viele gebildete Leute zu Unternehmen hingezogen, die ihre Wertevorstellungen teilen. Dieses emanzipierte Marketing mag manchmal etwas dümmlich erscheinen – es gibt jetzt Gärtnereien, die sich dem hehren Ziel verschrieben haben, die Kompost-Krise zu meistern –, aber es richtet keinen Schaden an und bringt manchmal sogar etwas Gutes hervor. Das neue Marketing zeigt einfach, wie die Aktivisten-Ethik der Sechziger vom Mainstream absorbiert wurde. Die Durchschnittskultur hat durch diese Entwicklung eine Aufwertung erfahren. Früher glaubten Menschen, mit engagierter Kunst oder Protestmärschen eine Revolution auslösen zu können. Heute versuchen uns Leute wie Phil Knight, der Geschäftsführer von Nike, einzureden, dass seine Sportschuhe revolutionäres Potenzial hätten.

»Sich eine Mahlzeit aus Produkten des eigenen Gartens zuzubereiten, ist nicht nur ein kulinarisches Vergnügen, sondern gibt einem auch die Gewissheit, das Richtige für sich und den Planeten getan zu haben.« So äußerte sich Alice Waters, die ehemals radikale Studentin und heutige Chefin eines Gourmetrestaurants, im *New Yorker*. Ihre Außenstelle in Paris sei kein Betrieb im eigentlichen Sinne. Schon in der Planungsphase meinte sie, es handle sich eher um »ein Podium, eine Ausstellung, ein Klassenzimmer, einen Wintergarten, ein Laboratorium und einen Park. Eine Kunstinstallation in Form eines Restaurants, die das Sinnliche der Nahrung präsentiert ... Das Restaurant muss durch und durch menschlich sein, das Leben der Bauernhöfe, Äcker und Märkte ausstrahlen, und das der Künstler, Köche und Bedienungen, die hier arbeiten.«

Kapitalisten der Gegenkultur

Es ist Ironie des Schicksals, dass die radikale Sprache der Sechziger gerade im wirtschaftlichen Bereich lebendig geblieben ist. Dreißig Jahre nach Woodstock und den Friedensdemonstrationen sind es die Manager und Firmenchefs, die am lautesten gegen den Status quo aufbegehren und die Zerstörung des Establishments fordern. Bestes Beispiel dafür ist der Milliardär Abbie Hoffmans. Burger King fordert Amerika auf: »Manchmal muss man die Regeln brechen.« Apple Computers skandiert: »Die Verrückten. Die Außenseiter. Die Rebellen. Die Unruhestifter.« Lucent Technologies machte sich den Slogan »Born to be wild« zu Eigen. Nike benutzt den Beat-Schriftsteller William S. Burroughs und den Beatles-Song »Revolution« als Firmensymbole. Die Zeitschrift *Wired* und ihre Silicon-Valley-Werbetexter imitieren die Farbstrukturen eines Jefferson-Airplane–Plakats von 1968.

Diese Strategie wird nicht nur von Unternehmen eingesetzt, die besonders hip sein wollen. Auch in Wirtschaftsmagazinen und auf den Managementkanälen im Bordprogramm der Fluglinien bedient man sich der Sprache des Radikalismus und der Rebellion. Der stellvertretende Direktor von Home Depots bläut seinen Kollegen ein: »Unser Motto ist: Revolution, nicht Evolution.« Management-Gurus wie Tom Peters stellen sich vor Tausende Vertreter der amerikanischen Wirtschaftselite und rufen voller Begeisterung: »Zerstörung ist cool!«. Softwarefirmen eröffnen Zweigstellen in den Niederlanden – damit ihre Marihuana konsumierenden Mitarbeiter in einer liberaleren Gesellschaft leben können. Bob Dylan, Crosby, Stills and Nash spielen jetzt auf Firmenveranstaltungen von *Nomura Securities*. Fast jedes Unternehmen präsentiert sich als soziale Bewegung (»Zerstört die großen Konzerne«) mit sozialer Mission (»Ein Computer für jedes Heim«) und revolutionärer Subkultur (*Southwest Airlines* nennt sich »Ein Symbol der Freiheit«). »Mainstream« ist zum schlimmsten Schimpfwort geworden, denn amerikanische Unternehmen verstehen sich heute als Avantgarde im Kampf gegen das Establishment.

Die Gründe für diese Entwicklung sind sehr einfach. Die Bobos haben die Geschäftswelt übernommen und ihre Subkultur-Mentalität mit in die alten Konferenzräume der Bourgeoisie gebracht. Es ist kein Zufall, dass sich eine große Zahl von Handelsketten wie Gap, Restoration Hardware und Williams-Sonoma, die vor allem die Bildungselite bedienen, in der ehemaligen Blumenkinder-Hochburg San Francisco angesiedelt hat. Daneben gibt es natürlich auch geradlinige Republikaner, die niemals Hippies waren, aber dennoch Gedankengut der Sechzigerjahre in ihre Firmenphilosophie übernommen haben. Auch die hybride Geschäftskultur von Silicon Valley kombiniert eine rebellische Anti-Establishment-Einstellung mit republikanischem Laisser-faire.

Besonders in Wirtschaftsbereichen, die von den Eliten des Informationszeitalters dominiert werden (Hightech, Medien, Werbung, Design, Hollywood), vertritt man nach außen hin eine Ideologie, die den Radikalen und der Boheme sehr bekannt sein dürfte: stetige Veränderung, größtmögliche Freiheit, jugendlicher Enthusiasmus, radikale Experimentierfreude, Ablehnung von Konventionen und Hunger nach Neuem. Über den eigenen Tellerrand hinausblicken und jenseits der gängigen Normen denken, heißt die Devise. Du musst an deine Grenzen gehen. Wer heute nicht den Schritt ins Ungewisse wagt, der wird bald Geschichte sein, predigen die Firmenleitungen. »Erfahrung ist out – Unerfahrenheit ist in«, urteilt zeitgemäß ein Redaktionsmitglied des Wirtschaftsmagazins *Fast Company.* »Ich will nur die Jüngsten, die Intelligentesten und die ganz besonders Talentierten, alle anderen interessieren mich nicht«, lautet der Grundsatz von Bernard Arnault, Geschäftsführer von LVMH Moët Hennessy Louis Vuitton.

Die Kapitalisten von heute haben ihr Leben neuen Ideen und Denkmustern verschrieben – oder zumindest glauben sie das. Sogar ihre Sprache ist davon beeinflusst. Sätze werden kürzer und aus Substantiven werden Verben. Die Prosa wird eliminiert und durch einen pubertären Joystick-Junkie-Jargon ersetzt. Wie sieht die zu erwartende Gewinnspanne im nächsten Jahr aus? Irre gut. Und der Warenfluss? Ganz smooth. Wie war die Börseneinführung? Der Hammer! Die Konferenz in San José? Hat mich umgehauen. Da ging voll was ab. Ich war echt gehypt. Gespräche und vor allem E-Mails orientieren sich am Stil von Jack Kerouac. Spontaneität ist alles, hieß das Motto des Beat-Poeten. Mach dich frei – gib deinem inneren Drängen nach. Entledige dich literarischer, grammatikalischer und syntaktischer Zwänge.

Sei wild und locker, dann bist du auch unverdorben und ehrlich. »Was du fühlst, wird seine eigene Form finden«, schrieb Kerouac überzeugt. Wäre der Beatnik noch am Leben, würde er in Aspen Managementseminare halten. Aber auch über seinen Tod hinaus bleibt er uns in der Werbung von Gap erhalten.

Ich bin kein Geschäftsmann, sondern ein Kreativer, der zufällig Geschäfte macht

Leo Löwenthal schrieb 1949 einen viel diskutierten Essay, in dem er jene Erfolgsbiografien untersuchte, die in bekannten Zeitungen wie der *Saturday Evening Post* veröffentlicht wurden. Löwenthal bemerkte, dass zu Anfang des Jahrhunderts die »Helden der Produktion« gefeiert wurden, Menschen, die Brücken und Dämme errichteten oder Unternehmen gründeten. Nach und nach wandte die Presse ihre Aufmerksamkeit dann den »Helden des Konsums« zu, den Superstars der Unterhaltungsbranche (Film, Sport) und sogar Politikern – wobei der Schwerpunkt auf der Beschreibung ihres Privatlebens und nicht auf der Darstellung beruflicher Erfolge lag.

Im Moment sind die Medien wieder dabei, gesellschaftlichen Erfolg neu zu definieren. Schmeichelnde Porträts werden nicht über große Gründerväter, Profitmaximierer oder stahlharte Manager verfasst. Wer den Schlüssel zum Medienerfolg sucht, sollte durch Jugend, Wagemut und avantgardistisches Denken glänzen. Der Schwerpunkt der amerikanischen Geschäftskultur hat sich nach Westen und zur Jugend hin verschoben. Die ganze amerikanische Businesswelt ist lässiger geworden.

Auf dem Cover von *Fortune* posieren Microsoft-Chefs mit Propellerhüten. Auf anderen Fotos sehen sie aus wie alternde Rockstars: in teuren kragenlosen Leinenhemden oder bunten Pullovern, die Wollsocken in flippigen, aber nicht weniger teuren Sandalen. Oft lassen sie sich auch voller Stolz in Jeans in ihren Ferienhäusern in den Rocky Mountains ablichten. Man wird in einer Softwarefirma vergeblich nach einer Gruppe von Leuten in blauen Anzügen, weißen Hemden und mit roten Krawatten suchen. Hier trägt man Stiefel, zerrissene Jeans, verwaschene Sweatshirts mit dem Wappen der Uni und diese winzigen europäischen Brillen, mit denen man ungefähr so viel sehen kann wie ein Blinder mit einem Hörgerät.

In den Porträts der *Business Week* von 1950 sind Geschäftsführer in eindrucksvollen Büros mit viel Mahagoni und Messing oder vielleicht mit hochgekrempelten Hemdsärmeln auf einer Baustelle fotografiert. Heute verweist eine kindische Requisite auf die gesellschaftliche Stellung des Porträtierten. Jeffrey Katzenberg, Leiter von DreamWorks, ist mit Wasserpistole zu sehen, andere mit Spielzeugpistolen, Jo-Jos oder Laser-Kugelschreibern. Manche sitzen lässig auf ihren Schreibtischen und schauen verträumt auf ihre Kitsch-Sammlungen. Richard Saul Wurman, ein Jungunternehmer, der Konferenzen organisiert, auf denen sich Subkultur-Kapitalisten zum Gedankenaustausch treffen, sammelt Aschenbecher (die in einem modernen Büro natürlich keine Funktion mehr haben). Andere sind zwischen einem von der Decke baumelnden Snowboard und einem abgerissenen Bungee-Seil zu sehen. Während die alte Garde der Wirtschaft auf Fotos noch ehrgeizig, maßvoll und seriös erscheinen und so die Werte Benjamin Franklins verkörpern wollte, stellen die heutigen Firmenleitungen unter Beweis, was für verspielte Freigeister sie im Grunde sind.

Richard Hofstadter beschrieb 1963 in *Anti-Intellectualism in American Life*, wie stark damals die Vorurteile gegenüber Intellektuellen waren. Sie zählten zur schwammigen, irrationalen Sphäre des Weiblichen. Heute ist das anders. Wer auf die Titelseite von *Forbes* will, muss nicht nur ein gut gehendes Unternehmen leiten, sondern sich außerdem noch als Maler oder Musiker in einer Rockband mit einem witzigen Namen wie *Prostate Pretenders* hervortun. »Sandy Lerner gründete zusammen mit ihrem Mann Len Bosack die Firma *Cisco*«, schreibt *Forbes*. »Heute nimmt sie an mittelalterlichen Lanzenkämpfen teil, dreht Runden auf ihrer Harley und setzt sich für die Rechte der Tiere und die Anerkennung britischer Frauenliteratur ein. Ihr Mann unterstützt ungewöhnliche wissenschaftliche Projekte.«

Fondsmanager werden in diesen Beschreibungen zu kleinen Allround-Genies, die alle Baseball-Statistiken im Kopf haben, ihr Klavierspiel perfektionieren und ständig auf Bridge-Wettbewerben oder philosophischen Symposien anzutreffen sind. Unternehmensberichte werden mit Zitaten von Emile Zola und Toni Morrison eingeleitet. Geschäftsführer bemühen sich krampfhaft, die Erkenntnisse großer Denker in die Verkaufsstrategien für das nächste Quartal einzuflechten. Man sieht sie mit Büchern wie *Management mit Aristoteles, Die Shakespeare-Strategie* oder *Die Buy-out-Geheimnisse von Plinius* unter dem Arm. Die Werbestrategin Rosemarie Roberts verrät den Lesern von *Fast Company*, welche Bücher sie am stärksten beeinflusst haben. Aus Jean-Paul Sartres *Geschlossene Gesellschaft* stammt Roberts‘ Lebensphilosophie: Jede Handlung hat Konsequenzen, die auch auf einen selbst zurückfallen. Machiavelli hat sie gelehrt, dass man einen starken Willen und viel Konzentration braucht, um seine Ziele zu erreichen. Solche Leute würzen ihre Gespräche mit Anmerkungen wie »Interessante Heuristik!« oder »Ich glaube kaum, dass das in der Post-Gutenberg-Ära noch Bestand hat«.

Früher strahlten Geschäftsmänner Ruhe und Weitsicht aus. Heute reden sie wie Soziologen und Visionäre und brauchen eine ganze Schar Liliputaner, die sie an den Boden bindet, damit sie nicht in Luftschlösser entschweben. Als Unternehmensberater tut man gut daran, seinen Geist auf kosmische Dimensionen einzustellen, denn mit einem Enthusiasmus, der stark an den Goldrausch erinnert, versucht heutzutage jeder, das nächste große Geschäft oder die nächste boomende Branche zu erahnen.

»Wir befinden uns an einem historischen Wendepunkt. Eine vierhundert Jahre alte Kultur liegt im Sterben und eine neue Ära wartet darauf, zum Leben zu erwachen«, verkündet Dee Ward Hock, der Mann, der die Visa Card erfand und heute als Management-Guru tätig ist. »Wir sind an dem Punkt absoluter, positiver, exzellenter Diskontinuität«, teilt der Berater Watts Wacker mit. Und weiter: »Ich analysiere nicht nur Veränderungen, ich untersuche, wie sich Veränderungen verändern.«

Gary Hamel schrieb in *Fortune:* »Wir leben in einer diskontinuierlichen Welt, in einer Welt, in der Digitalisierung, Deregulierung und Globalisierung die Industrielandschaft fundamental verändert haben. Was wir hier sehen, ist das rasante Wachstum neuer ökonomischer Lebensformen: virtuelle Organisationen, globale Fusionen, E-Commerce etc. … Unser Streben nach Reichtum ist an einem Endpunkt angelangt … Wir befinden uns an einer Wendemarke, wo sich der Drang nach Divergenz in einen Drang nach Konvergenz verwandelt und ein neuer kollektiver Blickwinkel entsteht.«

In dieser neuen Ära sollte man die Formulierung »Wir bewegen uns aus einem Zeitalter, in dem …« häufig gebrauchen. Schließlich sind wir auf dem Weg von der Machtgesellschaft in die Wissensgesellschaft, von einer linearen in eine post-lineare Gesellschaft, von der Hierarchie- in die Netzwerkgesellschaft. Vorhersagen sind gefragt wie nie. Leuten wie Gerald Levin von Time Warner, Sumner Redstone von Viacom oder John Malone von TCI macht es nichts aus, wenn sich ihre Prognosen als falsch erweisen. Hauptsache, man entwickelt Visionen, die groß und gewagt sind. Die Titanen des Informationszeitalters vergleichen ihre Vorhersagen miteinander. So lange der weltgeschichtliche Bezug, den sie selbst herstellen, groß genug ist, erobern sie jeden Raum, den sie betreten. Bill Gates nannte sein erstes Buch *The Road Ahead (Der Weg nach vorn)*. Früher einmal befassten sich vornehmlich Science-Fiction-Autoren mit der Zukunftsforschung. Doch die Zeiten haben sich geändert. Die Zukunft sieht wieder rosig aus und das zeitgenössische Orakel hat seine Verkörperung in der Wirtschaft und ihren edlen intellektuellen Bestrebungen gefunden.

Natürlich gibt es einen Unterschied zwischen dem Radikalismus und (gelegentlichen) Utopismus der heutigen Wirtschaftsbosse und der Studentenbewegung der Sechzigerjahre. Die Wirtschaftselite schwärmt aus sicherer Distanz von Radikalität. Sie hat kein ernsthaftes Interesse an konkreten Ideen, die die soziale Ordnung in Frage stellen könnten. Es gibt bereits ein Magazin namens *The Baffler* (dt. etwa »der Bluffer«), das die Sinnleere des hippen Kapitalismus entlarvt. Dessen Herausgeber Thomas Frank macht sich über die pseudo-revolutionären Veränderungen und das gesellschaftlich akzeptierte Rebellentum lustig. All das sei nichts anderes als eine neue Form konservativen Konformismus, argumentiert Frank. Aber der *Baffler* täuscht sich, wenn er alles als Heuchelei verdammt und die Kapitalisten der durch Ideologie getarnten Ausbeutung bezichtigt. So düster und einseitig ist die Entwicklung nicht. Die neue Wirtschaftselite ist beiden Seiten gleichermaßen verpflichtet: den unternehmerischen Zielen und der Alternativkultur.

Der intellektuelle Ursprung der kosmischen Kapitalisten

Es ist erstaunlich, wie sehr sich die amerikanische Wirtschaft Kritik von außen zu Herzen genommen hat. Ein Jahrhundert lang bildete sie das Ziel der Angriffe von Schriftstellern und anderen Intellektuellen in Werken wie *Der Dschungel, Babbitt, Der große Gatsby, Das vergoldete Zeitalter, Tod eines Handlungsreisenden* oder Joseph Hellers *Was geschah mit Slocum?*, einem Roman, der mit den Praktiken der Wirtschaft abrechnete. In vielen Filmen und Fernsehserien (man erinnere sich nur an J. R. Ewing aus *Dallas*) wurde der Geschäftsmann immer wieder als intellektuellenfeindlich, kulturell uninteressiert, konformistisch und ignorant stigmatisiert. Er galt als beschränktes Individuum, das jede zarte kreative Regung in seinem Innern zerstört hatte, um sich an die Spitze zu kämpfen und reich zu werden. Sein Arbeitsplatz ist von einer trockenen bürokratischen Atmosphäre und kleinlichen Intrigen geprägt. Die heutigen Trendsetter der Geschäftswelt würden diese Einschätzung sicherlich teilen. Schuldig in allen Punkten der Anklage! Sie selbst haben eine Variante des Geschäftsmannes kreiert, die stärker an den Wertvorstellungen der Boheme orientiert ist.

William H. Whyte schrieb 1956 *Herr und Opfer der Organisation*. Obwohl Soziologen bezweifeln, dass der hier porträtierte Angestellte so je existierte, hat sich sein Bild in den Köpfen der Bildungselite festgesetzt. Selbst diejenigen, die Whytes Buch nicht gelesen haben – und das dürfte wohl die Mehrheit sein –, haben eine so genaue Vorstellung von einem »Opfer der Organisation«, dass sie seinem Beispiel unter keinen Umständen folgen wollen. Der typische Angestellte gibt sich damit zufrieden, dass er nur ein Rädchen in einem großen Getriebe ist. Er fühlt sich alleine zu schwach, um sein Schicksal selbst in die Hand zu nehmen. Deshalb unterwirft er sich einer größeren Institution und ihren Anforderungen. Er glaubt, dass ihm die Organisation Sicherheit und Entfaltungsmöglichkeiten böte, ohne einen Preis dafür zu verlangen. »Diese jungen Männer stehen dem ›System‹ weder zynisch noch skeptisch gegenüber«, schrieb Whyte. »Sie leisten keinen Widerstand, sondern bemühen sich, mit ihm zu kooperieren.« Zudem übernehmen sie eine »soziale Ethik«, die eine glatte, nette Persönlichkeit höher bewertet als Kreativität und Fantasie. Der Angestellte galt als »in keiner Weise aufdringlich« und »eifrig ohne jede Leidenschaft«.

Vor allem bezüglich der psychologischen Auswirkungen der Strukturen großer Unternehmen nahm Whyte die hitzigen Diskussionen der Sechzigerjahre vorweg. Die Bosse der alten Schule, so meinte er, wollten nur deine Arbeitskraft, die neuen »deine Seele«.

Whytes Buch ist ein schwerer Angriff auf die vorherrschenden Managementtheorien der damaligen Zeit. Er kritisierte Unternehmen, die mittels Persönlichkeitstests Arbeiter aussortierten, die angeblich nicht anpassungsfähig genug waren. Er beschrieb Denkfabriken, die sich aus Gründen der Effizienz von schrulligen oder schwierigen Talenten trennten. Die damaligen Betriebe hielten Ausschau nach leicht integrierbaren Teamarbeitern und nicht nach eigenwilligen Visionären. Monsanto versuchte neue Wissenschaftler mit einem Film anzuwerben, in dem es hieß: »Sie finden hier keine Genies. Nur Durchschnittsamerikaner, die an derselben Sache arbeiten.« In einer Broschüre der Socony-Vacuum Oil Company stand groß:

> KEIN PLATZ FÜR SOLISTEN
>
> Mit Ausnahme einiger Forschungsgruppen wird bei großen Unternehmen nur in seltenen Fällen alleine gearbeitet. Für kreative Alleingänge ist einfach kein Raum. Ein Unternehmen ist sogar unter nicht-technischen Gesichtspunkten zu komplex, um von einem Einzelnen verstanden zu werden. Daher steht Teamfähigkeit bei unseren Auswahlkriterien an oberster Stelle.

Whyte wies die herrschende Sozialethik entschieden zurück. Er stellte die These auf, dass in amerikanischen Firmen ein Ungleichgewicht zwischen Individuum und Organisation herrsche. Die Bedürfnisse der Gruppe würden zu sehr über die des Individuums gestellt. Whyte rief nicht dazu auf, Organisationen zu verlassen, sondern die eigene Position ihnen gegenüber zu verändern. Er riet den Angestellten, gegen das Unternehmen zu kämpfen, ohne jedoch die eigene Existenz zu gefährden. »Man kann seinem Chef sagen, er soll zur Hölle fahren«, schrieb Whyte, »aber danach wird man wieder einen Chef haben.« Schließlich ist man ja kein Romanheld, der sich nach dem Sieg in der Arena in die Rolle eines Hausmanns zurückziehen kann. Whyte hoffte auf eine Welt, in der selbstbewusste und selbstsichere Menschen in den Unternehmen arbeiten würden, Individualisten, die ihre eigenen Bedürfnisse mindestens so hoch einstuften wie die der Firma. Er wünschte sich Betriebe, die schrullige und kreative Genies schätzten, anstatt sie wegen mangelnder bürokratischer Kompatibilität in die Wüste zu schicken.

Technokratie

Ein Jahrzehnt später griff der Autor eines noch radikaleren Buches Bestandteile von Whytes Argumentation auf. Theodore Roszaks *Gegenkultur* wurde 1969 veröffentlicht und war zu seiner Zeit die beste Zusammenfassung der Sechzigerjahre-Revolte gegen das Bürgertum. Wie Whyte beschrieb Roszak ein Amerika, das von den großen Unternehmen und Organisationen geprägt war. Wie Whyte untersuchte er die psychologischen Wunden, die jene davontrugen, die in diesen Bürokratien arbeiteten und lebten. Diese Strukturen, die Roszak »Technokratien« nannte, übten in seinen Augen eine sanfte Tyrannei aus: Sie bescherten ihren Opfern ein bequemes und ruhiges Leben, während sie gleichzeitig sanft, wie mit einem Kissen, ihre Individualität, Kreativität und Fantasie erstickten. Wie Whyte verurteilte Roszak die herrschende Sozialethik, die strahlende Persönlichkeiten herabsetzte und soziale Kontakte für zweitrangig erklärte.

Und doch gab es einen grundlegenden Unterschied zwischen Whyte und Roszak. Whyte war Reporter bei der Zeitschrift *Fortune,* Roszak dagegen ein Radikaler der Subkultur. Whyte gab nicht klar zu erkennen, was er von den bürgerlichen Werten hielt; Roszak ging mit seiner Kritik tiefer. Er erläuterte, dass das Grundproblem der Gesellschaft nicht diese oder jene Management-Theorie sei und auch nicht die Art und Weise, wie ein Konzern Mitarbeiter rekrutiere. Nein, die Firmenstrukturen waren für ihn nur Symptom einer tieferen kulturellen Krise. Das wirkliche Problem lag für Roszak in der rational geprägten, ja rationalistischen Mentalität, die er als »objektives Bewusstsein« bezeichnete.

»Wenn wir die Technokratie daraufhin überprüfen, welche besondere Macht sie über uns hat«, schrieb Roszak, »dann kommen wir zum Mythos des objektiven Bewusstseins. Es gibt nur eine Art, Zugang zur Wirklichkeit zu erlangen – das behauptet der Mythos –, und zwar über einen Bewusstseinszustand, der von jeder subjektiven Verzerrung und persönlichen Anteilnahme frei ist. Das, was diesem Bewusstseinszustand entspringt, darf Wissen genannt werden, und nur das. Dies ist der Dreh- und Angelpunkt, auf den die Naturwissenschaften ihre Systeme aufgebaut haben; und unter ihrem Zauberstab strengen sich alle Bereiche des Wissens an, wissenschaftlich zu werden.« Roszak schildert die Erbsenzähler-Mentalität des Buchhalters, des kalten

Wissenschaftlers, des knapp kalkulierenden Geschäftsmanns, des trockenen Bürokraten, des engstirnigen Ingenieurs. In letzter Konsequenz bringt dieses Bewusstsein, so folgerte Roszak, die Maschine hervor. Die Maschine »ist der Standard, nach dem alle Dinge geeicht werden«. Nach der Vorstellung von Technokraten sollten Firmen, Universitäten, ja sogar ganze Nationen idealerweise wie gut geölte Maschinen laufen.

Kein Wunder, dass die Menschen in den Organisationen zu Zahnrädern, zu Teilen der Maschine werden. Um dieses Argument noch zu unterstreichen, beruft sich Roszak auf den französischen Autor Jacques Ellul, demzufolge es angesichts technischer Autonomie keine menschliche Autonomie geben könne.

Das ist der Grundtenor der Kritik der Bohemiens. Schönheit und Wahrheit lassen sich nur erkennen, wenn wir unsere Umwelt nicht ausschließlich mit dem Verstand wahrnehmen. Wir aber unterwerfen uns künstlichen Göttern; wir erlegen uns selber Gesellschaftsstrukturen auf, die wie Ketten wirken, und unser Denken ist nicht mehr genuin menschlich. Den übersteigerten Rationalismus bekämpften die Bohemiens seit den Tagen des Romanciers Gustave Flaubert und seiner Gesinnungsgenossen in Paris. Sie waren genauso wie die Transzendentalisten auf der Suche nach einer neuen Wahrnehmung der Dinge, allerdings auf der Grundlage von Fantasie, Mythologie, Poesie und Intuition. Roszak setzte, wie diese Bohemiens ein Jahrhundert zuvor, die Selbstverwirklichung über die Selbstkontrolle; er hielt Selbstverwirklichung sogar für das Ziel des Lebens. »Von allerhöchster Bedeutung ist«, so schrieb er, »dass jeder von uns eine Person wird, eine einheitliche, vollgültige Person, die für eine authentische menschliche Vielfalt steht und für die Bewältigung einer Wirklichkeit, die fast zu verwirrend ist.«

Auch Roszaks Lösung für das Problem der Technokratie war typisch für die Boheme. Die Entfaltung der Persönlichkeit gelänge nur, wenn man sich naiv dem Erlebnis öffne. In der kapitalistischen Industriegesellschaft müsste man die Dinge wieder natürlich und eher wie Kinder wahrnehmen lernen, meinte er. Ein spielerisches Herangehen an das Leben und seine Probleme könne die Welt um uns herum verändern: »Das ist das vordringliche Projekt unserer Gegenkultur: einen neuen Himmel und eine neue Erde auszurufen, die so weit und so herrlich sein müssen, dass die grenzenlosen Versprechungen der Technik, zu einer untergeordneten und nebensächlichen Rolle im Leben der Menschen herabsinken.«

Das konnte natürlich nie funktionieren. Sollte es tatsächlich eine Lösung für das von Whyte und Roszak als solches erkannte Problem Amerikas geben – seine Organisationsstruktur, wie sie dachten –, dann war es bestimmt nicht ein kosmisches Bewusstsein, das das rationale Denken verdrängen würde. Roszak wollte zu hoch hinaus. Das heißt aber nicht, dass er und Whyte sich geirrt hätten, als sie die »Technokratien« und deren konformistische und künstliche Sozialethik kritisierten. Es heißt einfach, dass man einen Autor mit mehr Realitätssinn braucht, wenn das Umdenken zu praktischeren Lösungen für eine neue Organisationsstruktur führen soll.

Jane Jacobs, Ur-Bobo

Als Roszak an seinem Buch saß, war der Keim zu diesem Umdenken bereits gelegt. 1961 veröffentlichte Jane Jacobs *Tod und Leben großer amerikanischer Städte*. Dieses Buch beeinflusst bis heute, wie Bobos ihre Organisations- und Sozialstrukturen wahrnehmen.

Jane Jacobs wurde 1916 in Scranton im Bundesstaat Pennsylvania als Tochter eines Arztes und einer Lehrerin geboren. Nach der High-School arbeitete sie als Reporterin bei der *Scranton Tribune*. Dort hielt sie es ein Jahr aus, dann entschloss sie sich, den Schritt nach New York zu wagen. Sie jobbte als Stenografin und freie Autorin, bevor sie in der Redaktion des *Architectural Forum* anfing. 1956 sprach sie in Harvard über ihre Unzufriedenheit mit der ultramodernen Stadtplanungs-Philosophie jener Tage, in deren Namen ganze Stadtviertel ausradiert und durch immer gleiche Reihen symmetrischer, von verlassenen Parks umschlossener Wohnblocks ersetzt wurden. William H. Whyte lud sie ein, ihren Vortrag zu einem Artikel für *Fortune* umzuschreiben, der nach anfänglicher Nervosität in der Führungsetage der Time Inc. unter dem Titel »Downtown Is for People« (Die Innenstadt gehört den Menschen) erschien. Jacobs behandelte dies Thema dann ausführlicher in dem bereits genannten Buch *Tod und Leben großer amerikanischer Städte*. Darin ist hauptsächlich von Stadtplanung die Rede, auch wenn diese weit über die Gestaltung des städtischen Raums hinausgeht. Die Autorin stellt dar, wie ein gutes Leben aussehen könnte, und ihre Vision sprach von Jahr zu Jahr mehr Menschen an. Begeisterte Leser bekannten sich zu ihren Ansichten, von linken Bohemiens bis hin zu rechten Bürgerlichen.

Auf den ersten Blick wirkt Jacobs wie eine reine Bohemienne. Wir haben es bei ihr mit einer Schriftstellerin zu tun, die in Greenwich Village lebt, dem Mekka der Boheme. Sie macht sich auf, den Rationalisten die Stirn zu bieten – denen, die mit ganzen Stadtvierteln aufräumen wollen, um saubere, geordnete Häuser, Parks und Schnellstraßen, konzipiert nach dem neuesten Stand der Technik, an ihre Stelle zu setzen. Sie wütet gegen Monotonie, Gleichheit und Standardisierung. Sie findet den Gefallen des Establishments am Überbordenden und Monumentalen abstoßend. Gleichzeitig predigt sie die glückliche Intuition. Das Exotische zieht sie – wie jeden Bohemien – magisch an: die afrikanische Skulptur, das römische Café. Sie ist Nonkonformistin und kleidet sich in jenem Kaffeehausstil, der seither wieder in Mode gekommen ist. Ihre Kritiker – die Planer jener Epoche – betrachteten sie denn auch als entfremdete Angehörige der Boheme und verurteilten ihre »verbitterten Kaffeehaus-Tiraden«.

Doch man sollte etwa in der Mitte von *Tod und Leben großer amerikanischer Städte* einmal innehalten und sich klarmachen, wer die Helden ihrer idealtypischen Gemeinschaft eigentlich sind. Jacobs anrührendste und einflussreichste Passagen beschreiben das Leben in ihrem eigenen kleinen Wohnblock in der Hudson Street in Greenwich Village. Die Menschen, die das Leben in dieser Straße so unverwechselbar machten, waren Ladenbesitzer – Joe Cornacchia, der Besitzer des Lebensmittelgeschäfts, Mr. Koochagian, der Schneider, Mr. Goldstein, der Inhaber des Eisenwarenladens. Napoleon meinte, dem Bürgertum einen schweren Schlag versetzt zu haben, als er England als eine Nation von Krämern bezeichnete. Bis Jane Jacobs kam, galt der kleine

Geschäftsmann als Verkörperung kleingeistiger bürgerlicher Werte. Aber Jacobs lässt die Kaufleute keine Verachtung dafür spüren, dass sie vielleicht gewöhnlich und materialistisch wirken. Sie bewundert gerade ihr alltägliches Handeln: ihre Geschäftigkeit, ihre Sauberkeit, ihre solide Hilfsbereitschaft. Einer von ihnen bewahrt für die Leute des Viertels die Hausschlüssel auf. Ein anderer kennt den neuesten Tratsch. Alle geben sie darauf Acht, was auf der Straße vor sich geht. Genau diese bürgerlichen Tugenden bewundert Jacobs.

Die hübsche, poetische Szene beschreibt den Lebensmittelhändler, den Mann von der Wäscherei und die Passanten so, als seien sie Tänzer eines Balletts. Ein Obstverkäufer taucht auf und winkt, der Schmied geht über die Straße, um mit dem Besitzer des Tabakladens zu plaudern, Kinder kommen auf Rollschuhen vorbei und Leute stehen vor der Pizzeria beisammen. »Das Ballett steht niemals still«, schreibt sie, »und doch macht das Ganze den Eindruck von Ruhe und Frieden.« Man muss gewiss lange suchen, um einen Prosatext zu finden, in dem die gewöhnliche Welt einer gewöhnlichen Straße mit den gewöhnlichen Geschäften und ihren gewöhnlichen Ritualen derart liebevoll besungen wird.

Jacobs Tonfall ist mit ein Geheimnis ihres Erfolges. Er ist nicht überladen und nicht gekünstelt wie die Prosa ihrer Zeitgenossen Jack Kerouac oder späterer Radikaler wie Theodore Roszak. Ihr Stil ist auch nicht so dröhnend und autoritär wie viele intellektuelle Schriften der Fünfzigerjahre. Jacobs verwirft den Utopiegedanken und den Extremismus, ohne die romantische Vorstellungen bis dahin nie auskamen, völlig. Sie weist die Vorstellung zurück, ein Intellektueller könne sich vom Alltag abkapseln und nur in einer abstrakten Welt der Ideen leben. Dies hat zur Folge, dass sie unaufgeregt wirkt und in einem gefälligen Plauderton schreibt. Sie betrachtet die Dinge mit einem Blick für die konkreten Details (vielleicht konnte nur eine Frau auf diese Art beobachten). Die Stadtplanung ihrer Zeit mag Jacobs aufgebracht haben, doch geht sie nicht so weit, Feuer auf ihre Gegner herabregnen zu lassen. Sie schlägt gelassen vor, nicht zu theoretisieren oder zur Rebellion aufzurufen, sondern sich einfach ruhig hinzusetzen und die Umgebung auf sich wirken zu lassen. Beim Bürgertum war Erkenntnis ohne Vernunft nicht denkbar. Bei den Bohemiens war sie ein Appell an die Fantasie. Jacobs legt uns eine Wahrnehmung ans Herz, die beides verlangt, Verstand und Gefühl: die praktischen Kenntnisse des Ladenbesitzers, aber genauso das Einfühlungsvermögen, das wir von einem Maler oder Romancier erwarten.

Am wichtigsten ist, dass Jacobs die Ordnungsliebe des Bürgers und den Freiheitsdrang des Bohemiens vereint. Eine Straße in der Stadt sehe zwar chaotisch aus, sei aber in Wirklichkeit ziemlich geordnet, meint sie. »Es ist eine komplexe Ordnung. Im Zentrum steht die nicht einfache Fortbewegung auf dem Bürgersteig, die eine andauernde Abfolge von Blicken erfordert. Die Ordnung besteht bloß aus Bewegung und Wandel, und obschon es Leben ist und nicht Kunst, können wir das die Kunstform der Stadt nennen und sie mit einem Tanz vergleichen.«

Diese Passage enthält die von Jacobs vereinten Gegensatzpaare: Freiheit und Sicherheit, Ordnung und Wandel, Leben und Kunst. Das gute Leben – steht da zwischen den Zeilen – ist zusammengesetzt aus Fließen, Verschiedenheit und Komplexität, wobei alles von einer inneren Harmonie getragen ist.

Die Stadtplaner, die ganze Viertel zerstörten, sahen das nicht so. Sie besaßen eine mechanistische Vorstellung von Ordnung. Die Ingenieure und Modernisten wie der Schweizer Architekt Le Corbusier betrachteten die Stadt als eine Maschine – »eine Fabrik, die Verkehr produziert«, lautete einer von Le Corbusiers Aussprüchen, und daher war es nur konsequent, wenn sie die Stadt auch zu einem Mechanismus machen wollten, der einfach zu kontrollieren war und immer gleich dahinlief. Wenn man aber Jacobs' Beschreibung einer Straße liest, wird deutlich, dass sie nicht von einer Maschine spricht; nicht einmal ein Platz mit seiner Geschäftigkeit und Anspannung, die für viele mit dem Stadtleben identisch sind, wirkt bei ihr maschinenartig. Sie schreibt, als habe sie es mit einem Wald zu tun. Die Ladenbesitzer, die auf den Gehsteig treten, sind wie Blätter, die sich nach der Sonne ausrichten. Die Passanten kommen vorüber wie Tiere, die – jedes auf seine Art – ihre kleinen Beiträge zum Ökosystem leisten. Jacobs beschreibt die Stadt in organischen Begriffen, nicht in mechanischen. Sie überträgt die Naturromantik von Ralph Waldo Emerson und Henry David Thoreau auf die moderne Stadt. Die Stadt hatte immer als absolute Antithese zur Natur gegolten, doch Jacobs behandelt die gesunde Stadt fast wie ein Werk der Natur.

Damit das Ökosystem funktionieren kann, müssen viele verschiedene Personen mitwirken. Das System muss Vielfalt aufweisen. Das Wort *Vielfalt*, das eines der Schlüsselworte unseres Zeitalters geworden ist, war schon in *Tod und Leben großer amerikanischer Städte* ein zentraler Begriff. Der zweite Teil des Buches heißt »Die Bedingungen für die Vielfalt einer Stadt«. Jacobs bewundert die Komplexität und die kleinen Nischen, die sich ungeahnt auftun und in denen spezielle Aktivitäten gedeihen: Sie wurden nicht von oben verordnet, sondern sind auf Grund eines bestimmten Bedürfnisses entstanden.

Seit *Tod und Leben großer amerikanischer Städte* erschien, hat sich Jacobs' Sichtweise immer wieder bestätigt. Die Stadtplanung, die sie kritisierte, wurde in der Folge überall mit Schimpf und Schande bedacht. Das exemplarische Versagen von Sozial- und Wirtschaftsprojekten in den Entwicklungsländern hat uns die Überheblichkeit von Technokraten vor Augen geführt, die meinten, die Wirklichkeit nach ihrem Gutdünken formen zu können. Das Scheitern der Planwirtschaften in den kommunistischen Ländern hat uns überdies gelehrt, dass die Welt zu kompliziert ist, um von einer zentralen Stelle aus organisiert und geleitet zu werden. Wie Jane Jacobs sind wir heute wieder bescheidener: Wir trauen unserem Wissen nicht mehr alles zu und sind Planern und Bürokraten gegenüber skeptisch geworden. Wir verlassen uns lieber auf bescheidene Menschen wie Jane Jacobs, die sich die Zeit nehmen, von einem ruhigen Plätzchen aus alles genau zu beobachten.

Idyllische Organisation

Jetzt können wir uns wieder dem Arbeitsplatz von heute zuwenden. Sieht man sich die Managementtheoretiker an oder auch die Umstrukturierungsmaßnahmen bei den repräsentativen Firmen, dann fällt einem sofort auf, wie sehr die Verantwortlichen beeinflusst wurden: zunächst von Whytes und Roszaks Einwänden gegen die alten Geschäftsstrukturen, dann von Jacobs' Vorstellung davon, was eine gesunde Gemeinschaft ausmacht. Die Führungskräfte von heute werden Ihnen erzählen – und sie werden es Ihnen so oft erzählen, bis Sie es nicht mehr hören können –, wie heftig sie gegen das alte Modell vom organisierten Menschen waren. »Organisationen sind im Verschwinden begriffen!«, ruft Managementguru Tom Peters seinen Zuhörern immer zu. »Bei HP sind die Mitarbeiter keine Zahnräder in einer gigantischen Konzernmaschine«, beginnen die Handbücher für die Mitarbeiteranwerbung bei Hewlett-Packard. »Vom ersten Tag an wird ihnen Verantwortung übertragen und sie werden ermutigt, an ihrer Aufgabe zu wachsen.« Die Management-Gurus feiern gerade jene Unternehmen, die die Sache mit dem organisierten Menschen auf den Kopf gestellt haben. Firmen wie DreamWorks streichen intern alle Titel, weil sie ihnen eine zu hierarchische Atmosphäre verbreiten. Andere brüsten sich damit, ihre Hierarchieebenen im Management von sieben auf drei verringert zu haben, oder gar von vierzehn auf vier. Unternehmen müssen heute biologisch denken – wie ein Mantra wird das wiederholt. Sie müssen schlanke, dezentralisierte und informelle Systeme mit Partizipationsmöglichkeiten schaffen. Sie müssen starre Strukturen niederreißen und tausend bunte Blumen blühen lassen. Die Maschine gilt seit langem nicht mehr als das Modell, dem Organisationen nacheifern: Jetzt ist es das Ökosystem. Das bewunderte Modell einer gesunden Organisation ist das organische Netzwerk, immer im Umbau und in Veränderung begriffen, schier berstend vor spontanem Wachstum und unendlich komplexen und dynamischen Querverbindungen.

Große Gesellschaften spalten sich in kleine, flexible

Gruppen auf, was manche Fachleute »Ensemble-Individualismus« nennen. Die Pitney Bowes Credit Corporation hat ihre Büroräume in Connecticut so gestaltet, dass sie ein kleines Dorf bilden. Da gibt es Teppiche mit Pflastersteinmuster, falsche Gaslaternen, eine große Uhr wie auf dem Marktplatz einer Kleinstadt und Straßenschilder dort, wo sich Gänge kreuzen: Hauptstraße quert Schulstraße usw. Im Creative Center One von AOL hat man die Schreibtische zu kleinen »Bürovierteln« zusammengestellt, und die Angestellten »brainstormen« tüchtig mit ihren Nachbarn, zwischen Skulpturen von Silly Putty und Unmengen von koffeinhaltigen Getränken. Robert Chess, Vorsitzender von Inhale Therapeutic Systems, hat die Büroräume der Führungsetage gleich ganz abgeschafft. Jetzt sitzen alle in großen Bezirken, die sie nach den Trainingsplätzen im Baseball »Bullpens« nennen; nur dass hier jeder den anderen statt mit Bällen mit Ideen bombardieren kann. Die Firma Oticon, ein Spezialist für Hörgeräte, hat alle Schreibtische auf kleine Rollen montiert, damit sie frei über die riesige Bürofläche bewegt werden und – je nach dem augenblicklich geforderten »Ensemble« – neu gruppiert werden können. (Oticon ist nur eine von vielen Firmen, die mit dem Konzept der »Schule ohne Wände« experimentieren, das bei progressiven Pädagogen in den Sechzigerjahren populär war.) Bei Procter & Gamble sind Aufzüge »out«, weil sie angeblich den ungestörten Meinungsaustausch bei Gesprächen zerschneiden; dafür sind Rolltreppen »in«. Nickelodeon hat besonders breite Treppen in sein Firmengebäude einbauen lassen, was den freundlichen Smalltalk fördern soll. Bei IDEO, einer Designfirma, liegen überall auf den Konferenztischen Rollen mit Packpapier, damit jeder jederzeit jeden Einfall zu Papier bringen, man herumkritzeln und richtig brainstormen kann. Alle diese Unternehmen und Hunderte andere versuchen, kleine Jane-Jacobs-Viertel zu schaffen mit allem, was dazugehört – Zufallsbegegnungen, spontaner Austausch, kleine Orte für Zusammenkünfte und die Art von andauernder Flexibilität, die in Wirklichkeit befiehlt: Sei dynamisch!

In der alten Organisation war das System König. Heute stehen Beziehungen in der Rangliste ganz oben; jedenfalls behauptet man das. 1967 schloss Kenneth Keniston *Young Radicals* ab, eine Studie über die Verfechter der Gegenkultur in den Sechzigerjahren. Er bemerkt darin, dass »diese jungen Radikalen« in Manieren und Stil »extrem auf das Persönliche fixiert sind, auf das direkte Gespräch, auf unmittelbare und offene Beziehungen zu anderen Leuten«, aber dass sie »formal strukturierten Rollen und traditionellen bürokratischen Mustern von Macht und Autorität feindselig gegenüberstehen«. Das fasst auf exzellente Weise die Managementphilosophie zusammen, die heute in Amerikas Wirtschaft vorherrscht. Jetzt ziehen sich Unternehmen in teure »Trainingslager« zurück, wo ihre Angestellten Wettbewerbe ohne Verlierer oder schräge »Olympische Spiele« veranstalten, um die Beziehungen untereinander zu verbessern.

Die Firmen des Informationszeitalters versuchen eine bestimmte Art des Denkens zu fördern. Wissenschaftliche Analyse und möglichst hohe Spezialisierung sind nicht mehr gefragt. Ebenso verschwunden sind messerscharfe Denker vom Typ Robert McNamaras mit ihren blütenweißen Hemden. Jetzt werden mit Papieren überhäufte, unordentliche Schreibtische bewundert, ebenso wie die Genies mit zerzaustem Haar, die dahinter sitzen. Unternehmen stellen überaktive, hektische Motivatoren ein, mit denen sie sich anscheinend ihre eigene Pop-Szene ins Haus holen wollen. Gordon Mac Kenzie ist ein alternder Hippie, der grellbunte Hemden und Jeans trägt, von Firma zu Firma läuft und dazu ermahnt, den »gigantischen Haarball in die Umlaufbahn zu schießen«. Der Haarball – er findet sich eigentlich im Magen von Haustieren – ist in MacKenzies Vokabular die Bürokratie, und sie »in die Umlaufbahn zu schießen« heißt bei ihm, sich hinauszuwagen in ein individuelles Reich aus kreativen »Schwingungszuständen«. MacKenzie arbeitete dreißig Jahre bei Hallmark, wo er zuletzt den selbst erfundenen Titel »kreatives Paradox« trug. Heute berät er IBM, Nabisco und das FBI – nicht gerade das Portefeuille, bei dem man an Romantik à la Byron denkt. Kreativität wird als neuer Schlüssel zur Produktivität gesehen und hat die größte Tugend des organisierten Menschen ersetzt – die Effizienz.

ZEFER, eine Internet-Consulting-Firma mit Sitz in Boston, bittet ihre Bewerber zum »Lego/Playmobil-Test«, mit dem angeblich deren kreative Fähigkeiten gemessen werden können. Kodak hat »Spaßzimmer« mit Spielen, Monty-Python-Videos und viel Spielzeug. Ben & Jerry's besitzt ein »Spaß-Komitee«, um dunkle Stunden aufzuhellen. Rosenbluth International hat sich ein »Gedankentheater« einfallen lassen, in dem Angestellte Videos anschauen können, die ihnen der Manager für kulturelle Entwicklung ausgesucht hat. Paul Birch hat bei British Airways als »Unternehmens-Hofnarr« gearbeitet. Bei Xerox Business Services gibt sich der »stets lernende« Angestellte eine »von-Woodstock-lernen«-Sitzung, die in einem dunklen Raum mit Mond, Sternen und Planeten an der Decke veranstaltet wird.

Eine Menge davon ist einfach Quatsch. Dennoch folgen die Managementmethoden von heute dem Beispiel von Jane Jacobs. Sie berufen sich auf die Grundidee, dass man nicht dann am besten lernt und denkt, wenn man Probleme auf möglichst begrenzte Spezialfälle reduziert, sondern dass man ganz im Gegenteil sensibel auf das Fließen und die Rhythmik der Situation reagieren muss. Diese Techniken ermutigen Angestellte, alte Probleme mit neuen Augen zu sehen und sich als kreativ zu erweisen; sie können intuitiv ihren Weg gehen und ein tieferes Verständnis der Realität erreichen. Der Markt wird nicht mehr als Maschine betrachtet, sondern als Organismus voller Rückkopplungen und Wechselwirkungen, in dem alles fließt.

Metis

Die Unternehmen versuchen bei ihren Mitarbeitern also eine Fähigkeit heranzubilden und zu kultivieren, die man in der Antike *Metis* nannte. Dieses altgriechische Wort hat der Anthropologe James C. Scott von der Universität Yale zu neuem Leben erweckt. Die Franzosen würden Metis vielleicht analog zum »savoir vivre« mit »savoir faire« übersetzen. Man könnte es auch als praktische Lebenskunst bezeichnen, als die Fähigkeit, »etwas gut hinzukriegen« oder »ein Händchen für etwas zu haben«. Odysseus war die ideale Verkörperung von Metis – er wusste in jeder unerwarteten und unangenehmen Situation einen Ausweg. Der Anthropologe Scott definiert Metis als »ein weites Spektrum von praktischen Fähigkeiten und erworbener Intelligenz, mit dem man adäquat auf eine sich fortwährend ändernde natürliche und menschliche Umgebung reagiert«.

Dieses Wissen kann man weder lehren noch auswendig lernen. Es kann nur weitergegeben und allmählich erworben werden. Der Philosoph Michael Oakeshott meint: Man kann Grammatik zwar im Klassenzimmer lernen, rhetorische Fähigkeiten entwickeln sich jedoch nur langsam durch Erfahrung und Zuhören. Damit verglichen erwirbt man sich Metis nur durch eine Reihe von Erfahrungen, die einem gewissermaßen »zufallen«; und erst mit der Zeit entsteht aus ihnen ein ganzes Bild. Menschen, die ihre Metis mit anderen teilen, stehen nicht dozierend vorn am Pult; sie unterhalten sich. Sie arbeiten Seite an Seite mit anderen. Um Metis zu erwerben, genügt es nicht, dass jemand etwas nur sieht. Er muss es sehen und gleichzeitig verstehen können. Er (oder sie) muss aufmerksam beobachten, um die praktischen Folgen von Handlungen zu verstehen. Er muss ein Gefühl für den Prozess bekommen und für die Beziehungen der Dinge untereinander. Metis erwirbt man nur durch »Learning by doing«, durch Praxis, nicht beim Überlegen oder Träumen.

Ein Kochlehrling mag zum Beispiel die Regeln hoher Kochkunst erlernen, aber erst ein erfahrener Küchenchef wird entscheiden können, wann diese Regeln anzuwenden sind und wann eine davon gebrochen werden muss. Metis liegt nur vor, wenn sie angewandt wird; und oft ist der Mensch, der sie besitzt, nicht in der Lage, seine Gabe – oder seine Vorgehensweise – in Worte zu fassen. Es ist ein Achtgeben auf das Fließen der Dinge, ein Wissen darum, was zusammenpasst und was nicht, ein Gefühl dafür, wie man reagieren soll, wenn etwas Unerwartetes geschieht. Es bedeutet auch, das wirklich Wichtige vom unwichtigen Beiwerk trennen zu können.

Isaiah Berlin kam in seinem berühmten Essay »The Hedgehog and the Fox« auf die Metis zu sprechen: »Es ist nicht akademisches Wissen, sondern eine besondere Empfänglichkeit für die Aura der Lebensumstände, in die wir zufällig geraten sind; es ist die Fähigkeit, gut zu leben, ohne an den konstanten Bedingungen oder Faktoren des Lebens zu scheitern, die nicht zu verändern, ja nicht einmal zur Gänze zu beschreiben oder zu berechnen sind.« Solches Wissen zieht andauernde Improvisation nach sich, in einer Art von geschicktem Sich-Durchschlängeln. Wer die Metis hochhält, verwirft allgemein gültige Lösungen und setzt auf die »Vielfalt« von Lösungsmöglichkeiten, um wieder einmal das Wort zu benutzen, das Jane Jacobs und allen ihr folgenden Bobos so viel bedeutete.

In diesem Umfeld hat sich auch die Vorstellung davon geändert, was es bedeutet, eine Firma zu leiten. Der CEO (Chief Executive Officer) – der Geschäftsführer – wird nicht mehr als eine Art Schach-Großmeister gesehen, der mächtig und einsam, Menschen wie Figuren auf einem Brett hin- und herschiebt. Heute wird er oder sie eher als eine Leitfigur betrachtet, die Inspiration und Motivation ausstrahlt, und vielleicht noch als Dirigent. (So sehen sich übrigens auch die Geschäftsführer selbst am liebsten.) Die CEOs von heute brüsten sich damit, wie gut es ihnen gelingt, die Kreativität der anderen hervorzulocken. Sie reagieren äußerst sensibel auf autoritäres Gehabe oder repressive hierarchische Strukturen, und sie betonen immerzu, dass sie kooperative, produktive Arbeitsbeziehungen mit aller Kraft unterstützen. Die Besten unter ihnen wollen nicht dominieren, sondern mit leuchtendem Beispiel vorangehen wie der Mannschaftskapitän im Fußball. Als ich mich etwa im Hauptquartier von *Restoration Hardware* in Marin County ein paar Tage umschaute, fiel mir auf, wie oft der CEO Stephen Gordon von seinen Angestellten als »locker« und »ehrlich« bezeichnet wurde. Seine Partner erzählen gerne, wie Gordon auf dem Betriebsausflug eine Schlacht mit Wasserbomben anzettelte und eine Schnitzeljagd organisierte. Gordon ist ebenso nachlässig-locker gekleidet wie alle seine Mitarbeiter. Sein Büro ist nicht viel größer oder schöner als die Büros der Leute, die für ihn arbeiten. Das Unternehmen hat nichts gegen Haustiere, daher können die mitgebrachten Hunde genauso zwischen den Schreibtischen umherlaufen wie die Menschen. Zweimal in der Woche gibt es bei Restoration ein Treffen, bei dem entschieden wird, welche Waren in den Geschäften neu angeboten werden sollen. Man hält sich natürlich an die Bobo-Regel, dass alle quasi gleichberechtigt sind, und jeder hat eine Stimme. Man wird aber den Eindruck nicht los, dass Gordons Stimme bei den Treffen irgendwie immer entscheidend ist. Die Einkäufer räumen freudig ein, dass sie bei aller Kreativität, die sie in ihre Jobs einbringen, eigentlich nur Gordons Visionen umsetzen. Das bringt uns zu einem der Paradoxe der Firmen im Informationszeitalter: Obwohl diese ihre Hierarchien abflachen und Gleichheit propagieren, scheinen ihre Geschäftsführer die Unternehmen noch stärker zu dominieren als ihre Kollegen in den »alten« Firmen. In den Unternehmen, die Whyte schilderte, war das Ethos der Organisation tonangebend; heute ist es die Vision des charismatischen Chefs. John Seely Brown von Xerox sagte der Zeitschrift *Fortune* so schön: »Aufgabe der Führungsetage ist es nicht mehr nur, für Geld zu sorgen. Heute muss man auch für Sinn sorgen.«

Eine höhere Form von Selbstsucht

Der Bobo hat in vielen Bereichen seines Lebens das Profane zu etwas Heiligem gemacht. Geschäftsleute reden wie Künstler daher. Unternehmen berauschen sich an ihrer gesellschaftlichen Mission. Manager beschwören Kreativität und die Befreiung von Zwängen. Außerordentlich erfolgreiche Unternehmensberater wie Stephen Covey gleichen eher spirituellen Ratgebern als Experten für Effizienz. Währenddessen geben die Marketingleute in dieser auf den Kopf gestellten Welt des Kapitalismus zu, dass sie Marketing eigentlich verabscheuen. Der Geschäftsführer sagt, er sei nicht unbedingt und immer von einer Expansion überzeugt. Der Multimillionär sagt, dass er sich nicht des Geldes wegen engagiere, sondern um der Selbstverwirklichung willen. »Das Geld hat überhaupt nichts geändert«, verriet Rob Glaser von RealNetworks in einem Interview dem *Wall Street Journal*.

»Das Geld hat in meinem Leben überhaupt nichts geändert«, sagte Steve Case von America Online dem *Journal*, und Jeff Bezos von Amazon verwendete haargenau dieselben Worte.

Die Arbeiter in der durchgeistigten Welt des Bobo-Kapitalismus sind keine kleinen Stachanows, keine Helden der Schwerarbeit. Sie sind Schöpfer. Sie denken ein bisschen herum, sie experimentieren und träumen. Sie wollen bis an die Grenzen ihrer Fähigkeiten gehen und am liebsten noch darüber hinaus. Und wenn das Unternehmen sie langweilt oder nervt – dann sind sie schnell weg. Das ist das ultimative Privileg: die Tür hinter sich zuschlagen können und woanders den Sinn suchen, wenn am Arbeitsplatz die Fliege der Langeweile gar zu lästig um einen herumbrummt. Kultivierung des Individualismus lautet das Gebot der Stunde.

Hier handelt es sich beileibe nicht um augenfällige und primitive Selbstsucht; weder engstirnige Eigeninteressen noch gedankenlose Raffgier spielen eine Rolle. Wir stehen vor einer höheren Form von Selbstsucht. Es geht darum, das meiste aus sich herauszuholen. Man strebt eine Arbeit an, die spirituelle und intellektuelle Befriedigung verspricht, verschiedenartige Erfahrungen bieten kann, nützlich für die Gesellschaft, emotional bereichernd und gut für das Selbstwertgefühl ist, die eine permanente Herausforderung darstellt und den Beschäftigten auf ewige Zeit erfreut. Bei dieser Art von Selbstsucht geht es um das Lernen. Es geht darum, möglichst in einem Unternehmen zu arbeiten, das so cool ist wie man selber. Und es geht darum, eine Organisation zu finden, die die eigenen kreativen und spirituellen Bedürfnisse erfüllt. Als Anne Sweeney vor der Wahl stand, Präsidentin des Fernsehsenders Disney Channel zu werden, spielten finanzielle Erwägungen für sie keine Rolle. Sie fragte sich: »Wird dieser Job mein Herz zum Singen bringen?«, und sagte zu. Die PR-Firma Porter Novelli appelliert bei ihren Stellenausschreibungen nicht an das Eigeninteresse. Stattdessen schaltet sie in verschiedenen Zeitschriften Anzeigen, die eine junge Frau in Jeans an einem felsigen Strand zeigen. Gefragt wird: Und was ist dein Ziel? Die Antwort gibt die junge Frau. Sie lautet so:

> Ich will mein eigenes Ding machen. High-Tech ist ein fast unendliches Gebiet. Ich helfe dabei, PR-Programme für Unternehmen zu erstellen, die führend in der Software-Entwicklung sind. Ich lerne

> dabei, wie man eine fabelhafte Karriere macht. Ich will ganz groß rauskommen. Aufgewachsen bin ich an der Westküste. Der Ozean war immer meine zweite Heimat. Ich gehe zu ihm, wenn ich über etwas nachdenken muss. Ich will das Klettern beibehalten. Jedes Jahr bekommt meine Stelle mehr Gewicht. Meine Manager unterstützen meine Entfaltungsmöglichkeiten mit Weiterbildungsprogrammen und Mentoring. Ich fühle mich, als wäre ich wieder auf dem College. Nach Afrika möchte ich auch. Hoffentlich nächstes Jahr. (Die Gesundheitsvorsorge bei unserer Firma ist übrigens prima.) Ich möchte mein Bestes geben. Sollte es bei mir eine Leistungsgrenze geben, dann weiß ich nicht, wo sie ist und wann ich sie erreiche. Nie, hoffe ich.

Das ist Bobo-Kapitalismus in konzentrierter Form: College, Lernen, Wachstum, Reisen, Klettern, Selbsterfahrung. Alles haben wir hier versammelt. Und alles wird rhythmisch zusammengehalten durch das kleine Wörtchen »ich«, das in dem kurzen Absatz gleich dreizehn Mal vertreten ist. Der organisierte Mensch ist auf den Kopf gestellt. Whyte beschrieb ein Ethos, das der Gruppe den vordersten Platz zuwies. Die Philosophie unserer Tage stellt das Ich an die erste Stelle.

Arbeit wird zur Mission, zur Berufung, zum Metier. Und komisch daran ist, dass die Angestellten härter für ihre Firma arbeiten, wenn sie wie Künstler und Aktivisten denken. In den Sechzigerjahren nahmen die meisten Sozialtheoretiker an, dass wir umso weniger arbeiteten, je reicher wir würden. Aber wenn Arbeit Selbstverwirklichung oder eine gesellschaftliche Mission ist, will man nie damit aufhören. Man wird von einem unbarmherzigen Drang getrieben, zu wachsen und zu lernen, um sich lebendig zu fühlen. Führungskräfte, die davon träumten, distinguierte Herren zu sein, schätzten vermutlich ihre Freizeit; doch Führungskräfte, die sich als Künstler verstehen, schätzen ihre Arbeit. Die Unternehmen haben, clever wie sie sind, denn auch schnell begriffen, dass Bobos sich schier zerreißen, wenn sie meinen, es für ihr spirituelles Selbst und ihre intellektuelle Entwicklung zu tun. Lee Clow ist Präsident der Werbefirma TBWA Worldwide. Er hat eine Reihe von Erwartungen an seine Mitarbeiter formuliert, die vor Jahrzehnten zu Streiks geführt hätten. Heute hält man diese Forderungen für wegweisend und genial. »An kaum einem Wochenende werden Sie hier in der Agentur niemanden finden, der arbeitet«, sagte er vor ein paar Jahren dem *Wall Street Journal*. »Manchmal werde ich gefragt, was ich den Leuten sage, damit sie am Samstag oder Sonntag arbeiten. Wir sagen ihnen gar nichts. Doch unsere Kreativen wissen, was wir von ihnen erwarten. Sie wissen, dass hier in diesem großen Sandkasten ihre große Chance auf sie wartet. Er ist so gestaltet worden, dass er stimulierend wirkt, ein Spaß-Ort, ein interaktiver Ort, ein Ort sozialer Kontakte.« Wagen Sie es nicht, ihn eine Tretmühle zu nennen, in der die Leute ausgebeutet werden. Es ist ein Sandkasten! Das ist kein Geschäft. Es ist alles nur Spiel!

Die kulturellen Widersprüche des Kapitalismus – gelöst!

1976 schrieb der Sozialwissenschaftler Daniel Bell ein einflussreiches Buch mit dem Titel *Die kulturellen Widersprüche des Kapitalismus*. Er behauptete, dass der Kapitalismus auf zwei einander widersprechenden Impulsen basiere. In einer kapitalistischen Gesellschaft müssen die Leute selbstdiszipliniert und ein wenig asketisch sein, damit sie zur festgesetzten Zeit in der Fabrik auftauchen und hart arbeiten. Gleichzeitig sollten sie aber auch Interesse an Eigentum haben und ein bisschen hedonistisch sein, damit sie für den Gegenwert der von ihnen hergestellten Waren immer mehr neue Dinge kaufen. Bell dachte lange Zeit – und er folgte darin Max Weber –, dass die protestantische Ethik diese beiden Impulse zu einem einzigen Wertesystem vereint habe. Doch sei die protestantische Ethik auf dem Rückzug, argumentierte Bell. Er sah schon eine Welt voraus, in der es nicht mehr nötig sein würde, sich einzuschränken. Zwei Hauptschuldige machte er dafür aus: erstens die Kultur der Romantik, die Ordnung, Konventionen und Traditionen zugunsten von Gefühlen, Befreiung und Selbsterkenntnis zerstören wolle; zweitens das Bedürfnis des Kapitalismus, den Konsum immer weiter anzuheizen. Wenn man endlich ohne Probleme und ohne sich dafür schämen zu müssen, Kredit für all seine materiellen Wünsche bekäme, würden die Leute nach Bells Einschätzung entdecken, dass Konsumieren mehr Spaß macht als Selbstbeschränkung, und folglich immer mehr für den Augenblick leben. Der Hedonismus würde allmählich über die Sparsamkeit siegen und anstelle der Bescheidenheit würde sich Großtuerei breit machen. In

Bells Zukunftsszenario gab »sich die Gesellschaft nicht länger damit ab, wie man arbeiten und etwas erreichen soll, sondern damit, wie man alles ausgeben und genießen kann«.

In den Siebzigerjahren schien es vielen, als gebe es das Arbeitsethos von früher nicht mehr und als habe es keinen Sinn mehr, die Karriereleiter hinaufzusteigen. Bells Buch traf genau den Nerv der Zeit. Der Gedanke schien plausibel, dass der Kapitalismus womöglich kulturelle Kräfte entfesseln könnte, die ihn schließlich selbst vernichten würden.

Aber das ist nicht geschehen. Im Gegenteil: Gerade die Leute, die sich am stärksten von den gesellschaftlichen Kräften der von Bell beschriebenen Romantik beeinflussen ließen, sind hart arbeitende Kapitalisten geworden, die in ihrer Arbeit langfristige Ziele verfolgen. Der Hedonismus der Woodstock-Generation ist eingedämmt worden und dient heute nur noch als Managementvehikel. Die Amerikaner haben nicht einmal die großzügige Urlaubsregelung der Europäer übernommen. Es gibt sogar Leute bei Microsoft, die freiwillig die Nächte durcharbeiten, und solche bei Ben & Jerry's, die am Wochenende schuften. Und gerade die Leute, die die glühendsten Reden darüber halten, wie die Ordnung zu zertrümmern und die permanente Revolution einzurichten sei – die Kapitalisten der Unternehmenswelt –, sind es, die dem Erfolg am gierigsten nachjagen. Das ist Modernismus für Aktionäre. Bell hatte in Amerika eine Kultur gesehen, die dem vernunftwidrigen Hedonismus frönte, und eine Wirtschaftsstruktur, die auf technokratischer Vernunft basierte. Er kam zu dem Schluss, dass diese beiden Kräfte notwendigerweise aufeinander prallen müssten. Stattdessen sind sie zu etwas völlig Neuem verschmolzen.

Die Kapitalisten der Gegenkultur hält kein altes puritanisches oder protestantisches Regelwerk zurück. Sie haben sich ihre eigene Philosophie zurechtgezimmert, die ein ähnliches oder vielleicht sogar noch strengeres System von Einschränkungen bereithält. Sie haben die Arbeit zu einer spirituellen und intellektuellen Berufung gemacht und deswegen gehen sie mit der Inbrunst von Künstlern und Missionaren an sie heran. Ihre Krägen sind vielleicht nicht ganz zugeknöpft und ihre Schreibtische nicht so ordentlich, und doch sind sie recht diszipliniert. Mitglieder der gebildeten Schicht betrachten ihre Arbeit oft als Ausdruck ihres ganzen Wesens. Deshalb darf es einen nicht wundern, dass sie mit wahnsinniger Energie ans Werk gehen. Viele von ihnen kennen keine Minute ohne Arbeit; denn denken tun sie immer.

So hat sich in Amerika der wilde Freiheitsdrang der Sechzigerjahre aufs Glücklichste mit dem Unternehmerethos vereint, das charakteristisch für die Achtzigerjahre war. Diese Fusion hat dem Kapitalismus auch bei seinen schärfsten Kritikern eine Legitimation verliehen. Wo immer das Bobo-Ethos sich breit macht – unter dem Strich und für die große Masse zeitigte es fantastische Erfolge. Amerikas Wirtschaft hat im vergangenen Jahrzehnt prächtig floriert, die Vereinigten Staaten übernahmen in einem Sektor nach dem anderen die Führungsrolle und zementierten ihren Status. Amerikas Unternehmen sind kreativ *und* effizient. Bell dachte, er werde das Ende des Bürgertums miterleben, doch sieht es zurzeit so aus, als habe sich dieses selbst wiederbelebt, indem es die Energien der Boheme in sich aufsaugte – um gleichzeitig selbst von dieser Klasse absorbiert zu werden.

4. Unternehmer des Geistes: Intellektuelle

1954 veröffentlichte Irving Howe in der *Partisan Review* den Artikel »This Age of Conformity« (Das Zeitalter der Konformität), in dem er sich eingehend mit dem Niedergang des geistigen Lebens in den Vereinigten Staaten beschäftigte. »Das intellektuelle Leben in Amerika stand immer dann in Blüte«, schrieb er, »wenn es mit der Boheme aufwärts ging.« Ideen und Innovationen sprudelten, wenn Denker und Künstler vom bürgerlichen Leben mit seinen Bräuchen und Konventionen Abschied nahmen und sich ausschließlich der Kunst und dem Geist widmeten. Aber Howe spürte auch, dass die Künstler-Boheme immer mehr an Kraft verlor, und schuld daran war seiner Meinung nach das Geld. »Einige Intellektuelle haben sich verkauft, und wir alle kennen Beispiele dafür – vermutlich sogar alle dieselben«, schrieb er. »Viel häufiger und viel tückischer sind allerdings die Versuchungen eines besseren Lebens; dem nachzulaufen, raubt ihnen die Kraft, in aller Offenheit und Unabhängigkeit die Wahrheit zu sagen.« Plötzlich arbeiteten die Intellektuellen für die Regierung, saßen in staatlichen Komitees, gingen auf Lesereisen, schrieben für Massenmedien und unterrichteten an Volkshochschulen. Sie suchten sich einfach ihr Plätzchen in der Welt des Kommerzes und der Politik.

Und dabei ging, wie Howe meinte, etwas verloren, nämlich »die intellektuelle Berufung – ein Leben für Ideale, die in einer kommerziellen Zivilisation unmöglich verwirklicht werden können.« Howe wurde das Gefühl nicht los, dass die Intellektuellen, indem sie sich dem Mainstream der bürgerlichen Kultur anschlossen, ihre grenzenlose Freiheit herschenkten und damit das Kostbarste aufgaben, was sie besaßen. Er lamentierte: »Heute haben Schriftsteller keine Wahl. Sie müssen für Magazine wie den *New Yorker* schreiben – und für schlimmere, für viel schlimmere.« Einige hätten sich zwar ihre Unabhängigkeit bewahrt, aber »auf jeden Autor von Kurzgeschichten, der den *New Yorker* unbeschadet überlebt hat, kommt ein Dutzend, deren Arbeit seither trivial und ideenlos wirkt.«

Da Irving Howe schon 1954 schier verzweifelte, ist es vielleicht besser, dass er die gegenwärtige Entwicklung nicht mehr miterleben muss. Heute sorgt sich niemand mehr um das literarische Seelenheil einer Schriftstellerin, deren Arbeiten im *New Yorker* veröffentlicht werden. Wir haben nicht das Gefühl, dass sich ein Romanautor »verkauft«, wenn sein Buch auf der Bestsellerliste erscheint. Es macht uns wenig aus, dass bekannte Professoren auf lukrative Lesereisen gehen: Besser einer von denen als noch so ein Motivationsprediger! Heute haben wir die zu Howes Zeiten verbreitete Vorstellung, dass sich Intellektuelle von Kommerz und Popkultur fern halten sollten, beinahe restlos abgelegt. So wie die Kultur des Informationszeitalters Geschäftsleute hervorgebracht hat, die sich halb als Künstler und halb als Intellektuelle fühlen, so kommen einem heute Intellektuelle schon wie halbe Geschäftsleute vor. Wir verwenden Phrasen wie »Marktplatz der Ideen«, »intellektuelles Eigentum« und »Aufmerksamkeitsökonomie«, um das Reich des Geistes mit dem Reich des Marktes zu verkuppeln. Intellektuelle erleben, wie sich ihr Berufsbild wandelt: Waren sie früher Außenseiter, so mischen sie sich heute freudig unter die übrigen Mitglieder der gebildeten Elite und verkörpern im neuen Bobo-Zeitalter eine neue Sorte von Intellektuellen.

Von unserem Standpunkt aus ist die intellektuelle Landschaft der Fünfzigerjahre ein seltsamer und fremder Ort. Wenn man nochmals in die Schriften von Lionel Trilling, Reinhold Niebuhr, Sidney Hook, William Barrett, Hannah Arendt und anderen Autoren der *Partisan Review* hineinliest, fällt vor allem die tiefe Ernsthaftigkeit ihres Tons auf, die einen heute geradezu abstößt. Diesen Intellektuellen waren Themen wie »Die Welt und ihr Wesen« gerade recht. Niebuhr schrieb ein Buch mit dem Titel *The Nature and Destiny of Man*, das mit Sicherheit einige grundlegende Wahrheiten enthielt, dessen hochtrabender Titel heute aber verpönt wäre. Alle diese Autoren pflegten einen Prosastil, der zwar nicht unelegant in seiner Autorität und Gelehrsamkeit, aber doch pompös und schwerfällig war.

Sie waren wichtig, daran hatten sie keinen Zweifel. Die Denker jener Zeit brachten viel Zeit damit zu, Petitionen zu unterzeichnen, Stellungnahmen abzugeben oder Kongresse einzuberufen. Und wenn sie gerade einmal nicht damit beschäftigt waren, bezogen sie zumindest Stellung. Ihre Memoiren sind reich an dramatischen Wendungen: Als Edmund Wilson eine Besprechung von irgendeinem Buch veröffentlichte, »wussten wir, dass unser Leben nicht mehr so sein würde wie zuvor« – als ob die Besprechung eines Buches die Wirklichkeit verändern könne! Aber vielleicht konnte sie das damals ja tatsächlich. Diese Leute meinten, die Geschichte mitzugestalten – und vielleicht taten sie das ja wirklich. »Ein einziger Pinselstrich, hinter dem Arbeit und ein Geist steckte, dem dessen Potenzial und Sprengkraft bewusst war, könnte dem Menschen die Freiheit zurückgeben, die er in zwanzig Jahrhunderten voller Kleinmut und Unterdrückung verloren hat«, schrieb der Maler Clyfford Still, und niemand schien ihm zu widersprechen oder ihn gar auszulachen. Keine Geste, kein Wort war groß genug. Die folgende Stellungnahme von Bertrand Russell wurde im Herbst 1963 auf dem Cover von *Dissent* abgedruckt:

> Kennedy und Chruschtschow, Adenauer und de Gaulle, MacMillan und Gaitskell verfolgen alle ein gemeinsames Ziel: die Abschaffung der Menschenrechte. Ihr, eure Familien, eure Freunde und eure Länder sollen durch die gemeinsame Entscheidung einiger weniger brutaler, aber mächtiger Männer ausgelöscht werden. Weil es diesen Männern so gefällt, sollen alle private Zuneigung, alle allgemeinen Hoffnungen, alles, was durch Kunst und Wissenschaft erreicht wurde, und alles, was in Zukunft noch erreicht werden könnte, für immer ausgelöscht werden.

Ein solcher Stil war überhaupt nur denkbar, weil die gesellschaftliche Rolle des Intellektuellen maßlos überschätzt wurde. Der Intellektuelle stand außerhalb der Gesellschaft, verzichtete auf materielle Vorteile und tat als lebendes Gewissen Dienst an der Nation. Intellektuelle beriefen sich auf Sokrates, der von der Polis in den Tod getrieben wurde, weil er rastlos der Wahrheit nachjagte. Sie waren von Emile Zolas »J'accuse« inspiriert, der im Namen einer höheren Gerechtigkeit das orthodoxe Denken in Frage stellte und die Autorität herausforderte. Die Stellung des Intellektuellen war geprägt vom Einfluss des russischen Konzepts der *Intelligenzia*, einer säkularen Priesterschaft von Schriftstellern und Denkern, die am öffentlichen Leben im Lande teilnahm, oder genauer genommen über ihm schwebte – in einem universellen Raum, in dem nur die Wahrheit und schöne, altruistische Gedanken herrschten – und auf sämtliche Aktivitäten unter ihr moralische Urteile niederprasseln ließ.

Diese Sonderstellung war für die Intellektuellen jener Tage in Europa und in geringerem Maß auch in den Vereinigten Staaten absolut notwendig, denn nur aus einer gewissen Distanz konnten sie die Gesellschaft scharf beobachten. Oder zumindest glaubten sie das. C. Wright Mills schrieb in *Power, Politics and People*: »Unabhängige Künstler und Intellektuelle gehören zu den wenigen Persönlichkeiten, die noch in der Lage sind, den immer gleichen und konsequenten Tod der authentisch lebenden Dinge zu bekämpfen.«

Intellektuelle der Fünfzigerjahre schienen dieses Gefühl des Kampfes zu genießen, die dauernden Angriffe aus der rauen Welt des Kommerzes. Sie waren auf Attacken aus dem Journalismus, der Werbewelt und von Prominenten gefasst, und sie kämpften gegen Spießer und Philister. »Die Feindseligkeit des gewöhnlichen Menschen gegenüber dem Intellektuellen gab es zu allen Zeiten und an allen Orten«, schrieb Jacques Barzun in *The House of Intellect*. Auch Richard Hofstadters *Anti-*

Intellectualism in American Life war eine Salve im Krieg zwischen Geist und Materie.

Die größte Bedrohung für den unabhängigen Intellektuellen war das Geld mit seinen Anfechtungen. Der Kommerz war der Feind der Kunst. Norman Mailer handelte sich eine Menge Ärger mit seinen intellektuellen Freunden ein, als sein Roman *Die Nackten und die Toten* ein Bestseller wurde. Sein kommerzieller Erfolg war der schlagende Beweis dafür, dass mit dem Buch etwas nicht stimmte. Und die kommerzielle Kultur griff den Intellekt nicht einfach frontal mit übertriebenen finanziellen Angeboten an; sie trat als Trojanisches Pferd auf, tarnte sich als Mittelschicht-Kultur.

Heute fällt es schwer, die Wut zu begreifen, mit der Intellektuelle in den Fünfzigerjahren ihren Kampf gegen die Kultur des Mittelmaßes führten. Diese Kultur der Mittelschicht war eine populäre, aber mäßig anspruchsvolle Kunst, die Magazine wie die *Saturday Review* präsentierten (in der man auf schwülstige Überschriften wie »Die Zukunft gehört den Gebildeten« und »Kunst schenkt Leben und Frieden« stieß), Bücher, die der Club »Buch des Monats« empfahl, oder auch Thornton-Wilder-Stücke. Die Mittelschicht konsumierte Hochkultur und klopfte sich dabei selber auf die Schulter: Das ist gut für mich. Wenn man auf die Mittelschicht-Kultur der Fünfziger zurückblickt, wirkt sie zwar ein wenig schlicht und anmaßend, aber immerhin wusste sie, was sie wollte, und war damit sicher besser als einiges, was an ihre Stelle trat und auf mangelnde Bildung auch noch stolz war.

Doch die Hyperintellektuellen der Fünfzigerjahre sahen das anders. Sie griffen ihren Gegner mit einer Bösartigkeit an, die einen sprachlos macht. Die englische

Schriftstellerin Virginia Woolf hatte Jahrzehnte zuvor der Mittelschicht ebenfalls den Kampf angesagt und sie als »klebrigen Schleim« und »schädliche Pest« bezeichnet. Clement Greenberg sah in der Mittelklasse-Kultur eine »heimtückische« Kraft, die »das Wertvolle entwertet, das Gesunde infiziert, das Ehrliche korrumpiert und das Weise veralbert«.

Die Mitglieder der Mittelschicht hatten kein Interesse daran, einer säkularen Priesterschaft beizutreten, die sich nur Ideen widmete. Lieber wollten sie das Reich der Ideen fassen und auf die Erde herunterholen und so für das bürgerliche Amerika greifbar machen. Sie wollten den Intellekt für sich haben und ihn so weit bringen, dass er den nützlichen Interessen und dem Amüsement des Bürgertums diente. Sie wollten Weltliteratur nur deshalb lesen, um Freunde zu beeindrucken und ihrer Konversation mehr Glanz zu verleihen.

Intellektuelle Unternehmer

Intellektuelle von heute sehen keine Kluft mehr zwischen sich und anderen. Das Informationszeitalter bringt greifbare Dinge mit unfassbaren Ideen zusammen, das Konkrete mit dem Abstrakten; es packt die geistigen Erzeugnisse und wirft sie als Konsumprodukte auf den Markt. Ein junger College-Student, der ein Intellektueller werden möchte, wird sich an den akademischen Stars orientieren – an Leuten, die Grenzen überschreiten und damit Erfolg haben, sei es an der Universität oder beim Fernsehen, in privaten Beratungsfirmen oder mit Zeitungskolumnen, die es in den Fünfzigerjahren in dem Ausmaß noch nicht gab. Der junge Intellektuelle wird überlebensgroße Berühmtheiten sehen: Henry Louis Gates, den unternehmerisch denkenden Harvard-Professor, der Dokumentarsendungen moderiert, für den *New Yorker* und *Talk* schreibt, ununterbrochen Konferenzen abhält und Enzyklopädien und andere Projekte herausbringt; Henry Kissinger, der seine Metternich-Studien beiseite legte, um in die Politik zu gehen, und diese wiederum verließ, um Unternehmensberater zu werden; Stanley Fish von der Duke University, der sich oft mit einem konservativen Gegner auf eine Lesereise begibt, die einer »Road Show« ähnelt; E. J. Dionne, Star-Intellektueller aus einem der immer zahlreicher werdenden Think Tanks; Esther Dyson, die ihre Theorien bei teuren Technologie-Konferenzen ausbreitet.

In den Siebzigerjahren behauptete eine Gruppe konservativer Intellektueller, es gäbe eine »Neue Klasse«, eine kleine und politisch liberale intellektuelle Kaste mit unverhältnismäßig großem Einfluss auf die amerikanische Kultur, welche die akademische Welt, die Medien und die Kultur beherrsche. Doch mit dem Aufstieg einer Schicht, die von einer Massenerziehung geprägt wurde, ist es schwerer geworden, zwischen der Welt der Intelligenzia und Rest-Amerika eine Grenze zu ziehen. Diese Grenze ist fließend. Heute begegnen wir überall Halb-Gelehrten, Quasi-Politikern und Fast-Reichen. Der Harvard-Akademiker Daniel Yergin schrieb einige Bücher über die Geschichte des Öls, dann nutzte er seine Chance und eröffnete eine Beratungsfirma für Energieunternehmen (etwa für die Cambridge Energy Research Associates mit Einnahmen von mehr als 75 Millionen Dollar im Jahr). Strobe Talbott machte aus seinem Interesse für Russland eine Karriere beim *Time Magazine*. Er schreibt Bücher über diplomatische Affären, veröffentlicht Gedichte und wurde Staatssekretär. Der Markt des Informationszeitalters bietet Leuten, die sich auf Recherche, Analyse, Mathematik oder das Schreiben verstanden, riesige Möglichkeiten außerhalb der akademischen Welt – in Silicon Valley oder bei den »kommentierenden Instanzen«: Journalismus, Denkfabriken, Stiftungen oder Regierungseinrichtungen. Wer nicht gerade für eine Universität oder eine kleine Zeitschrift tätig ist, findet oft einträgliche Jobs. Man kann schneller Karriere machen, die intellektuelle Anregung kann genauso stark und die Erfahrungen können sogar aufregender sein. Fazit: Der Zusammenhang zwischen Denken und Handeln ist enger geworden.

Die tiefere Bedeutung des Wortes *Intellektueller* hat sich in den vergangenen fünfzig Jahren so verändert, wie sich in den fünfzig Jahren davor die Bedeutung des *Gentleman* gewandelt hat. Früher einmal waren »Intellektuelle« eine kleine, ausgewählte Gruppe. Dann weitete sich die Bedeutung aus und umfasste immer mehr Menschen. Jetzt, da so viele verschiedene Exponenten Anspruch darauf erheben, Intellektuelle zu sein, hat das Wort seinen Sinn fast völlig eingebüßt.

Jetzt lebt keine kleine, abgezählte Gemeinde mehr mit ihrem Anhang in den Boheme-Vierteln von New York, San Francisco oder Boston. Dafür gibt es jetzt eine breite Schicht gebildeter Analysten und »Meinungsführer«, die in den alten Boheme-Gegenden die Preise so hoch getrieben haben, dass sie für Menschen ohne Aktiendepots oder satte Tantiemenschecks unerschwinglich geworden sind. Heute jagen Universitäten Faxe hinaus, um Reporter wissen zu lassen, dass ihre Fakultätsmitglieder recht gerne in Talkshows die kontroversen Themen des Tages diskutieren würden. Jetzt haben Schriftsteller und Professoren mit dem Schwerpunkt Cultural Studies die Massenkultur entdeckt und widmen ganze Konferenzen Madonna oder Marilyn oder Manson – oder auch Marilyn Manson, wenn es sein muss. In den Fünfzigerjahren war der höchste Ruhm in der Sphäre der Literaturkritik zu erwerben. Heute gelingt einem das eher in der ersten Klasse auf Transatlantikflügen, wo flugerfahrene Akademiker von Konferenz zu Konferenz jetten, ihr Miles & More-Konto aufstocken und sich darüber austauschen, wo man weltweit am günstigsten einkaufen kann.

Doch die revolutionäre Neuerung liegt nicht bloß darin, dass denen, die sich mit neuen Ideen leicht tun, Geld und unglaubliche Möglichkeiten zufliegen. Umwälzend neu ist, wie Intellektuelle sich selber wahrnehmen. Edward Said, Professor an der Columbia University, der über diese Entwicklungen nicht besonders glücklich ist, beschreibt den Wandel in *Götter, die keine sind. Der Ort des Intellektuellen.* Demnach droht dem Intellektuellen heute nicht mehr Gefahr von der Akademie, nicht von den Vorstädten und auch nicht von der erschreckenden Kommerzialisierung der Zeitungs- und Verlagshäuser, sondern von einer Haltung, die er professionelles Denken nennt. Mit dem professionellen Denken meint er eine Einstellung zur Arbeit als Intellektueller, die etwas beschreibt, das man für seinen Lebensunterhalt tut: zwischen neun und fünf mit einem Auge auf der Uhr, und das andere Auge darauf gerichtet, was als »richtiges«, professionelles Verhalten gilt – keine Aufregung verursachen, sich nicht außerhalb allgemein akzeptierter Paradigmen oder Grenzen bewegen, sich für den Markt verfügbar und vor allem präsentierbar halten.

Intellektuelle haben gelernt, ihre Karrieren mit kapitalistischen Vokabeln zu beschreiben. Sie suchen die Marktlücke. Sie werben um Aufmerksamkeit. Für sie waren Ideen immer Waffen – jetzt sehen sie Ideen zunehmend als Eigentum. Ihre Strategien drehen sich um ein Marketing, mit dem sie mehr Bücher verkaufen wollen.

Norman Podhoretz wurde 1967 fast gesteinigt, als er in seinen Memoiren *Making It* zugab, dass er wie andere Schriftsteller vom Ehrgeiz besessen sei. Dieses Buch führte in literarischen Zirkeln zu Aufruhr und in Podhoretz' Freundeskreis zu Verlegenheit. Heute ist Ehrgeiz im Geschäft mit den Ideen ebenso wenig verwerflich wie in jedem anderen Business.

Die Ökonomie des symbolischen Tauschs

Die einzig verblüffende Tatsache ist gegenwärtig, dass die Universitäten keine Business Schools für aufstrebende Intellektuelle gegründet haben. Solche Schulen bieten eine Rundum-Ausbildung für die Geschäftswelt und entlassen fertige Marketing- und Finanz-Experten in die Gesellschaft. Doch Intellektuelle müssen ihren Weg auf dem Arbeitsmarkt ohne offizielle Ausbildung gehen. Niemand verrät ihnen, wie sie Förderstipendien bekommen, niemand zeigt ihnen, wie sie am wirkungsvollsten die Bücher ihrer Kollegen verreißen, niemand gibt Kurse darüber, wie man einen Bestseller vermarktet, und niemand hat quantitative Studien darüber angestellt, wann eine bestimmte Marktlücke »heiß« wird und wie lange diese heiße Phase andauert. Die Intellektuellen unserer Tage lernen ihre Karrierestrategien so, wie Schüler unterer Klassen etwas über Sex erfahren – von den bösen Jungs auf dem Klo.

Würde eine Universität den Marktplatz der Ideen als Kursus anbieten, dann stünde zweifellos ein Autor im Mittelpunkt des Lehrplans: Pierre Bourdieu. Der französische Soziologe hat viel Einfluss unter seinen Kollegen, doch wird er außerhalb akademischer Zirkel wegen seiner schauerlichen Prosa fast nirgends gelesen. Bourdieu möchte eine Wirtschaft des symbolischen Tauschs schaffen und Regeln und Muster des kulturellen und intellektuellen Markts aufstellen. Seine Grundthese lautet, dass alle intellektuellen und kulturellen Spieler mit unterschiedlichem Kapital in den Markt gehen. Das kann akademisches Kapital sein (die richtigen Uni-Abschlüsse), kulturelles Kapital (Wissen in einem Bereich oder einer Kunstrichtung, ein Gespür für die Etikette), linguistisches Kapital (die Fähigkeit, mit der Sprache umzugehen), politisches Kapital (für hilfreich gehaltene Position oder Beziehungen) oder symbolisches Kapital (ein berühmtes Stipendium oder eine Auszeichnung). Ein Intellektueller versucht, sein Wissen in einen lukrativen Job zu verwandeln; ein anderer münzt sein symbolisches Kapital in Einladungen zu elitären Konferenzen an exklusiven Orten um; ein Dritter setzt seine linguistischen Fähigkeiten ein, um die Reputation von Kollegen zu zerstören und so – wenn schon nicht berühmt zu werden – wenigstens als kontrovers zu gelten.

Auf dem höchsten Level kämpfen Intellektuelle um das Machtmonopol der Konsekration. Manche Menschen und Institutionen an der Spitze ihrer Disziplin haben die Macht, bestimmten Gelehrten, Themen und Diskursstilen Prestige und Ehre zu verleihen. Wer diesen Einfluss besitzt, kann gewisse Methodologien fördern und selber die Grenzen seiner Disziplin festlegen. Einer von jenen zu sein, die diese Weihen erteilen dürfen, ist der Traum jedes Intellektuellen.

Bourdieu interessiert sich nicht für die Position, die ein Intellektueller gerade besetzt; er sieht sich den Verlauf der Karriere an und analysiert die Strategien, die ein Gelehrter einsetzt, während er auf dem Marktplatz Position bezieht oder sich dem Wettbewerb stellt. Ein junger Intellektueller geht vielleicht nur mit persönlichen Überzeugungen in diesen Kampf. Dann aber zwingt ihn das widersprüchliche »Feld« dazu, Stellung zu nehmen. Auf der einen Seite locken die waghalsigen radikalen Magazine, auf der anderen thronen die strengen alteingesessenen Zeitschriften; hier bietet sich ein renommiertes Verlagshaus mit einfältigem Programm an, dort ein kleiner Avantgarde-Verlag, der immer in Geldnöten ist. Der Intellektuelle wird in Rivalitäten zwischen Schulen und einflussreichen akademischen Vaterfiguren hineingezogen. Die komplexen Beziehungen zwischen diesen und anderen Mitspielern werden der glitschige und unsichere Grund sein, auf dem sich der Intellektuelle bewegt, während er versucht sich einen Namen zu machen. Bourdieu erspart sich nicht die exakte Analyse des Zusammenspiels dieser Kräfte und legt eine präzise Landkarte der französischen intellektuellen Landschaft an, wobei er Macht und Prestige jeder Institution anzugeben weiß. Und er arbeitet diejenigen heraus, die in einem bestimmten Feld Weihen erteilen dürfen.

Junge Intellektuelle müssen lernen, wie sie ihr Kapital investieren, um den höchsten »Profit« daraus zu schlagen, und sie müssen sich Strategien für den Weg nach oben ausdenken – wen man zu küssen hat und wen man kritisieren muss, um dann über die Gestürzten hinwegzuklettern und seinen Weg fortzusetzen. Bourdieus Bücher liefern eine Menge Details über eine Schwindel erregende Vielzahl von Strategien, mit denen Intellektuelle vorwärts kommen. Doch Bourdieu sagt nicht, dass das symbolische Feld nur nach ökonomischen Grundsätzen funktioniere. Oft gelte die Regel, dass der Verlierer gewinne. Diejenigen, die möglichst lauthals und öffentlich auf materielle Vorteile verzichten, gewinnen dadurch an Prestige und Ehre, was sich wiederum trefflich in Bares ummünzen lässt. Bourdieu behauptet nicht einmal, dass alle Strategien bewusst eingesetzt werden. Er meint, der Intellektuelle besitze einen gewissen »Habitus«, so etwas wie eine Persönlichkeit oder eine Disposition, die ihn (oder sie) in eine bestimmte Richtung oder auf ein bestimmtes Feld lenke. Dort wird der Intellektuelle dann meist unwillkürlich von den Rivalitäten und Kontroversen beeinflusst. Jobs tun sich auf, Fördermittel sind plötzlich vorhanden und die Furien scheinen sich auszutoben. Irgendwie ist es das Feld, das dominiert, und die Intellektuellen werden auf ihm umhergewirbelt.

Als der Adam Smith der symbolischen Ökonomie hat sich Pierre Bourdieu nicht wirklich verkaufen können. Vermutlich wäre es für den jungen Intellektuellen auch nicht besonders hilfreich, ihn in der Hoffnung zu lesen, dabei einen Tipp für die eigene Karriere aufzuschnappen. Bourdieu ist darum nützlich, weil er einige der Mechanismen, die Intellektuelle längst durchschaut haben, in eine Ordnung gebracht hat. Das intellektuelle Leben ist, wie die meisten Berufe, eine Mischung aus Karrieredenken und Altruismus. Der Bobo-Intellektuelle meistert beides: Er schafft es, den Drang nach Wissen mit dem Verlangen nach einem Sommerhaus in Einklang zu bringen.

Wie man eine große Intellektuelle wird

Also schauen wir uns einmal an, wie die Welt für eine junge Amerikanerin aussieht, die gerade einen akademischen Grad an einer fiktiven Universität erworben hat und davon träumt, der weibliche Henry Kissinger ihrer Generation zu werden. Sie wird die Universität mit Schulden beladen verlassen, sich aber dennoch bald als miserabel bezahlte Praktikantin bei einer politisch unangreifbaren Einrichtung wiederfinden – sagen wir, bei der Brookings Institution. Sie wird anfangs Suchaufträge im Internet für einen früheren Handelsminister erledigen, der sich an seinem dreistündigen Arbeitstag auf eine Podiumsdiskussion mit dem Titel »NATO wohin?« vorbereitet. Ihre Laune wird zwischen Euphorie und Verzweiflung schwanken. Stendhal schrieb einmal: »Bei der ersten Liebesgeschichte eines jungen Mannes, der in die Gesellschaft aufgenommen wird, spielt meistens der Ehrgeiz mit.« Das gilt für jeden, der den intellektuellen Marktplatz betritt. Ihr berühmter Chef kann sie auf den Weg zu Ruhm und Wohlstand schicken (wenn er bei einem Gespräch mit dem Redakteur der Meinungsseite der *New York Times* ihren Namen zur richtigen Zeit erwähnt), und er kann auch, wenn er sie nicht mag, ihren Eintritt in die Kaste der Publizisten blockieren, was sie dazu verdammt, Bewerbungsbriefe an Law

Schools zu schicken. Die Praktikantin wird sich nach seiner Anerkennung sehnen und jubeln, wenn er ihr diese zollt – aber in tiefe Depression sinken, wenn er das nicht tut.

Ihrer Selbstachtung zuliebe wird sie sich nach der Arbeit kleinen Rebellionen hingeben. Bei Abenden mit Freunden wird sie sich auf bissige Weise über ihren Boss lustig machen, den sie doch so gerne beeindrucken möchte. In allen Stiftungen, Denkfabriken, Verlagshäusern, Zeitungen und Zeitschriften gibt es junge Nachwuchskräfte, die ihre Vorgesetzten beängstigend gut nachmachen können. Sich über den Boss lustig zu machen, ist die Blasphemie des Karrieristen. Bei Buchvorstellungen und Konferenz-Empfängen versammeln sich die jungen intellektuellen Leibeigenen einer Organisation gern um kleine Tische, kauen die kostenlosen Shrimps und lästern ausgiebig über ihre abwesenden Vorgesetzten. Wenn da eine Bombe explodieren würde, wäre in Amerikas Denkfabriken schlagartig niemand mehr da, der die Berichte auf Rechtschreibfehler überprüfen könnte. Das wäre furchtbar.

Zum Glück dauert diese Anfangsphase voller Qualen und Ängste nicht lange. Wenn die junge Intellektuelle eine Sprosse der Leiter nach oben schafft, wird sie ein Gefühl übertriebener Wichtigkeit verspüren, die ihr fortan und bis ans Ende ihrer Tage die größte Befriedigung überhaupt verschaffen wird. Ihr erster richtiger Job wird die Tätigkeit eines Günstlings sein. Das klingt zwar schäbig, ist es in Wirklichkeit aber nicht.

In den meisten Intellektuellen-Organisationen wird die harte Arbeit des Recherchierens, des Denkens und Schreibens von Leuten erledigt, die jung sind und deshalb erst einmal dabei bleiben müssen. Da entwickelt sich ein Zwei-Klassen-System, in dem es die Papierleute gibt – die jungen, intellektuellen Überflieger, die Sachen durchlesen und niederschreiben – und die Frontleute – die bekannten Intellektuellen, Regierungsbeamten, Zeitschriftenherausgeber, Universitätsrektoren, Stiftungsleiter und Politiker, deren vornehmste Aufgabe es ist, an entscheidender Stelle aufzutauchen. Sie präsentieren die Untersuchungsergebnisse und liefern die Reden und Wortbeiträge ab, die die Papierleute für sie vorbereitet haben. Die Frontleute besuchen Meetings, treten bei *Nightline* auf, sprechen bei Fundraising-Veranstaltungen, moderieren Podiumsdiskussionen und geben Interviews. Sie holen sich die Lorbeeren ab. Wenn sie ihre Gesichter nicht gerade in die Kameras von *U.S. News and World Report* halten, sind sie mit Telefonieren beschäftigt. Ihr Arbeitstag besteht manchmal darin, drei Stunden am Telefon zu verbringen, zum Mittagessen zu gehen und dann wieder vier Stunden zu telefonieren. Und wenn sie telefonieren, erzählen sie ihrem Gesprächspartner, wie sehr sie sich aufs Wochenende freuen, weil sie dann endlich ein bisschen zum Lesen kommen. Irgendwie ist in ihrem Leben alles andersherum. Die Frontleute bekommen den Ruhm und die Kontakte, und die Papierleute kontrollieren das, was gesagt wird und nach draußen geht.

In dieser Phase ihrer Karriere muss die junge Intellektuelle vernichtende Memos und Kommentare schreiben, in denen Leute, die vier Jahrzehnte älter sind als sie, für ihre Inkompetenz und ihre Feigheit gegeißelt werden (»Rückzug von der Finanzierung: Peinliches Nervenversagen«). Ihre Aufgabe ist es, die politischen Ideen, Unternehmen, Manuskripte und Bewerber zu bewerten – alles, was über den Tisch des Frontmanns geht. Eigentlich hat sie damit den Gipfel ihrer Macht erreicht. Vor ein paar Jahren schrieb ein Freund für den Geschäftsführer eines Unternehmens einen Zeitschriftenkommentar über eine Gesetzesvorlage für den Kongress. Dann arbeitete er für einen Präsidentschaftskandidaten. Der Geschäftsführer schickte dem Kandidaten meines Freundes den Kommentar. Und so kam es, dass mein Freund im Namen des Politikers den Kommentar in höchsten Tönen loben musste, den er selbst unter dem Namen des Geschäftsführers verfasst hatte.

Solche Erfolgserlebnisse muss die junge »Papierfrau« jedoch mit subtilen Demütigungen büßen. Sie muss in Hotelhallen und Kongresssälen hinter dem Frontmann herstolpern und dabei unaufhörlich beratend auf ihn einreden (berühmte Leute scheinen wie Vierjährige Angst davor zu haben, irgendwo alleine hinzugehen). Diese Aufgabe wird dadurch erschwert, dass der Frontmann, der nicht ein Blatt Papier tragen muss, zügig und kraftvoll ausschreitet, um seine Vitalität zu beweisen. Die Papierleute sind, wie um ihrem Namen Ehre zu machen, sehr wohl durch Papier belastet: Sie müssen ihre eigenen Unterlagen und die des Chefs schleppen, weshalb sie, um mit dem rüstigen Frontmann mithalten zu können, mit den Armen rudern und sich vorwärts kämpfen müssen, als wateten sie durch einen Fluss. Das sieht dann ziemlich unwürdig aus. Manchmal schlägt ihnen der »Front« einfach die Tür vor der Nase zu, wenn er einen Raum verlässt oder in ein Auto einsteigt. Der arme Papiermensch muss dann mit seinen Papieren jonglieren, um einen Arm freizubekommen, mit dem er die Tür wieder aufmacht. Wenn er wieder Anschluss gefunden hat, wird er den »Front« daran erinnern, dass er auch noch da ist.

Dieses Wasserträger-Dasein ist wichtig für die Karriere der jungen Intellektuellen, denn dabei lernt sie die einzelnen Spieler auf dem Feld kennen und findet heraus, wer wichtig ist und wer nicht. Dank des Ansehens ihres berühmten Bosses dringt die junge Intellektuelle an Orte und zu Menschen vor, die ihr ohne diese Stellung verschlossen und unbekannt geblieben wären. Sie wird alle wichtigen Verleger und andere »Gatekeeper« der öffentlichen Meinung kennen lernen, und das ist wichtig für sie, wenn sie eine Karriere als öffentlich sichtbare Intellektuelle machen will. Der schwierigste Augenblick kommt aber erst in einigen Jahren, wenn sie vielleicht 28 Jahre alt ist und die Abnabelung von ihrem bisherigen Frontmann schaffen muss, um selbst zur Frontfrau zu werden. Wenn sie diesen schwierigen Ablösungsprozess nicht bewältigt, bleibt sie auf ewig Lakai. Es wird ihr dann nicht mehr so leicht fallen, unabhängig zu denken. Sie wird das Wort »wir« benutzen, wenn man sie nach ihrer eigenen Meinung fragt. Sie wird zum Beispiel sagen: »Wir haben darüber vor ein paar Wochen einen Essay geschrieben.« Sie wird ihren eigenen Status mit dem des Chefs durcheinander bringen. Größenwahn ist das Opium des intellektuellen Fußvolks.

Das Nischenthema

Wenn sie sich freigeschwommen hat, muss die junge Intellektuelle ihr Spezialgebiet bestimmen. Die Marktlücke ist nun gefragt. Wenn die Agenturen, die das Talkshow-Personal zusammenstellen, Redakteure oder irgendwelche Komitees einen Experten für – zum Beispiel – das chinesische Raketenprogramm suchen, muss ihr Name sofort fallen. Eine schwierige Wahl: Die junge Intellektuelle muss die künftige Nachfrage abschätzen. Tausende Intellektuelle machten sich mit dem geheimnisvollen Gebiet der Rüstungskontrolle vertraut – doch nach dem Ende des Kalten Krieges war der Markt schlagartig auf einen Bruchteil seiner vorherigen Größe reduziert. Die junge Intellektuelle muss aber auch das Angebot abwägen. Wenn schon zehntausend Intellektuelle Bücher über den Kommunitarismus und die Theorie der Bürgergesellschaft geschrieben haben – will sie dann Nummer zehntausendundeins sein? Doch ist es in der intellektuellen Arena manchmal gar nicht so schlecht, sich nach der Mehrheit zu richten. Je mehr Experten für die Bürgergesellschaft tätig sind, desto mehr Konferenzen über die Bürgergesellschaft werden veranstaltet. Und es gilt das »Gesetz vom Reden«: Je mehr die Leute reden, desto mehr bleibt noch zu bereden.

Die junge Intellektuelle muss auch Prestige und Sichtbarkeit ihrer Marktnische ausloten. Während des Kalten Krieges war es einfach, die angesehensten Spezialgebiete der Intellektuellen zu finden. An erster Stelle standen die außenpolitischen Themen, die etwas mit Banken zu tun hatten. Wenn jemand Fachmann für den Kapitaltransfer zwischen Ost und West war, konnte er viele Tage bei Konferenzen in Kempinski-Hotels in Budapest und Djakarta verbringen, wo die Nächte 300 Dollar kosten. Je weiter ein Gebiet von der Außenpolitik und den Großbanken entfernt lag, desto weniger Ansehen genoss es. Ganz unten am Ende der Liste fand man Sozialhilfe und Abtreibung. Bei Konferenzen hierzu konnte man sicher sein, von Leuten mit schlecht sitzenden Jacketts, Wurstfingern und unmodernen Bärten umgeben zu sein. Aber das Ende des Kalten Krieges hat alles mit einem Schlag verändert. Außenpolitik hat an Prestige verloren, während innenpolitische Themen wie etwa Bildung neues Ansehen genießen. Ein Experte für Lateinamerika bekommt womöglich jahrelang keinen Anruf des Produzenten der *NewsHour with Jim Lehrer*. Ein Spezialist für das Zusammenleben der verschiedenen Ethnien dagegen wird alle paar Monate Fördergelder der MacArthur Foundation einstreichen.

Die junge Intellektuelle muss ein Spezialgebiet wählen, das in den Nachrichten vorkommt. Sie kann sich für das Budget der Vereinigten Staaten entscheiden, weil jedes Jahr ein Haushalt verabschiedet werden muss. Aber der Haushalt ist ein Thema, zu dem zu viele brennend gern etwas sagen möchten. Sie könnte Expertin für den Nahen Osten werden, aber kaum ist da wieder Ruhe eingekehrt, hat sie nichts mehr zu tun. Und ein dauerhafter Friede wäre das Schlimmste, was ihr passieren könnte. Einige junge Intellektuelle überlegen sich, wie man die Vereinten Nationen oder die Kreditvergabe für den Universitätsbesuch umstrukturieren könnte, doch das ist immer ein Fehler, weil es niemanden interessiert, was einige Intellektuelle an Strukturen auszusetzen haben. Und je öfter sie zurückgewiesen werden, desto penetranter und schlechter gelaunt werden die Möchtegern-Reformer. Der entgegengesetzte Fehler ist es, Experte auf einem Feld zu sein, über das in den Nachrichten zu oft berichtet wird. Fachleute für öffentlichkeitswirksame Themen erweisen sich oft als zu mediengeil und setzen, wenn sie ein Buch geschrieben haben, unweigerlich den Doktortitel vor ihren Namen. Besser ist es, von einem prestigeträchtigen Feld zu kommen und einer Diskussion etwa über die Sexualität Heranwachsender mehr Gewicht zu verleihen. Die angehende Intellektuelle muss aber irgendwann einsehen, dass ein Spezialgebiet für sie dasselbe ist wie die Stützräder für ein Kind, das Radfahren lernt. Wenn sie einmal berühmt geworden ist, wird sie kein Spezialgebiet mehr brauchen, damit die Buchungsagenturen für Talkshows und die Redakteure anrufen. Dann will man sie wegen ihres Namens. Und dann kann sie ihr Spezialgebiet getrost vergessen. Wenn sie es nicht freiwillig tut, wird sie der Markt dazu zwingen. Es wird kein Thema geben, zu dem ihre Meinung nicht gefragt ist. Und sollte sie der Meinung sein, zu etwas nichts sagen zu können, weil sie dafür nicht kompetent sei, wird sich der Interviewer auf den Schlips getreten fühlen und sie für eine eingebildete Zimtzicke halten.

Das richtige Auftreten

Wenn das Spezialgebiet gefunden ist, muss die junge Intellektuelle das passende Auftreten entwickeln. Man kann auf dem Marktplatz der Ideen mit einem beliebigen Strauß von Einfällen Erfolg haben. Es gibt sagenhaft erfolgreiche Gemäßigte und sagenhaft erfolgreiche Radikale. Mit jedem beliebigen Auftreten kann man erfolgreich sein. Es gibt glückliche Menschen, die sich durchsetzen, und es gibt grimmige Menschen, die sich durchsetzen. Nur kann keiner erfolgreich sein, wenn seine Ideen mit seiner Persönlichkeit kollidieren. Man kann ebenso wenig ein sanfter Radikaler sein wie ein zorniger Gemäßigter. Für solche Zombies gibt es kein Publikum.

Der echte Radikale geht von der Annahme aus, dass die Welt aus den Fugen geraten ist und von einem betrügerischen Establishment regiert wird, das die Massen manipuliert. Das Publikum verlangt von ihm Heftigkeit, leichten Verfolgungswahn, Allwissenheit (er soll das Gespinst aus Lügen durchschauen) und den Willen, seinen kontroversen Standpunkt mutig in der Öffentlichkeit zu vertreten.

Um sich als Held zu verkaufen, muss der Radikale seine Antimodernität zur Schau stellen. Dazu könnte er braune Hemden und schwere braune Stiefel tragen, ein Outfit, das bei radikalen Buchkäufern, den anvisierten Konsumenten, unverzichtbar ist. Radikale müssen sich auch genau umsehen und sich verehrungswürdige Personen herauspicken, die sie angreifen können – damit man sieht, dass sie trotz ihres Vertrags mit *Vanity Fair* entschlossen sind, unmodern und radikal zu bleiben. Aus demselben Grund suchen auch Akademiker, die fest im Sattel sitzen, verzweifelt nach immer tollkühneren Themen – Sadomasochismus, schräge Studien – für ihre Forschung. Künstler müssen immer aggressivere Werke vorlegen. Ein Radikaler, der plötzlich in Mode kommt, hat Pech gehabt: Man betrachtet ihn als Anpasser und Ehrgeizling. Er verliert die Unterstützung beim Publikum, noch dazu seine Fördergelder und seine Karrierechancen.

Obendrein kann der radikale Intellektuelle bei seinem Aufstieg nicht darauf bauen, dass er das ausspricht, was seine Anhänger hören wollen; er muss etwas sagen oder tun, was seine Gegner hassen. Wenn er nur seinem Publikum schmeichelt, wird sein Erfolg nur ein mäßiger sein. Wenn ihn seine Gegner aber beleidigen, werden sich sein Publikum, seine Gönner und einige Stiftungsgrößen auf seine Seite schlagen. Er wird zu einem, den die Zuschauer in ihr Herz schließen und für dessen Bücher und Vorträge sie eine Menge Geld hinblättern. Sie werden ihm schon stehende Ovationen bereiten, während sein Auftritt noch anmoderiert wird, denn allein sein Name ist schon Programm.

Um ganz bestimmt verunglimpft zu werden, sollte sich der radikale Intellektuelle mit einem Kontrahenten aus dem gegnerischen Lager zusammenspannen lassen. So können beide Seiten mit der Hilfe der Gemeinheit des anderen Geld und Unterstützung einsacken.

Ein radikaler Intellektueller muss heftig, streitsüchtig und unglücklich sein – der moderate Intellektuelle sollte sich guter Umgangsformen befleißigen, langsam sprechen und ruhig wirken. Die Gemäßigten sprechen Konsumenten an, die eigentlich ganz zufrieden mit der Welt sind und sich von Rednern, die zu viel Hitze und Disharmonie ausstrahlen, abgestoßen fühlen. Gemäßigte Zuschauer wollen einen höflichen Austausch von Ansichten und werden mehr durch verbale Feinheiten beeinflusst als durch derbe rhetorische Streiche. Sie mögen es, wenn der geniale Intellektuelle sagt: »Ich würde mich gerne dem anschließen, was Mr. Moyers in seinem Redebeitrag angedeutet hat.« Der gemäßigte Intellektuelle mag zu dem Schluss kommen, dass er es wegen seiner großen Wichtigkeit nicht nötig hat, interessant zu wirken. Er wird also langsam und artikuliert reden, als spräche er von einem Berg herunter. Danach wird man sagen, dass er ein kluger, überlegter Mann sei, doch niemand wird auch nur einen Gedanken von dem behalten haben, was der kluge, überlegte Mann kurz zuvor gesagt hat.

Marketing

Die junge Intellektuelle kann ihr Expertentum und Auftreten nicht am grünen Tisch einstudieren und sich dann dem großen Publikum via Marketing vermitteln. Das klappt nicht. Produktion und Marketing entwickeln sich gleichzeitig und nebeneinander und wirken nach dem Prinzip der Rückkopplung aufeinander ein. Unsere junge Intellektuelle ist jetzt vielleicht gerade mal dreißig Jahre alt und schreibt die meiste Zeit. Denn bevor sie auf das Talkshow- oder Lesungen-Karussell aufspringen kann, muss sie so viel veröffentlicht haben, dass die Erwähnung ihres Namens eine Saite anschlägt. Zu Beginn ihrer Karriere als Autorin träumt sie noch davon, dass sie mit einem einzigen bedeutenden Aufsatz in einer renommierten Zeitschrift ihr Glück machen wird. Sie wird ihren Irrtum bald einsehen. Am Morgen des Tages, an dem ihr erster großer Essay – vielleicht mit dem Titel »Das Ende des Diskurses« – im *Harper's Magazine* erscheint, wird sie der festen Meinung sein, die Welt sei nicht mehr dieselbe. Aber sie läuft den ganzen Tag herum und kein Mensch spricht sie auf ihren Essay an, jeder behandelt sie wie am Tag zuvor, alles läuft weiter wie gehabt. Einige werden den Beitrag gar nicht bemerkt haben und für andere war er – wie hatte sie seinem Erscheinen wochenlang entgegengefiebert! – nur ein weiterer Schnipsel im kunterbunten Konfetti-Angebot der Medien.

Es hilft nichts, sie muss weiter publizieren. Hunderttausende Manuskripte bekommen die *New York Times*, das *Wall Street Journal* und die *L. A. Times* jedes Jahr, und durch regelmäßige Abdrucke in diesen ehrwürdigen Publikationen machen die Intellektuellen sich und anderen klar, dass sie noch leben. Also wird unsere Intellektuelle gleich nach einem nachrichtenwürdigen Ereignis – beispielsweise einer gerichtlichen Entscheidung zur Heirat homosexueller Paare – den richtigen Redakteur der richtigen Meinungsseite anrufen und ihm erklären, dass das, was im Fernsehen darüber gesagt wird, einfach indiskutabel sei. Redakteure von Printmedien hören das gern, und sie hören auch heraus, dass man sie trotz Fernsehen noch braucht. Unsere Intellektuelle wird durchblicken lassen, dass sie mit dem Verleger der Zeitung befreundet sei (das wird der Redakteur bezweifeln, aber da man nie sicher sein kann, ob nicht doch …). Dann muss sie weitere Punkte machen. Sie wird dem Redakteur sagen, dass ihr Artikel »eine nützliche Debatte in Gang bringen« würde. Sie wird ihm auch darlegen, dass es ihr nicht schwer fiele, in ihrem Artikel eine Anspielung auf die Popkultur unterzubringen – sie könnte das höchste Gericht mit einer Figur aus einem Film vergleichen, der an den Kinokassen gerade das meiste Geld einspielt. Redakteure mögen solche Anspielungen. Sie leben in der Illusion, die Erwähnung der Popkultur könne einem Artikel eine mindestens fünfstellige Zahl von Lesern einbringen. Außerdem sind solche Anspielungen ein wunderbares Beispiel für die Mischung aus Tiefsinn und Banalität, mit der Bobos die Leute davon überzeugen wollen, dass sie weder arrogante Eliteschreiber noch elende Langweiler sind.

Hat der Redakteur einmal unter Vorbehalt seine Zustimmung zu dem Artikel gegeben, hat die junge Intellektuelle bis zu vier Stunden Zeit, ihn zu schreiben. Da bleibt nicht viel Muße für die meditative Einstimmung aufs Thema. Und trotzdem soll das Ganze so meisterhaft gestaltet sein wie die Kathedrale von Chartres.

Die Prosa sollte einen ruhigen Fluss gewährleisten, dabei aber leicht wirken. Die ersten beiden Absätze sollten der Fassade entsprechen – verwirrend und allumfassend. Die nächsten paar Absätze sind wie ein Spaziergang durch die Apsis, zielsicher unterwegs zum vorhersehbaren Höhepunkt, aber mit kurzen Abstechern in interessante Seitenkapellen. Der letzte Absatz schließlich sollte dem Eintreten ins Querschiff gleichkommen – von allen Seiten fließt Licht herein. Auf Strichpunkte sollte man dabei verzichten, rät der Journalist Michael Kinsley; das wirke prätentios.

Gut, wenn der Beitrag mit ein paar saftigen Stücken aus der eigenen Biografie aufwarten kann. Das verführt den Leser dazu, einen Blick auf das Kästchen »Über den Autor« am Ende des Artikels zu werfen. Erwähnt der Artikel eine berühmte Person, vielleicht einen kürzlich verstorbenen Politiker, dann wird der Autor es nicht versäumen, ein bedeutungsloses Detail von seinem letzten Zusammentreffen mit dem Mann einzuwerfen. Oder er wird dem Leser verraten, was er empfand, als er die Todesnachricht hörte.

Um größte Beachtung zu finden, muss der Essay falsch sein. Logische Aufsätze werden gelesen und man versteht sie. Aber ein unlogischer oder richtiggehend falscher Essay wird Dutzende andere Publizisten empört zu einer Replik veranlassen, was dem Autor kostenlos zu einer Unmenge Publicity verhilft. Paul Kennedy, Professor der Universität Yale, schrieb sein Buch *Aufstieg und Fall der großen Mächte* nach einer zwar soliden, aber unspektakulären Laufbahn. Er hatte den Niedergang der Vereinigten Staaten prognostiziert, irrte sich aber. Hunderte von Kommentatoren drängte es, genau das mitzuteilen, was in der Folge Kennedy berühmt und sein Buch zu einem Bestseller machte. Francis Fukuyama schrieb einen Aufsatz mit dem Titel *The End of History*, bei dem jedem schon der Titel falsch vorkam. Tausende Publizisten meinten verkünden zu müssen, dass die Geschichte keineswegs am Ende sei, und Fukuyama wurde in der ganzen Welt bekannt.

Der Artikel der jungen Intellektuellen ist also erschienen. Sie meldet sich nun wieder beim Redakteur und sagt ihm beglückt, welchen Einfluss der Beitrag doch bei der Stelle, gegen die er sich richtete (Weißes Haus/US-Notenbank/Filmindustrie), hatte. Wenn sie auch mit anderen Intellektuellen in Verbindung steht, wird sie ein wenig Lob ernten. Lob ist in der denkenden Schicht die gängige Währung. In den Fünfzigerjahren schienen sich die Intellektuellen wechselseitig mit Schmähungen und Beleidigungen zu überschütten – heute loben sie sich unermüdlich. Und da Loben nichts kostet und einem sogar Zuneigung einträgt, wird besonders eifrig gelobt und es kommt zu einer Lobes-Inflation. Der Wert jeder Lobes-Einheit sinkt, und bald muss jeder intellektuelle Autor sich durch einen Haufen nutzlosen Lobes hindurchwühlen, bis er auf ein ernst gemeintes Stück Wertschätzung trifft. Unsere junge Intellektuelle sollte sich zur Orientierung eine Lob-Umrechnungsformel zurechtlegen. Wenn jemand sagt, der Artikel habe ihm gefallen, dann heißt das: Ich habe ihn gesehen, aber nicht gelesen. Wenn jemand sagt, der Artikel habe ihm wunderbar gefallen, kann das nur heißen: Ich habe angefangen, ihn zu lesen, bin bis zur Hälfte gekommen, aber worum es geht, daran erinnere ich mich nicht. Wenn jemand ihn »brillant« nennt, bedeutet das, dass er den Beitrag ganz gelesen hat. Aber nur wenn ein Leser die folgende höchste Form des Lobes verwendet, weiß der

Autor, dass seine Arbeit bewusst gelesen und verstanden wurde: »Das war ein absolut hervorragender Beitrag. Genau das Gleiche sage ich seit Jahren auch.«

Wenn unsere Intellektuelle erfolgreich ist, wird man ihr eine Kolumne anbieten. Das scheint der Höhepunkt einer publizistischen Karriere zu sein, doch wo ein Dutzend Leute durch das Kolumnenschreiben berühmt und wohlhabend werden, verrichten Tausende andere diese Aufgabe unter den Bedingungen erdrückender Sklaverei. Eine Kolumne schreiben heißt, wie ein Zirkusbär ein- oder zweimal pro Woche aufzustehen, sich auf ein Podest zu stellen und lustig zu sein. Diejenigen, denen das am besten gelingt, kennen nur eines auf der Welt ganz genau: ihre eigene Denke. Sie wissen, was sie glauben, und vertrauen ihrem eigenen Urteil. Das ist nicht so einfach, wie es klingt, weil die meisten Leute sich über ihre Meinungen erst klar werden, wenn sie ein anderer in Worte gefasst hat. Ein guter Kolumnist kann in zwanzig Minuten einen Artikel über Neurochirurgie lesen und gleich danach bei einem Kongress von Neurochirurgen den Eröffnungsvortrag halten, in dem er den Medizinern darlegt, mit welchen Problemen ihre Zunft zu kämpfen hat.

Für Intellektuelle, die diese Gabe nicht besitzen, folgt als nächster Schritt ein Buch. Abgesehen von der richtigen Taktik bei der Veröffentlichung eines Buches – wen kennt der Autor, der es richtig gut »pushen« kann? – muss sich der Verfasser um drei wichtige Dinge kümmern: um den Verlag, den Titel und den einen Satz, den das große Publikum in Erinnerung behält und mit dem Buch in Verbindung bringt. Anhand der Verlage eines Autors sollte sich so etwas wie eine Karriere nachvollziehen lassen. Das erste ernsthafte Buch sollte bei einem

Verlag wie der Chicago Press erscheinen, das nächste bei W. W. Norton. Ein renommiertes Buch mit den großen, allumfassenden Gedanken sollte von Simon & Schuster oder Knopf verlegt werden, und am Ende der Karriere könnten die Aufsehen erregenden Memoiren – mit dem eigenen Konterfei auf dem Titel, wenn es gelingt, den Lektor davon zu überzeugen – bei Random House rauskommen.

Der Titel des ersten Buchs sollte unbedingt mit den Worten »Das Ende der [oder: des] …« beginnen. Die Ende-Wendung hat als großen Vorteil die Aura eines dramatischen Finales. Wenige Leser werden sich an ein Buch mit dem Titel *Die Ideologie kränkelt* erinnern. Aber noch Jahrzehnte nach seiner Veröffentlichung wird der Titel *Das Ende der Ideologie* zitiert werden (auch wenn der Inhalt längst vergessen ist). Das Problem bei den Ende-Büchern ist, Dinge aufzuspüren, die noch nicht zu Ende sind. Geschichte, Gleichheit, Rassismus, Tragödie und Politik … alles ist schon mit dem Ende kombiniert worden, und das, was noch übrig blieb, mit dem Tod: »Der Tod des …«. Und nicht alles eignet sich – »Das Ende des Gärtnerns« klingt irgendwie nicht nach Bestseller.

Intellektuelle brauchen für ihre Lesereise einen Kernsatz, den die Interviewer der Talkshows, Sekunden bevor es auf Sendung geht, überfliegen können. Für das gebildete Publikum kann der Aufhänger ein Paradox sein, das wohl durchdacht wirkt und dem Wunsch des Bobos entgegenkommt, Gegensätze zu versöhnen. Eine Autorin könnte also sagen, ihr Buch plädiere für bewahrende Entwicklung, für kooperativen Individualismus, den sozialen Markt, das Management der Freiheit, leidenschaftlichen Konservatismus, praktischen Idealismus oder flexible Hingabe. Das erfolgreichste Oxymoron, *Simple Abundance* (Überfluss des Einfachen), hat Sarah Ban Breathnach schon als Titel ihres Mega-Sellers (auf Deutsch: *Ein guter Tag. 365 Schritte zum erfüllten Leben*) verwendet. *Komplexität der Armut* würde dagegen vielleicht nicht unbedingt überzeugen.

Kann die Autorin nicht mit einem Schlagwort aufwarten, muss sie sich vielleicht nackt zeigen, wenn sie nicht schon eine Bildschirm-Berühmtheit ist. Sich nackt zeigen heißt nicht, dass die Autorin sich ganz konkret ihrer Kleider entledigen muss (obwohl Elizabeth Wurtzel und andere das schon vorexerziert haben). Es heißt, dass Autoren wie Kinostars, die manchmal schamlos für *Vanity Fair* posieren müssen, um wieder ins Gespräch zu kommen, auf exhibitionistische Weise provozierende Dinge von sich geben, um Aufmerksamkeit zu wecken. Sie erzählen, wann und wie sie einen Orgasmus bekommen oder, besser noch, wie das bei ihren Stiefvätern war, die sie missbrauchten. Wer das Glück hat, in der Glamour-Industrie Hollywoods oder der Wall Street dauerhaft unterzukommen, wird die peinlichen Geheimnisse der Mentoren an die Öffentlichkeit zerren, die ihnen ihr erstes Engagement verschafften, die Praktiken der Firmen, die sie bezahlten, oder die Gewohnheiten der Ehegatten, die sie liebten.

Konferenzen

Die Autoren für Zeitschriften weisen gern darauf hin, dass es keinen Sinn habe, ein Buch zu schreiben. Ein Artikel in einer Zeitschrift könne Millionen mehr Leser erreichen und koste nur den Bruchteil des Aufwands. Aber ein Buch zu schreiben hat für seinen Autor noch andere Vorzüge – abgesehen von dem ideellen Vergnügen, ein Thema wirklich zu kennen, statt es für einen Artikel nur ein paar Tage lang zu büffeln, wird man dadurch potenzieller Teilnehmer einer Podiumsdiskussion. Ein Intellektueller in der Karrieremitte sollte wenigstens an drei öffentlichen Diskussionen pro Monat teilnehmen, denn wenn sich die Intellektuellen-Existenz dem Ende zuneigt und Bilanz zu ziehen ist, hat der die Nase vorn, der am häufigsten auf dem Podium einer Veranstaltung saß.

Diese Quote ist leicht zu erfüllen, da Konferenzen im Informationszeitalter allgegenwärtig sind. Die Hotels bieten mikroskopisch kleine Seminarräume an, bestücken die Tische in den Fluren mit Thermoskannen voller Kaffee, Schalen mit frischen Früchten und kleinen Kuchenstücken, um die sich während der Pausen Redner und Zuhörer versammeln. Und von überall her dringt das Gesumm akademischer Kurzreferate. Gegenstand ist fast alles, von der Wadenmuskulatur bis zu den Dinnermenüs in den Romanen von Henry James.

Konferenzen haben ja viele gute Eigenschaften. Sie lassen Solidarität unter Menschen entstehen, die sich über dieselben Dinge tiefgründige Gedanken machen; sie geben Organisationen ein Forum, um den Spendern und Sponsoren tüchtig schmeicheln zu können; und sie machen es möglich, dass manche ungekämmte und vielleicht auch sonst wirre Intellektuelle Städte wie Orlando und San Francisco zu sehen bekommen, ohne ihre Familie hinter sich herschleppen zu müssen. Der Hauptzweck von Konferenzen ist allerdings ein anderer: Sie dienen als Börse für den Kurswert von Intellektuellen. Unsere Konferenzteilnehmerin kann daran, wie viel Aufmerksamkeit und plumpe Schmeichelei ihr zuteil wird, ermessen, wo ihr persönlicher Kurs steht – im Vergleich zum übrigen Markt. Sie kann mit einer brillanten Kurzpräsentation und engem Kontakt zu Schlüsselfiguren ihren Börsenwert kometengleich in die Höhe schießen lassen; Jobangebote und andere Möglichkeiten lassen dann nicht mehr lange auf sich warten.

Das Wichtigste bei einer Konferenz ist, auf dem Podium zu sitzen und mitzudiskutieren. Wenn unsere Intellektuelle in der Mitte ihrer Karriere nicht oben (oder vorne) dabei ist, hat es für sie eigentlich keinen Sinn, überhaupt dabei zu sein. Alle, die nicht auf dem Podium sitzen, sind Konferenzlämmer, die nur zu schnell begreifen, dass die Konferenzlöwen am liebsten unter ihresgleichen sind. Zweitens sollte sie unbedingt die am wenigsten bekannte Person auf dem Podium sein, so wie es auch beim Immobilienkauf vorteilhaft ist, das billigste Haus in einer teuren Gegend zu erwerben. Inmitten gereifter intellektueller Berühmtheiten kann man besser glänzen. Diese zehren meist von den Früchten lang zurückliegender Erfolge und sind auf das Ereignis wahrscheinlich nicht besonders gut vorbereitet. Gleich nach Beginn der Veranstaltung zählt unsere Teilnehmerin erst einmal die Zuhörer und vergleicht ihre Zahl mit der bei anderen Diskussionen. Dann wird sie aufmerksam der Einführung lauschen. Der Moderator ist meist der Veranstalter der Konferenz. Durch diese Rolle bekommt er wenigstens ein bisschen öffentliche Aufmerksamkeit als Entgelt für die mühevolle Organisation. Er wird die Bedeutung der Diskussionsteilnehmer unterstreichen, wird jeden als leuchtenden Stern am intellektuellen Firmament vorstellen, wodurch auch ein wenig Glanz auf seine eigene Person fällt, da es ihm anscheinend gelungen ist, all diese hervorragenden Persönlichkeiten zur selben Stunde an diesem Ort im Universum zusammenzubringen. Wahrscheinlich sind diese aufgeblasenen Würdigungen und Kurzbiografien die erheiterndsten Minuten der Veranstaltung, sofern sich der Diskussionsleiter nicht zu lange damit aufhält.

Der geschulte Teilnehmer steigt mit ein paar vorbereiteten Witzchen ein. Wirtschaftswissenschaftler sollte man fragen, warum ihre Kollegen den verlorenen Schlüssel immer unter der Straßenlaterne suchen. Antwort: Weil da das Licht am besten ist. Eine umstrittene, nicht ganz ernst zu nehmende Reizfigur der Disziplin sollte einmal kurz erwähnt werden, um dem Publikum die Chance auf ein unterdrücktes Kichern als Beweis dafür zu geben, wie unvoreingenommen es ist. Dann muss die Rednerin einschätzen, als wie dumm oder langweilig sie sich präsentieren darf. Von den äußerst renommierten Debattierern erwartet man fast, dass sie so sind, weil ihre Worte auch so genug Gewicht haben. Hohe Regierungsbeamte, Universitätsrektoren oder Unternehmenschefs sprechen mit Vorliebe »Hoch-Institutionisch« – mit einem berauschend dichten Vokabular möglichst vagen Inhalts, wobei im Auditorium etwas wie Luftleere eintritt, die Zuschauer den Mund aufsperren und fühlen, dass ihre Augen trocken werden. Aber aufstrebenden Intellektuellen steht es nicht zu, die Vordenker im Silberhaar nachzuahmen, außerdem kann das lächerlich wirken.

Das durchschnittliche Publikum kann sich pro Einzelvortrag nur einen Punkt merken. Daher sollte ein Diskutant unter den Zuschauern mit gezielten Provokationen für leichten Aufruhr sorgen. Das erreicht man am sichersten mit verstörenden Prophezeiungen, etwa indem man Ende oder Anfang von Epochen vorhersagt: Die Ära des Personal Computers ist vorbei; das Zeitalter einer sozialistischen Renaissance liegt gerade vor uns. Oder man greift zum unverfrorenen historischen Parallelismus: Diese Periode »erinnert mich doch sehr an das politische Klima von 1929«, worauf ein anderer Teilnehmer kontert, 1848 treffe es eher, und ein dritter das Heilige Römische Reich ins Feld führen und versichern wird, man müsse sich doch eigentlich am ehesten an 898 erinnert fühlen. Nach Christus.

Diese Zahlenakrobatik soll den Zuhörern Stoff für spätere Fragen liefern. Für die aufstrebende Intellektuelle gibt es nichts Schlimmeres, als die Hälfte der Zeit, die für Fragen aus dem Publikum gedacht war, ungefragt herumsitzen zu müssen – weil die Leute nur von den anderen Diskutanten etwas wissen wollen. Ein klarer Fall von sinkendem Börsenkurs. Aber wenn die Teilnehmerin eine knallige, wenn auch unrichtige These in den Raum schleudern kann, hat sie schon halb gewonnen; dann sollten ein paar Erwiderungen zurückkommen. Um ihr Gesicht vor den Leuten zu wahren, die ihre Ansicht für absurd halten, kann sie vorgeben, die These lediglich testen zu wollen, obgleich solche Spitzfindigkeiten nur vorübergehend helfen. Schlauer ist es, ihre verbleibende Sprechzeit ausgiebig mit Zitaten aus den Werken der anwesenden Podiumskollegen zu füllen. Auch wenn Kenner der akademischen Zirkel darauf beharren, drei Zitate aus der Arbeit eines Kollegen kämen einer Liebeserklärung gleich.

Die Diskussion quält sich der nächsten Pause entgegen und schon nehmen Zuschauer und Diskutanten verstohlen die geduckte Position des Kurzstreckenläufers vor dem Startschuss ein: Denn es heißt, schnell aus den Löchern zu kommen und zum Kaffeetisch zu sprinten, wo man sich gegenseitig toll findet, sich lieb hat und der eigentliche Sinn der Konferenz zutage tritt. In vielen Zeitschriften (den »Newsletters«) akademischer oder professioneller Institute gibt es in regelmäßigen Abständen miserable, verschwommene Schwarzweißfotos zu bestaunen, auf denen immer drei oder vier Personen im Halbkreis stehen und sich jeweils an ein Glas Wein oder eine Tasse Kaffee klammern. Das sind zweifelsfrei Intellektuelle mitten im wohligen, liebevollen Smalltalk. Sie freuen sich an dieser Aktivität, die auf das Köstlichste Arbeit und Vergnügen vereinigt, eine Kombination, die bei Bobos besonders hoch geschätzt wird. Die Leute auf dem Bild sehen gut gelaunt aus, zum Teil weil sie merken, dass sie fotografiert werden (»Jeder ein Prominenter« ist der Wahlspruch des Tages und dieses Zeitalters), zum Teil weil sie sich in der Gesellschaft ähnlich bedeutender Leute, wie sie selbst es sind, rundum wohl fühlen.

Ein Intellektueller, der auf seinem Weg durch einen gut gefüllten Saal scheinbar alle, die er passiert, mit dem Vornamen grüßen und eine 4,7 Sekunden dauernde Grußfloskel dahinter setzen kann, ohne einmal stehen bleiben zu müssen, ist zweifelsohne ein intellektueller Superstar – oder ein hohes Tier bei einer bedeutenden Stiftung.

Bergab geht es mit einer unauffälligen Gestalt, die darauf verzichtet, sich anderen vorzustellen weil sie meint, ihr Name müsse wohl bekannt genug sein. Wer die Erzählung eines anderen unterbricht, um sich einen prestigeträchtigeren Gesprächspartner zu suchen, ist ein Blödmann; wer die eigene Erzählung unterbricht, um das Wort an einen Star zu richten, könnte als charmant eingestuft werden. Beim zuckersüßen Smalltalk sollte man nicht die eigenen Essays verteilen, und man sollte auch nicht so tun, als sei der Verfassungsartikel über Religions- und Meinungsfreiheit nur zu dem Zweck erfunden worden, damit man seine alte Freundschaft mit Bobby Kennedy erwähnen kann. Schon einige solcher Fauxpas genügen, damit man sich eines Tages außerhalb eines fröhlichen Klatschzirkels befindet und keiner den Kreis öffnet, um einen einzulassen. Außenstehende Beobachter merken dann bald, dass einem das intellektuelle Kampfgewicht fehlt, um die Kollegen telepathisch dazu zu bringen, einen Schritt zurückzutreten, um selbst in die Runde aufgenommen zu werden.

Unsere aufstrebende Intellektuelle hat ziemlich bald gelernt, ihren Börsenwert anhand von Indizien einzuschätzen. Wer bleibt bei ihr stehen, um das Wort an sie zu richten? Wie lange bleibt der Betreffende stehen? Schaut er sie an, während er redet, oder nicht? Wie viele Gralshüter ihres Gebietes schlendern müßig und anscheinend zufällig vorbei, um von ihrer Existenz Notiz zu nehmen? Diese Zeichen muss man lesen können, während man vorgibt, es nicht zu tun. Es soll aussehen, als sei das Wichtigste auf der Welt, sich ein Hühnerbein vom Tablett eines Kellners zu angeln, es in Senfsauce zu tunken und es an den Mund zu führen, ohne seinen Drink zu verschütten oder sich Sauce ans Kinn zu kleckern.

Fernsehen

Bücher und Podiumsdiskussionen – schön und gut, aber wer nicht ins Fernsehen kommt, wird am Ende einsehen müssen, dass sein Leben sinnlos war. Mit einem einzigen literarischen Meisterstück wie *Krieg und Frieden* oder *Das Sein und das Nichts* wird heute keiner mehr zum intellektuellen Superstar: Das war einmal. Man muss seine Ideen schon vor Barbara Walters und Katie Couric ausbreiten, respektive vor Sabine Christiansen und Harald Schmidt. Unsere Intellektuelle hat an Statur gewonnen, und jetzt werden leider auch die Anlässe, bei denen ihr der Auftritt noch etwas bringt, immer seltener. Eine Karriere, die in kleineren Kolloquien mit bärtigen Philosophen begann, kann, wenn es gut läuft, nur in der *Tonight Show* ihren Höhepunkt finden.

Um diese Höhen zu erklimmen, muss die Intellektuelle zunächst die Aufmerksamkeit der Fernsehproduzenten auf sich ziehen. Die Agenten für die Talkshows sind hin- und hergerissen zwischen ihren eitlen und launischen Moderatoren und den brummigen Rentnern, die den größten Zuschaueranteil stellen; und so sind sie immer froh, jemanden zu finden, der ihnen das Leben erleichtert. Die aufstrebende Intellektuelle steht früh auf, spricht zur Probe ein paar Sätze auf Band (die »Sound bites«) und ruft dann Agenten des Senders an. Denen sagt sie, dass sie frei wäre (am besten tut sie das im August, wenn händeringend Gäste gesucht werden). Wenn die Produzenten Interesse haben, werden sie ihr ein Vor-Interview zugestehen, eine Probe am Telefon, bei der sie ein paar Häppchen ihrer Ideen mit möglichst kehliger Stimme von sich gibt. Manchmal ruft ein Agent später zurück, um ihr zu sagen, die Show gehe »jetzt doch in eine andere Richtung, wir brauchen Sie leider nicht mehr«. Das bedeutet, sie haben einen bekannteren Kommentator gefunden, der dasselbe sagt wie sie.

Oder sie wird gebucht, was heißt, dass sie nach Fort Lee in New Jersey fahren muss, um an einer Talkshow bei einem Kabelsender teilzunehmen, die sie sich nicht einmal unter Todesdrohungen anschauen würde. Jemand holt sie am Eingang ab und setzt sie in einen grün ausgeschlagenen Raum. In dieser kleinen Kammer steht ein Fernseher mit dem Programm des Senders und seinen endlosen Werbespots über Haftcremes für dritte Zähne. Der Produzent schaut kurz herein und erläutert: »Haben Sie keine Angst, den Moderator zu unterbrechen – wir mögen das Chaos.« – Und: »Das ist ein anspruchsvolles Programm.« Eine junge Frau führt sie in die Maske, wo sie drauflos schnattern wird, um zu beweisen, dass sie überhaupt nicht nervös ist. Zurück im grünen Raum wird sie auf einen Autor treffen, der für sein Buch über Stalins Todeslager Werbung macht, auf den Messias einer religiösen Sekte sowie auf einen Astronomen, der glaubt, er solle live die Gefahr herunterspielen, dass ein Asteroid die Erde treffen könnte (doch schließlich beugt er sich dem Druck und klingt am Ende richtig alarmiert). Bei Privatsendern gibt ein Gelehrter dem anderen die Klinke in die Hand wie die Auswechselspieler beim Eishockey. Denn mit den Ideenverkäufern kann man am billigsten Sendezeit füllen.

In einem kleinen Studio setzt man unsere Intellektuelle dann vor ein Bild der New Yorker Skyline. Der Kameramann macht aus seiner Abneigung des echten Arbeiters gegenüber allen gravitätisch im Fernsehen auftretenden Gestalten keinen Hehl. Er rollt seine Kamera vor unsere Intellektuelle hin, und vier Minuten lang projiziert sie all ihre Liebe auf die schwarze Glasfläche, hinter der sich die Optik der Kamera verbirgt. Hat sie das oft genug durchexerziert, wird sie zu einer erfolgreichen Karikatur ihrer selbst. Wenn sie blond ist, wird sie zur Platinblonden. Wenn sie sich als Partisanin verkauft, wird sie zur kriegerischen Partisanin. Wenn sie nachdenklich ist, wird sie alle Marotten der tausendmal gesehenen vertrottelten Professoren nachahmen. Und weil das Fernsehen ein visuelles Medium ist, wird sie gezwungen, sich ein Markenzeichen zuzulegen, so wie Tom Wolfe seinen weißen Anzug.

Ironie und Sarkasmus gehen im Fernsehen garantiert daneben, also kann die beste Taktik für sie nur heißen, so zu tun, als habe sie sich nie im Leben wohler gefühlt und nie mehr Spaß gehabt. Wenn der Gastgeber eine Frage stellt, wird sie ihr süßestes Lächeln aufsetzen. Sie wird lächelnd antworten und ihre Antwort mit einem Drei-Sekunden-Lächeln quittieren. Sie wird bei allen ein Gefühl der Wärme und Sympathie hinterlassen. Fernsehen ist ein Medium der Aufmerksamkeit, nicht der Überredung. Viele werden sich daran erinnern, dass sie auf Sendung war, doch niemand wird nacherzählen können, was sie gesagt hat. Der Inhalt ist nicht immer das Entscheidende; entscheidend ist, dass sie ausgiebig ihre Hände zum Einsatz bringt – das erregt visuelles Interesse – und so angeregt spricht wie jemand, der gerade die dritte Tasse starken Kaffees intus hat.

Der Gastgeber hat sich die vorher aufgenommenen »Sound bites« der Gäste angehört und macht sie sich leider fast immer zu Eigen. Unsere Intellektuelle hatte vielleicht sagen wollen, dass Amerika unter einem Verlust an Gemeinschaftsgefühl leide, wie er seit dem frühen Industriezeitalter nicht mehr beobachtet wurde; und die erste Frage wird dann lauten: »Sie wissen, dass Amerika an einem Verlust an Gemeinschaftsgefühl leidet wie seit dem frühen Industriezeitalter nicht mehr. Sind Sie anderer Meinung?« Der erste Versuch des Gastes, darauf ausweichend zu reagieren, wird von einer außerkörperlichen Erfahrung erschwert, die viele Menschen in den ersten Sekunden ihres Fernsehauftritts erleben. Der Verstand entschwebt, erhebt sich zur Decke und sieht nach unten auf den Körper, der verzweifelt versucht etwas zu sagen. Der Verstand wird dem Körper hämisch sagen, dass ein Kraftausdruck wie »Scheiße« oder »verdammt noch mal« das Ende der Karriere bedeuten könnte: Intellektuellen-Selbstmord auf offener Bühne.

Trotzdem verführt das Fernsehen mit seiner Magie des Show-Business. Wenn es gut läuft, wird unsere Intellektuelle die schönsten Begleiterscheinungen ihrer Arbeit erfahren – Adrenalin-Schübe, Ruhm, Einfluss – und nichts von deren Mühsal. Nach ein paar Dutzend Auftritten in der *Nightline* oder bei *Charlie Rose* wird sie am Flughafen aufgehalten oder im Restaurant erkannt werden, ein Genuss, den Hannah Arendt oder Martin Heidegger nie erlebt haben.

Erfolg sorgt für Erfolg

Im Zeitalter vor der Leistungsgesellschaft war das wichtigste Prinzip des sozialen Lebens die räumliche Nähe. Menschen trafen sich mit Freunden aus der Nachbarschaft, der Kirchengemeinde, aus der Arbeit oder dem Country-Club. Doch für die Mitglieder der gebildeten Schicht gründet sich das soziale Leben heute vielfach auf Errungenschaften. Einladungen zu gesellschaftlichen Ereignissen richten sich ebenso sehr an die Funktion wie an die Person. Je höher jemand auf der Karriereleiter steigt, desto öfter bekommt er Einladungen zu Dinner-Parties und Empfängen. Und das alles, obwohl es nicht einen einzigen Beleg dafür gibt, dass der Erfolg jemanden netter werden ließ.

Unsere Intellektuelle hat also Erfolg gehabt: mit Essays und Büchern, bei Podiumsdiskussionen, Konferenzen und Fernsehauftritten – und plötzlich wird sie zur Erholung in ein Resort nach Arizona eingeladen. Sie wird gefragt, ob sie nicht an einem Treffen von Führungskomitees der Wirtschaft teilnehmen möchte. Wenn man sie für clubfähig hält, ist die nächste Einladung eine Konferenz über das dritte Jahrtausend (nur für geladene Teilnehmer). Sie könnte »Alpha«-Klubs beitreten – zum Beispiel dem Council on Foreign Relations, zu den Bilderberg-Treffen gehen und die Ditchley-Park-Konferenzen in Oxfordshire besuchen. Es gibt Arbeitsgruppen, Kommissionen des Präsidenten und spezielle Forschungsgemeinschaften. Ihr erster Besuch eines dieser Anlässe wird ihr vorkommen wie Nataschas erster Ball in *Krieg und Frieden*. Sie wird fassungslos auf ihren Namen im Programm starren, neben dem so große andere Namen aus Vergangenheit und Gegenwart stehen.

Die erfolgreiche Intellektuelle wird ihre geistigen Anstrengungen also erst einmal vergessen und unter den sozialen Baldachin treten, unter dem jeder sich im goldenen Licht der Erfolge anderer sonnen kann. Die Intellektuelle wird zu Dinners eingeladen, bei denen sich die Finanz-Elite, die Mode-Elite, die Hollywood-Elite und die politische Elite lustig durcheinander mischen. Und sie wird sich die Frage stellen, wie sie bisher ohne diese Freuden leben konnte! Sie wird das völlig neuartige Vergnügen empfinden, unter Leuten zu sein, die auf ihr Äußeres achten und die rosige Wangen von fettarmer Kost haben. Und jeder ist ach so bezaubernd!

Sie wird sogar bald der Meinung sein, dass alle ihr irgendwie ähnlich sind. Intellektuelle haben früher geglaubt, Geschäftsleute seien ungebildete Banausen und Kinostars glorifizierte Cheerleader, doch der Triumph der gebildeten Schicht ebnet diese Unterschiede ein. Plötzlich merken sie, dass sie mit allen etwas anfangen können. Sie haben dieselbe Universität wie der Filmstar besucht, sind im selben Häuserblock an der Upper West Side aufgewachsen wie der Wissenschaftler, der die Cousine eines Finanzfachmanns heiratete. Viele ihrer neuen Bekannten haben sie bereits im grünen Zimmer eines Kabelsenders getroffen. Irgendwie hatten sie, welchem Beruf sie auch nachgingen, alle dieselbe Aufgabe: Sie haben ihr Leben damit zugebracht, sich einen Ruf zuzulegen, und dabei alle dasselbe kulturelle Niveau erreicht (»Toni Morrison hat gestern Abend bei *Charlie Rose* etwas ganz Wichtiges gesagt …«). Alle bringen es fertig, einem beim Händeschütteln das Gefühl zu geben, dass sie schon mal von einem gehört hätten (»Oh, natürlich! – Wie geht es Ihnen denn?«). Alle sind sie Meister in der Kunst der falschen Bescheidenheit (»Das habe ich vor Jahren einmal vorgeschlagen, aber damals hat sich niemand drum gekümmert.«). Und wie der Dollar im Vergleich zu anderen Währungen steht, wissen sie alle.

Die Intellektuelle wird bald bemerken, dass sie sich in einer solchen Gesellschaft wie berauscht fühlt. Sie wird Leute kennen lernen, die ein Tocqueville-Zitat nicht für einen Scherz halten, und bald kann sie ihre Phrasendreschmaschine anwerfen: hier einen Tocqueville, dort ein Zitat von Clausewitz, Publius hier und Heidegger dort. Bald wird sie sich verkünden hören, dass man alte Kategorien wie liberal und konservativ vergessen müsse. Ihre Konversation wird mit banalen Mahnungen gespickt sein, die sie aus Reden der großen Bedenkenträger kennt – über die »Apathie der Menschen«, den »Niedergang der Höflichkeit«, den »Ausverkauf der Bildung«.

Sie wird langsam, aber sicher, was ihr Benehmen und ihre Denkweise angeht, im Ethos der Alpha-Klasse aufgehen. Sie wird erkennen, dass die gebildete Schicht in den höchsten Rängen tatsächlich alte Trennungen aufgehoben hat. Geschäftsleute können mit Intellektuellen Umgang pflegen, und überhaupt sind Politik, Geschmack und Weltanschauung der Geschäftsleute nicht so weit von den ihren entfernt.

Und doch hat diese Fusion einen neuen Abgrund in ihr Leben gebracht. Keine große kulturelle Kluft, wie sie einmal zwischen den Intellektuellen und den Businessmenschen klaffte. Es ist eher ein soziales Ärgernis. Es hat mit diesem unvermeidlichen Thema zu tun – mit Geld.

Große Verdienste, wenig Verdienst

In den Fünfzigerjahren blieben die Intellektuellen meistens unter sich und erlebten es darum als nicht so schmerzlich, dass sie nur ein Mittelschicht-Einkommen bezogen. Die Reichen waren weit weg. Heute merken erfolgreiche Intellektuelle ziemlich schnell, dass sie sozial zwar Gleichberechtigung mit den Geldhaien genießen, finanziell aber den Kürzeren ziehen. Die Studentin mit »summa cum laude«-Abschluss von Harvard verdient in ihrer Denkfabrik 85 000 Dollar – aber der Penner, den sie im Sportunterricht nicht mal eines Blickes würdigte, macht als Börsenhändler oder Fernsehproduzent 34 Millionen Dollar im Jahr. Der Versager, der in Harvard rausflog und damals anscheinend nie duschte, ist in Silicon Valley 2,4 Milliarden Dollar wert.

Wir stellen uns unsere weltgewandte Intellektuelle, inzwischen im mittleren Alter und etabliert, bei einem Abendessen vor. Die Gesellschaft für die Erhaltung des historischen Chicago hat ins Drake Hotel geladen. Den ganzen Abend erzählt sie Geschichten über Ted Koppel (um auf ihren Auftritt bei *Nightline* hinzuweisen) und über Bill Bradley, mit dem sie im August an einer Konferenz in Aspen teilgenommen hat. Die Banker, Anwälte und Doktoren an ihrem Tisch sind von ihr fasziniert. Hinterher ziehen sie sich zu Sieben-Dollar-Martinis an die Hotelbar zurück, und zu ihnen stoßen noch ein Berater von Deloitte & Touche und seine Frau, Partnerin bei Winston & Strawn – ein Doppel-&-Paar. Unsere Intellektuelle zeigt keine Anzeichen von Formschwäche und gibt auch an der Bar Insider-Geschichten über die Verlagsbranche und Klatsch aus den Zeitschriftenredaktionen zum Besten. Sie genießt das Gefühl, im Mittelpunkt zu stehen, und beschließt spontan, die Drinks auf ihre Kreditkarten-Rechnung zu nehmen, obwohl sich das jeder andere aus der Runde auch spielend leisten könnte. Die Gruppe stolpert ins Freie, und sie ist von dem Triumph des Abends so besoffen, dass sie unbedacht hervorstößt: »Kann ich jemanden mitnehmen? Muss jemand Richtung Süden?«

Lähmendes Schweigen. Das Doppel-&-Paar sagt: »Wir müssen eigentlich nach Norden, rauf nach Winnetka.« Einer der Doktoren sagt, er fahre auch nach Norden, hoch zum Lake Forest. Schlagartig hat sie einen schalen Geschmack im Mund. Sie kennt die Häuser an der Nordküste von Chicago. Kilometerweit ziehen sich da die Millionen-Villen hin. Einige sind im Tudor-Stil, andere im Prärie-Stil oder Queen-Anne-Look gebaut – allesamt massiv und makellos. Unkraut scheint es an der Nordküste nicht zu geben. Jedes Haus ist umgeben von ebenmäßigem Rasen und einem meisterhaft gestalteten Garten; die Hecken sind so akkurat geschnitten, dass sie wie grüner Marmor wirken. Sogar die Garagen sind tipptopp, die Baby Jogger hängen ordentlich an Haken, die Rutschautos der Kinder stehen perfekt aufgereiht und der Boden ist feucht gewischt. Die Renovierer kommen in diesem Viertel alle sieben Jahre ins Haus und tauschen die Vertäfelung in der Rotunde von Kirsche zu Walnuss oder umgekehrt aus. Vom ersten Moment des Aufwachens an, wenn diese Leute ihren Fuß auf den vorgeheizten Boden des Badezimmers setzen, bis zum letzten Moment des Tages, wenn sie den offenen mit Gas betriebenen Kamin per Fernbedienung ausschalten, werden sie daran erinnert, dass das Leben schön ist, Amerika gerecht und ihr Leben in geordneten Bahnen verläuft.

Die Intellektuelle hingegen muss in ihr Universitätsviertel in Hyde Park fahren. Sie kommt an bedrohlich aussehenden Sozialwohnungsblocks vorüber, und wenn sie an ihrer Ecke, der 47. Straße, an der Ampel warten muss, was sieht sie dann? Ein gelbes Geschäft, in dem man Schecks zu Bargeld machen kann, und daneben einen Laden, der billige Telefongespräche nach El Salvador anbietet. Der Block, in dem sie wohnt, ist verglichen mit ihren früheren Wohnverhältnissen zwar ein Aufstieg, aber dennoch aus alten dunklen Ziegeln, er wirkt geduckt und plump. Das Fleckchen davor, das stellvertretend für eine Rasenfläche steht, ist praktisch kahl; eiserne Gitterstäbe schützen die Fenster, das Tor ist verrostet und hängt schief in den Angeln. Sie geht durch die Eingangshalle aus angeschlagenem Marmor, in der Essensgerüche hängen, und steigt in den ersten Stock zu ihrem Apartment hinauf. In Winnetka empfängt eine große Halle die Doktoren und Anwälte, doch die Intellektuelle hat nur einen winzigen Witz von einem Flur, in dem noch dazu nebeneinander Schuhe an der Wand stehen. Sie betritt ihre Wohnung, sieht ihren vollen Esszimmertisch und schaut danach in die Küche. Mit einem Mal fühlt sie sich miserabel. Sie leidet unter der Status-Einkommens-Disparität oder SED. Diese Krankheit überkommt Leute, denen ihre Arbeit hohen sozialen Status verleiht, zu der aber nur ein vergleichsweise bescheidenes Einkommen gehört.

Die Tragödie der SED-Kranken ist, dass sie ruhmreiche Tage, aber erniedrigende Nächte durchleben. Sie halten Reden und Vorlesungen, und aller Augen sind auf sie gerichtet, sie zeigen sich im Fernsehen, in Zeitungen und bei wichtigen Meetings. Wenn sie in den Medien oder der Werbung arbeiten, können sie mit immens teuren Geschäftsessen auf Spesen rechnen. Am Tage wartet ein Dutzend berühmter Zeitgenossen auf den Rückruf unserer Intellektuellen, weil sie etwas von ihr wollen wie von einer alten Freundin – die Gesprächsnotizen auf ihrem Schreibtisch beweisen es –, und nachts wird ihr plötzlich klar, dass das Badezimmer eine Reinigung nötig hätte und Freund Ajax aus dem Schrank geholt werden muss. Im Job sind diese Leute Aristokraten, die Könige der Leistungsgesellschaft – doch zu Hause angekommen, sind sie zu Zwergen geschrumpft und müssen sich fragen, ob sie sich das neue Auto überhaupt leisten können.

Schauen wir uns wieder die Lage unserer nun nicht mehr so jungen Intellektuellen an. Sie verdient als ordentliche Professorin an der Universität von Chicago 105 000 Dollar. Ihr Mann – sie lernte ihn kennen, als sie beide an der Yale-Universität studierten – ist Projektchef bei der Stiftung von Robert McCormick, die Ideen fördert, die McCormick immer verabscheut hat. Der Ehemann bringt 75 000 Dollar heim. Nicht einmal in ihren kühnsten Träumen hätten sich die beiden vorgestellt, eines Tages 180 000 Dollar im Jahr zu machen.

Und ebenso wenig hätten sie gedacht, dass sie damit so arm sein würden. Ihre Tochter ist im vergangenen Jahr achtzehn geworden und ihr Studium an der Stanford University frisst 30 000 Dollar im Jahr auf. Der sechzehnjährige Sohn, der so musikalisch ist, verbraucht mindestens ebenso viel für Unterrichtsstunden, wenn man die Vorbereitungsschule, das Musik-Sommercamp und Privatstunden dazurechnet. Die Kinderfrau, die zu Hause ist, wenn ihre Neunjährige von der Kinderbetreuung der University of Chicago jeden Nachmittag heimkommt, kostet ebenfalls 32 000 Dollar (sie wird ganz legal bezahlt, weil unsere Intellektuelle immer noch auf einen Regierungsjob hofft). Dann sind da die Spenden, die hoch genug sein müssen, damit sie ihrem Steuerberater noch in die Augen schauen kann, wenn er sie im April wie jedes Jahr examiniert (Naturschutz, Amnesty International und anderes). Wenn man das alles abzieht, bleiben ihnen ungefähr 2 500 Dollar pro

Monat für Miete, Essen, Wäsche und andere Ausgaben des täglichen Lebens. Anscheinend sind sie tatsächlich bettelarm und obendrein leiden sie unter der »Stufen-Amnesie«: Kaum haben sie eine höhere Einkommensstufe erreicht, vergessen sie urplötzlich, wie ihr Leben auf der Stufe darunter aussah, und können sich nicht vorstellen, jemals wieder dahin zurückzukehren.

Moderne Intellektuelle sind großartig, wenn es darum geht, sich um ihren Ruf Sorgen zu machen. Doch wer von der Status-Einkommens-Disparität betroffen ist, macht sich die meiste Zeit Sorgen ums Geld. Es ist wahrhaftig nicht so, dass unsere Intellektuelle von heute seine Tage mit Nachdenken über Wahrheit und Schönheit oder mit poetischen Ergüssen über den Frühling fristet. Es ist nicht so, dass sie für ihr mageres 105 000-Dollar-Salär mit einem Wissen entschädigt würde, das sie den Widrigkeiten des Alltags enthebt. Sie muss das tun, was sie schon immer getan hat: sich selbst vermarkten, ihr Publikum zufrieden stellen, sich selber den Produzenten, Journalisten und Kollegen verkaufen; nur hat sie das Pech, in einer Branche tätig zu sein, die nicht viel Geld hat.

Unsere Intellektuelle hat eine Position am unteren Ende der Oberschicht. Sie ist wohlhabend genug, um ihre Kinder auf Privatschulen oder nach Stanford schicken zu können, aber die Eltern der anderen Kinder dort verdienen in einem Monat so viel wie ihre Familie in einem Jahr. Auch die Kinder der armen SED-Leidenden bemerken bald die Einkommensdifferenz – vor allem an Geburtstagen. Da feiern die einen im Baseball-Stadion Wrigley Field (indem sie einfach die Karten für einen ganzen Block aufkaufen) oder in einer Filiale der Spielwarenkette FAO Schwarz (indem man mal eben den ganzen Laden für einen Sonntagvormittag mietet). SED-Kids müssen statt dessen im heimischen Wohnzimmer feiern. Und sie merken es, wenn sie den Stanford-Kommilitonen im berühmten Winnetka besuchen. In seinem Haus ist alles aufgeräumt und es gibt vor allem Platz. Alles andere ist auf luxuriöse Weise karg. Die Kargheit regiert. Menschen der gebildeten Schicht am oberen Ende der Einkommensskala haben große Büros mit vielen Holzflächen; sie haben Sekretärinnen für den Papierfluss, die wiederum Sekretärinnen für die Ablage haben, und so bleibt nichts übrig, was sich auf der immensen spiegelnden Fläche des Schreibtischs stapeln müsste. Die Aktenmappen der Bobos in der Finanzbranche sind so dünn wie Waffeln, so dass kaum noch ein Notizblock hineinpasst. Sie haben ihr Leben dermaßen im Griff, dass sie nichts mit sich herumschleppen müssen. Sie reisen ohne Gepäck nach London, weil sie in ihrer Wohnung dort eine zweite Garderobe haben.

Das Leben unserer SED-Leidenden dagegen ist geprägt von Bedrängnis. Sie hat einen kleinen Schreibtisch oben im Gebäude der sozialwissenschaftlichen Fakultät. Überall liegt Papier herum: Manuskripte, Memoranden, Zeitschriften, Zeitungsausschnitte. Die SED-Leidende hat zu Hause allerlei Krüge und Kaffeemaschinen auf den Arbeitsflächen in der Küche herumstehen; Töpfe hängen an der Wand. Das Wohnzimmer quillt von Büchern meist älteren Erscheinungsdatums über.

Wenn eine Intellektuelle mit einem Haushaltseinkommen von 180 000 Dollar einen Raum betritt, in dem Geldtypen dominieren, die im Durchschnitt 1,75 Millionen Dollar im Jahr machen, sind einige soziale Regeln zu beachten. Zunächst wird jeder so tun, als existiere Geld überhaupt nicht. Jeder, aber auch jeder – sogar die

Intellektuelle, die nicht jeden Monat ihre Visa-Rechnung bezahlen kann – wird so tun, als könne er jederzeit für ein Wochenende nach Paris fliegen und würde nur durch Zeitmangel daran gehindert. Jeder wird das Marais-Viertel preisen, wobei man nicht erwähnt, dass der Finanzanalyst genau dort ein Apartment besitzt, während die Intellektuelle ihre karg bemessenen Ferien in einem Ein-Sterne-Hotel verbringt. Der Intellektuellen wird nicht entgehen, dass die Finanzanalysten eine Menge über Urlaub reden, während sie eigentlich nur über ihre Arbeit reden möchte.

Wenn eine Intellektuelle einen Raum voller Geldhaie betritt, wird sie einen Gedanken nicht loswerden: Mögen sie mich wirklich oder bin ich nur eine Art Bedienstete, die ihnen, so wie andere die Betten machen, Amüsement oder Publicity verschafft? Dass die geldgespickten Analysten kaum so denken, ist eine traurige Sache. Die Millionäre werden nämlich ihrerseits von der Sorge gequält, dass sie zwar Erfolg, aber keine Bedeutsamkeit errungen haben. Sie leiden unter einem umgekehrten SED-Syndrom – ihr Einkommen ist höher als ihr Status. Sie leiden an Einkommen-Status-Disparität (ESD). Den Millionären entgeht nicht, dass sie in ihrem Leben ihre künstlerische Ader nicht besonders gepflegt, keine intellektuelle Unsterblichkeit gewonnen haben und auch in der Konversation nicht besonders spritzig sind. Sie stellen fest, dass sie für alle Abendessen einer Stiftung zahlen müssen, während die Intellektuellen für so wichtig gehalten werden, dass sie gratis daran teilnehmen dürfen. Die Reichen sind im Denkfabrik-Kosmos das Fußvolk.

Außerdem werden die Intellektuellen dafür bezahlt, interessant zu sein. Sie werden dafür bezahlt, den ganzen Tag herumzusitzen und Dinge zu lesen, die sie in provozierende Prosa oder Konversation ummünzen (eigentlich erstaunlich, dass viele diese Arbeit so schlecht machen). Und die Reichen werden unterdessen dafür bezahlt, langweilig zu sein; sie bekommen obszön viel Geld, um geheime Verträge abzuschließen, die ihre Gesprächspartner auf Dinner-Parties, würde man ihnen davon erzählen, ziemlich schnell zum Einschlummern brächten. Schließlich fühlen sich die Reichen verwundbar, weil ihr guter Ruf trotz ihrer immensen Ressourcen von der Publicity-Maschinerie abhängt.

Daher wären viele Millionäre gern Schriftsteller, deren Meinung in der *NewsHour with Jim Lehrer* gefragt ist. Nehmen wir nur Mortimer Zuckerman, dem die *New York Daily News, U.S. News and World Report* sowie schöne Stücke von Manhattan und Washington gehören. Zuckerman fährt nach New Jersey, um beim Kabelkanal CNBC aufzutreten. Es reicht offenbar nicht, mehr Geld zu haben als manche Länder der Erde. Zuckerman will ein öffentlich auftretender Intellektueller sein.

Die Intellektuellen hingegen reagieren unterschiedlich auf SED. Manche verkaufen sich gern als zum »geldigen« Flügel der gebildeten Schicht gehörig. Sie kaufen blaue Hemden mit weißen Krägen. Sie polieren täglich ihre Schuhe. Die Frauen sparen, um sich ein Kostüm von Ralph Lauren oder Donna Karan zu kaufen. Wenn sie in den Medien, der Verlagsbranche oder bei einer Stiftung tätig sind, reizen sie ihr Spesenkonto maximal aus. Wie ein Asthmatiker, der während einer Kur in Arizona tief Luft holt, kann eine SED-Leidende auf einer Geschäftsreise vorübergehend Linderung erfahren. Sie kann für 370 Dollar pro Nacht in einem Ritz-Carlton-Hotel übernachten, wo die Ausgaben für den Reinigungsservice nicht mehr ins Gewicht fallen.

Doch wenn die Geschäftsreise zu Ende ist, hat sie die Erde wieder. Das könnte erklären, warum andere Mitglieder der Intelligenzia den umgekehrten Weg gehen und auf aggressive Weise ihre Boheme-Wurzeln zur Schau stellen. Sie tragen Timberland-Stiefel zum Anzug – zusammen mit eigenwilligen Krawatten und Socken ein Signal dafür, dass sie immer noch gegen die Kultur des Geldes rebellieren.

Diese Art von SED-Leidenden kultivieren zu Hause ihre relative Armut als Luxusgut. Sie gratulieren sich dazu, dass sie in einer normalen Gegend leben – denn die strahlend weiße Nachbarschaft in Winnetka oder Grosse Pointe oder an der Park Avenue könnten sie sich gar nicht leisten. Vor allem gratulieren sie sich dazu, einen Beruf gewählt zu haben, der gerade nicht den großen finanziellen Reibach verspricht. Doch unterschlagen sie dabei, dass dem Intellektuellen einfach das Zeug dazu fehlt, ein Investmentbanker zu sein, und er im Gegensatz zu einem Anwalt auch nicht die Geduld aufbrächte, sich auf Dinge zu konzentrieren, die ihn langweilen. Weil er folglich nicht die Möglichkeit hatte, sich für eine lukrativere Branche zu entscheiden, gab es in seinem Leben auch niemals den Moment, in dem er sich bewusst für dieses Opfer entschieden hätte.

SED tut dem weh, der daran leidet, aber in Wirklichkeit ist SED wie das Steißbein. So wie man das Steißbein für ein Überbleibsel der Evolution hält – aus der Zeit, als unsere Vorfahren noch Schwänze hatten –, so ist SED ein Überbleibsel aus dem Klassenkampf zwischen der Bourgeoisie und der Boheme. Jahrhunderte lang beäugten sich der bürgerliche Geschäftsmann und der Bohemien gegenseitig misstrauisch aus der Ferne und über Barrikaden hinweg. Bis schließlich ihr großer Klassenkampf auf ein kleines Zerwürfnis beim Dinner reduziert wurde. Jetzt reden sie miteinander; sie schießen nicht. Ihr großer kultureller Konflikt ist nur noch ein kleiner Galopp um den besten Status, wobei beide bemüht sind, die eigene Karriere zu rechtfertigen.

Damit hat sich die gesellschaftliche Rolle des Intellektuellen wirklich gewandelt. War er früher das abseits stehende Mitglied einer freidenkerischen Priesterkaste, so ist er heute ein argwöhnischer, aber eigentlich ganz zufriedener Angehöriger einer großen Klasse von Menschen, die sich für Ideen interessieren. Nehmen wir Abschied von den intellektuellen Spiegelfechtereien in einem hermetisch abgeschlossenen Kreis und vom Einsiedlerleben in heruntergekommenen Dachkammern oder Lofts; die Intellektuellen von heute können einen Château-Margaux sehr wohl von einem Merlot unterscheiden.

Also was haben wir dabei gewonnen und was verloren? Einerseits fällt es schwer, das intellektuelle Leben der Fünfziger nicht zu bewundern und die Leute von der *Partisan Review* nicht zu beneiden. Sie lebten für Ideen, für das Wort und den Streit. Sie verfügten über einen Geist, der sich zu unglaublichen Höhen aufschwingen konnte, und sie waren in der Lage, mühelos Zitate von Hegel und Aristoteles, Schiller und Goethe herunterzurattern. Das aber war das Zeitalter vor dem Klugschwätzertum des Fernsehens, vor der Meinungsinflation auf Zeitungsseiten und vor dem Konferenz-Tourismus. Die intellektuelle Welt von damals erscheint aufs Erste kleiner, aber intensiver und lebendiger.

Und doch. Und doch muss man auch etwas Positives über die heutige Welt der Intellektuellen sagen, und ich jedenfalls würde um keinen Preis zu damaligen Verhältnissen zurückkehren wollen. Beginnen wir mit dieser Frage: Wie lernen wir? Erlangt man Weisheit am ehesten, wenn man in einem mit Büchern voll gestopften Büro am Riverside Drive hockt, Freud und die Existenzialisten liest, sich in Debatten mit einer Gemeinschaft von Inselbewohnern vertieft, die alle in einem Umkreis von wenigen Quadratkilometern leben? Oder gewinnt man sie nicht eher durch breiter angelegte Erfahrungen mit der Welt, indem man einen Fuß in den Mainstream hält und dann überlegt, wie man sich dabei gefühlt und was man dabei entdeckt hat? Gelangt man zu Einsichten, wenn man isoliert und abgehoben über die Welt urteilt, oder bekommt man sie, wenn man sich auf das Durcheinander und die unmittelbaren Konturen der Realität einlässt – und dann beschreibt, was man empfunden hat? Moderne Schriftsteller haben nicht nur dickere Brieftaschen als die vom alten Schlag. Wir haben einfach unterschiedliche Erkenntnistheorien.

Wir sind der reinen Vernunft gegenüber skeptischer und auch skeptischer gegenüber hochfliegenden Abstraktionen und autoritär verkündeten Verallgemeinerungen. Im letzten Kapitel habe ich die Metis beschrieben, diese praktische Weisheit, die man eher durch das Handeln und Fühlen erlangt als durch Theoretisieren. Wir Bobos vertrauen mehr der Metis als der abstrakten Vernunft, und wir tun gut daran. Wir haben Recht, wenn wir uns in die Welt einmischen, wenn wir wie jeder Mensch kämpfen und die dumpfe Oberflächlichkeit des Alltagslebens erfahren. Würden wir uns von der kommerziellen Kultur entfernen, dann würden wir uns auch von der Hauptaktivität des Lebens in Amerika oder wo auch immer abkoppeln. Und dann wäre es viel schwerer zu verstehen, was vor sich geht. Unsere Muster-Intellektuelle wird, wenn sie sich ihre eigenen Motive und Kompromisse eingesteht, auch ein genaueres Bild vom Zustand ihres Landes und der Welt erhalten.

Schauen wir noch einmal zurück auf die Bücher aus den Fünfzigerjahren. Das Jahrzehnt zwischen 1955 und 1965 war das goldene Jahrzehnt der Sachbücher, der Non-Fiction. Deren Autoren haben unbestritten einen Erfolg erzielt. Sie gewannen ein Publikum. Die Leute von der *Partisan Review* waren brillant, aber die Auflage der Zeitschrift war winzig. Heute gibt es unvergleichlich mehr Vertriebswege, um seine Gedanken Millionen von Menschen näher zu bringen. Aber Aufmerksamkeit zu wecken und eine treue Leser- oder Zuschauer-Gemeinde zu finden, ist schwerer geworden. Die Schriftsteller und Denker sind gut beraten, die neuen Medien zu nutzen, um ihre Ideen zu verbreiten, aber dafür müssen sie auch genauer auf die Anforderungen der unterschiedlichen Formate achten und lernen, wie man lächelt, wenn das rote Licht der Kamera angeht.

5. Die Sinne nützlich einsetzen: Freizeit

Wer sich mit Stil foltern und auspeitschen lassen und sich in Würde demütigen lassen will, sollte sich in den Internet-Newsletter der Arizona Power Exchange einklicken, einer Sado-Maso-Gruppe mit Hauptquartier in Phoenix, Arizona. Diese Organisation liefert für die Leute, die als »Leder-Gemeinde« bekannt geworden sind, einen Rundum-Service. Wie der Sommer-Newsletter berichtete, gab es am 3. August eine Diskussion mit anschließender Demütigungs-Sitzung. Am 6. August um sieben Uhr morgens war ein Workshop über die Arbeit mit der Hundeleine anberaumt. Am folgenden Abend traf die »Sadomasochisten-Bondage-Gruppe für persönliche Entwicklung und Unterstützung« Meister Lawrence, während Carla eine Diskussion für Freunde von hochhackigen Schuhen und Fußfetischisten leitete. Eine Woche später kam ein Gastredner vorbei, um einem »blutige Sportarten« näher zu bringen. Alle diese Treffen sollten im Geist eines gereiften, hoch gesinnten Denkens stattfinden, das in der Erklärung über die Ziele und Absichten der Organisation niedergelegt ist: »Die S&M-, B&D-, D&S-Erfahrung mit Akzeptanz, Fürsorge, Würde und Respekt behandeln.« Würde und Respekt sind entscheidend, wenn man gefesselt auf dem Boden liegt und einem anderen die Stiefel leckt.

Die Organisation hinter der Abkürzung APEX hat einen siebenköpfigen Verwaltungsrat und eine lange Liste von Funktionären und Verwaltungsangestellten. Da gibt es eine protokollierende Sekretärin, einen Schatzmeister, einen Archivar, einen Orientierungsoffizier, einen Logistikfachmann und eine Web-Mannschaft für die Internetseite, die ernster daherkommt als die eines durchschnittlichen Rotarier-Clubs. APEX unterstützt Veranstaltungen für einen guten Zweck. Es gibt eine besondere Unterstützergruppe für Freunde der Unterwerfung, die zu schüchtern sind, ihre Lieblingsart der Unterwerfung in Worte zu fassen. Es gibt ein Seminar über Sado-Maso und juristische Fragen. Es gibt Treffen in zwölf Stufen für Sadisten und Masochisten, die drogensüchtig waren. Und schließlich gibt es die längerfristige Absicht, sich mit anderen Bondage- und Dominier-Gruppen im ganzen Land zusammenzuschließen.

Wenn man die Beschreibungen der APEX-Workshops genauer liest, wundert man sich darüber, wie liebevoll diese Geschichten inszeniert werden. Themen wie Piercing der Brustwarzen und Spaß beim Ausziehen sollten vermeintlich Bilder schmieriger kleiner de Sades heraufbeschwören, doch in diesem Umfeld wirkt das Fesseln und Bestrafen eher wie das Beobachten von Tieren oder wie eine Weinprobe. Man stellt sich eine Truppe von Vertrauenslehrern in ihrer Freizeit vor oder verantwortungsbewusste Zahnseidebenutzer vor, die nur mit Ledergürteln und ihren orthopädischen Schuhen bekleidet herumstehen und die Vor- und Nachteile aus- und inländischer Penisklammern diskutieren. Alles wirkt so maßvoll und brav. So verdammt bürgerlich.

Sex und besonders aggressiver Sex war immer die große Grenzüberschreitung. Zur Ausschweifung bereite Aristokraten griffen nach ihren Peitschen und Fesseln und begaben sich auf den Speicher ihres Palastes. Bauern schwelgten in geilen Orgien mit reichlich Alkohol. Und die Bohemiens warfen die Fesseln der Etikette ab und erforschten die Freuden der freien Liebe.

Doch heute ist das obsolet. Denn schon gibt es einen aufblühenden Industriezweig, der sich an Konsumenten richtet, die moralischen Sex praktizieren wollen. Es gibt anspruchsvolle Sex-Zeitschriften und Kataloge (wie *Good Vibrations* und *Sex Life*), die man gut von den üblichen Sexheften unterscheiden kann: Sie haben etwas gegen Voyeurismus und zeigen darum häufig hässliche Menschen beim Sex; und oft beschäftigen sie sich, als Beleg für die These vom Sex als lebenslangem Abenteuer, mit dem Sex älterer Menschen – bis der Herzschrittmacher aussetzt. Es schreiben so viele Soziologieprofessoren über grenzüberschreitende Sexualität, dass man den Eindruck bekommt, Orgien würden weniger um ihrer selbst willen, das heißt aus Spaß veranstaltet, sondern wie Indianertänze in den Reservaten extra für die Gesellschaftswissenschaftler unter den Zuschauern aufgeführt.

Machen wir's kurz: In den vergangenen Jahren hat die gebildete Schicht ihr sexuelles Verlangen gezähmt, indem sie es mit lähmend hochfliegenden Gedanken dämpfte. Sex war jahrhundertelang aufrührerisch, sündig oder jedenfalls potenziell gefährlich – aber dann kamen die Bobos und machten Sex zu einer für die Gesellschaft nützlichen Aktivität.

Die Bobos sind die Pfaffen im Reich der Genitalien. Alle Spuren der dionysischen Geilheit der Sechzigerjahre sind verschwunden, und »Schutz und Verantwortung« dominieren die bessere Sex-Literatur. Die Aktiven betonen unermüdlich, wie gesund das doch alles sei, so dass man fast den Eindruck bekommt, es ginge um Liegestützen, Kniebeugen oder Klimmzüge. Damit alles auch verantwortungsvoll und kontrolliert abläuft, werden perverse Handlungen mit Regeln und einem Verhaltenskodex belegt. Die Sex-Newsletter beschreiben bei ihren Schilderungen von Gruppensex, wann eine Einverständniserklärung zu unterzeichnen ist, wann Latex-Handschuhe zu tragen sind und wann man auch rauchen darf – und diese Regeln werden eingehalten. Es sind vielleicht nicht gerade die Regeln, die ein gesittetes Benehmen in einem Salon des 19. Jahrhunderts garantierten, aber der rigide Anspruch auf Selbstkontrolle, mit dem sie aufgestellt und befolgt werden, erinnert stark an die sozialen Normen von früher.

Der Marquis de Sade von heute will keine unmoralische Untergrundgesellschaft. Er will die Normalität nicht pervertieren, sondern einfach dazugehören. Alle möglichen Gruppen – »Affirmation Groups« heißen die, die ihr Anderssein stolz vertreten – wollen ihren Platz an der Sonne: die Polygamisten, die Sodomiten, die Nekrophilen, die Zigarrenfetischisten, die Fans von Gebissanomalien, die Piercer, die »Crush Lovers« (die erregt zusehen, wie Frauen etwas zertrümmern) und die »Macrophiliacs« (diese Spezies stellt sich zur Erbauung vor, wie Frauen mit ihren Brüsten Gebäude zerquetschen).

Auch auf ihren Abwegen sind sie alle Moralisten. Sexualität wird immer häufiger als Weg zum tieferen moralischen Verständnis gesehen. Der ehemalige Mönch Thomas Moore schrieb zuerst ein Buch mit dem

Titel *Der Seele Flügel geben* und ließ diesem Seller *The Soul of Sex* folgen, das nur eines von Hunderten moralischer Bücher über Sex aus den vergangenen paar Jahren ist. Manche wenden sich an eine Tantra-Kirche, die Kurse wie »Tantrischer Sex: Der Spirituelle Pfad zur Ekstase« anbietet. Andere wirken mit ihrem Sexualleben für den sozialen Wandel. Die Orgien in den Sex-Zeitschriften der besseren Leute sind paritätisch besetzt: ein Asiate, ein Hispanic, ein Afro-Amerikaner, ein Kaukasier, ein Native American (wie man die Indianer derzeit nennt).

Aber Bobos kleistern nicht nur das mit Moral zu, was früher subversiv war. Sie sind Meritokraten, sie setzen auch hier voll auf Leistung. Also genießen sie nicht bloß ihren Orgasmus, sie *schaffen* ihn. Sex ist wie Schulunterricht und wird als andauerndes Programm zur Verbesserung und Selbstverwirklichung betrachtet. Schon erstaunlich, wie viele Sex-Workshops, Seminare, Institute und Akademien es gibt, die Menschen beglücken, die mehr über ihren Körper lernen wollen.

In der Praxis arbeiten diese Leistungsbewussten unglaublich hart, um ihre Künste zu verfeinern und sich neue Techniken anzueignen. Auf simple Art im Schlafzimmer zu onanieren, ist nichts für Bobos. Sie müssen eine lebenslange Schulung daraus machen. Genießen wir eine Übung von JoAnn Loulan, Autorin von *Lesbian Passion: Loving Ourselves and Each Other*: »Schauen Sie Ihre Genitalien jeden Tag im Spiegel an … Zeichnen Sie Ihre Genitalien … Schreiben Sie Ihren Genitalien einen Brief … Verbringen Sie eine sinnliche Stunde mit sich selbst und lassen Sie sich nicht unterbrechen … Schauen Sie sich eine Stunde lang im Spiegel an. Sprechen Sie mit all Ihren Körperteilen … Berühren Sie Ihre Genitalien eine Stunde lang, ohne einen Orgasmus zu haben … Onanieren Sie eine Stunde lang.« Schon bei der Lektüre dieser knappen Anweisungen beschleicht einen das Gefühl, einem Aufenthalt in der Psychiatrie einen Schritt näher gekommen zu sein.

Alles im Leben eines Bobos dient einem Zweck. Alles teilt man miteinander und teilt man sich mit. Sogar Onanie kann vom Standpunkt des Kenners aus gemessen und bewertet werden. Und nicht nur die Sex-Techniken sind dauernder Arbeit und Verbesserung unterworfen; auch die entsprechende Wahrnehmung und das Wissen darüber können vertieft und verfeinert werden. Sex darf, so gesehen, nicht bloß eine schöne Sache zwischen Bettlaken sein, sondern muss auch zwischen den Ohren einen wichtigen Platz einnehmen. Er muss sicher, verantwortlich und von gesellschaftlichem Nutzen sein. Hedonismus ist eben auch nicht mehr das, was er mal war.

Die Lustkriege

Dass die sexuelle Revolution so enden würde, hätte man sich nicht träumen lassen. Schließlich hatte sie doch ihre Wurzeln in der romantischen Bewegung, die eine Rebellion gegen die Verdrängungen und Verdrehungen der bourgeoisen Lebensart sein sollte. »Lustkriege« nannte der Historiker Peter Gay diese Attacken sinnlich denkender Bohemiens, die sich über die Konventionen der Mittelschicht hinwegsetzen wollten. Die Angehörigen der Boheme verspotteten den schwer arbeitenden, unerotischen Charles Bovary. Sie priesen die Tagebücher der Anaïs Nin und die schockierenden Romane von Henry Miller. Sie führten einen Kreuzzug gegen die Zensur von freizügiger Kunst und Literatur.

In der Gegenkultur war das Leben frei und voller Lust. In seinen Memoiren über das Leben im Untergrund, *Down and In*, zitiert Ronald Sukenick den Kolumnisten der *Village Voice* Howard Smith: »Ich kam in das Village, weil Sex in den Fünfzigern etwas wahnsinnig Spannendes war. Ich wollte ficken. Ich wollte, dass Frauen mit mir redeten. Ich wollte Frauen, die nicht einen Büstenhalter aus Draht trugen, ein Hemdchen darüber und darüber noch einen Sweater. [...] In Pandora's Box ging ich immer in dieses Café, und die Bedienung beugte sich zu mir herunter und fragte ›Kann ich noch was für dich tun?‹, und sie trug eine kurze Bauernbluse und keinen Büstenhalter, und das haute mich fast vom Stuhl.«

In den Sechzigern machten sich Hippies über »Blue Meanies« (die Bösewichter aus dem Film *Yellow Submarine*, die die Freude stehlen) lustig. Studenten zelebrierten Perversionen aller Art und verdammten die »repressive Desublimierung«, einen von Herbert Marcuses Begriffen, der irgendwie mit dem Hip-Sein verbunden schien. »Je mehr ich die Revolution liebe, desto mehr Frauen liebe ich«, ließen sich die Radikalen vernehmen. In den Sechziger- und Siebzigerjahren galt Nacktheit als revolutionär, und Rockstars waren nur dann radikal, wenn sie Hymnen auf »Sex, Drugs and Rock'n'Roll« sangen. Bei ihnen wirkte es so, als sei ausschweifender Hedonismus und Revolution ein und dasselbe – womit sie vielleicht sogar Recht hatten. Und es gab eine romantische Losung hinter diesem schnellen Leben: *Le dérèglement de tous les sens*. Befrei deine Sinne von allen Regeln. Große Wahrheiten kommen von großen Gefühlen. Die Besten leben leidenschaftlich und für den Augenblick. Die Tapferen leben frei und schnell und dringen in die tieferen Regionen der Existenz vor.

In den Siebzigerjahren schien es klar, wer die Lustkriege gewinnen würde. Partnertausch – oder wenigstens darüber zu reden – war hip. Das Buch *Thy Neighbor's Wife* von Gay Talese entstand in diesen Jahren und war eine Chronik der Swinger, die anscheinend unendlich viel Zeit damit verbrachten, nackt in Gruppen herumzusitzen und neue erogene Zonen zu erforschen. Gefeierte Romanschriftsteller wie John Updike und Philip Roth beschrieben sexuelle Akte, von denen pornografische Autoren zwei Jahrzehnte früher die Finger gelassen hätten. *The Joy of Sex* war ein riesiger Bestseller. In New York gab es mindestens fünf Nackt-Musicals, Erica Jong wurde durch ihre Beschreibung von Sex ohne Ausziehen berühmt, und Kinofilme aus jener Zeit propagierten Drogen.

Die Emanzipation errang einen Triumph nach dem anderen. An manchen Orten wurden Kinder ermutigt, ihre Sexualität zu erkunden – als Mittel der Selbsterfahrung. Alte Tabus fielen. Traditionelle Familienstrukturen schienen sich überlebt zu haben. Die alte Etikette schien aus der Zeit des Neandertalers zu stammen. Widerstand wurde als Heuchelei gedeutet. Sexuelle Freizügigkeit stand – zumindest im öffentlichen Diskurs – vor einem Sieg an allen Fronten.

Und einige Gesellschaftskritiker glauben tatsächlich, die sexuelle Revolution dauere ungebrochen bis heute an. 1995 schrieb George Gilder: »Die Werte der Boheme haben über die Vorzüge des Bürgertums gesiegt: in der Sexualmoral und der Rolle der Familie, in den Künsten, in der Bürokratie und an den Universitäten, in der

Populärkultur und im öffentlichen Leben. Als Folge davon befinden sich die Kultur und das Familienleben zu weiten Teilen im Chaos, in den Städten haben sich Geschlechtskrankheiten ausgebreitet, Schulen und Colleges sind dem Bildungshass und der Propaganda anheim gefallen, die Gerichte ergehen sich in Haarspaltereien.« 1996 behauptete Robert Bork in seinem Bestseller *Slouching Towards Gomorrah*, dass die Sechzigerjahre den Mainstream Amerikas verdorben hätten.

Aber wenn man sich die Oberschicht in Amerika tatsächlich ansieht, ist bestimmt nicht alles Chaos und Unmoral, auch nicht unter den sexuellen Avantgardisten der Arizona Power Exchange. Was sie tun, mag einem eigenartig oder widerlich vorkommen, aber es herrscht dabei eine besondere Disziplin. Und im gebildeten Mainstream findet man kaum Anzeichen von offenem Hedonismus oder Dekadenz. Es wird wenig geraucht. Es wird wenig getrunken. Man lässt sich selten scheiden. Selbst Rockstars gefallen sich mehr in der Pose der moralisierenden Geschichtenerzähler in der Tradition der Fünfzigerjahre, als dass sie die hedonistischen Rebellen spielen würden.

Neuorientierung

Es stimmt nicht mehr, dass das Prinzip »Anything Goes« die amerikanische Kultur überzieht (wenn es das je getan hat). Das Gesamtbild ist viel komplexer und verwirrender. Unser Humor hat sich zum Beispiel verändert: Was Witze über Sex angeht, sind wir in den vergangenen Jahren erstaunlich tolerant geworden, dagegen kommen rassistische Scherze immer schlechter an.

Korrekte Haltung und Kleidung sind wichtig, aber nicht mehr allzu wichtig, dafür sind wir sehr empfindlich bei Wutausbrüchen, Spucken und Rauchen in der Öffentlichkeit geworden. Wir sind toleranter, was offenherziges Reden über Sexualität angeht, aber strenger bei schlüpfriger Anmache oder bei allem, was irgendwie wirkt, als würde jemand sexuell belästigt. Universitäten tolerieren Tätowierungen und Piercings, was in den Fünfzigerjahren undenkbar gewesen wäre, aber rituelles Saufen als Mittel der Kontaktpflege – damals keine Seltenheit – ist heute geächtet. Wir meinen, weniger streng mit unseren Kindern zu sein, doch tatsächlich greifen wir mehr in deren Leben ein als Eltern in den Fünfzigerjahren. Tante Polly hat Tom Sawyer vielleicht geprügelt und gedrillt, damit er sich bei Tisch gut benähme, doch dann erlaubte sie ihm, stundenlang unbeaufsichtigt herumzustrolchen, und gab ihm so überhaupt erst die Gelegenheit, seine Abenteuer zu erleben. Die Etikette gilt uns heute nicht mehr viel, aber Herumlungern und Herumstrolchen erlauben wir auch nicht. Stattdessen karren wir unsere Kinder von einem Termin zum nächsten, und die meisten sind von Erwachsenen organisiert.

Es ist wohl so, dass Bobos neue soziale Regeln eingeführt haben, die auf charakteristische Weise die bürgerliche Selbstkontrolle mit der Emanzipation der Boheme verbinden. Heute haben wir neue Standards, um erlaubte Freuden von unerlaubten zu unterscheiden. Wir haben neue soziale Regeln, um unsere Sinne zu ordnen.

Nützliche Freuden

Um einen direkten Blick auf diese neuen Regeln zu werfen, genügt es, im Sommer einen öffentlichen Park zu besuchen. Da joggen Frauen in Sport-BHs und hautengen Hosen. Wenn das die guten alten Puritaner sehen könnten – Frauen, die scheinbar in Unterwäsche in aller Öffentlichkeit herumrennen! Sie würden sofort ihre alten Traktate hervorziehen, in denen so oft Sodom und Gomorrha vorkommen. Sogar ein kosmopolitischer Historiker wie Edward Gibbon, der Autor von *Verfall und Untergang des Römischen Reiches,* würde beim Anblick dieser Frauen wohl sogleich über den Niedergang großer Reiche spekulieren. Dennoch: Zeigt sich auf den Gesichtern dieser BH-Joggerinnen etwa der blanke Hedonismus? Sie sind keine Exhibitionistinnen. Jeder mögliche erotische Effekt ihrer Beinahe-Nacktheit schwindet, wenn man die grimmige Entschlossenheit in ihren Gesichtszügen bemerkt. Sie verausgaben sich. Sie arbeiten. Sie bauen Muskelmasse auf. Sie setzen sich Ziele und wollen diese erreichen. Niemals sieht man sie lächeln. Im Gegenteil, manche von ihnen scheinen zu leiden. Diese fast nackten jungen Frauen sind die verkörperte Selbstdisziplin – no pain, no gain, ohne Fleiß kein Preis –, und fast nackt sind sie, weil diese Art Kleidung ihrer Ansicht nach äußerst praktisch ist. Was wir im Park sehen, ist also Fast-Nacktheit: Nacktheit im Dienste der Leistung. Dionysos, der Gott der Lust, versöhnt mit Prometheus, dem Gott der Arbeit.

Bei den Bobos muss das Vergnügen einem Zweck dienen. Jedes sinnliche Vergnügen, das erbaulich oder lebensverlängernd wirkt, wird groß zelebriert. Andererseits wird jedes Vergnügen, das kontraproduktiv und gefährlich ist, gnadenlos verurteilt. Also feiert man die Leibesertüchtigung, aber Rauchen wird als Sünde verfolgt, die schlimmer ist als der Verstoß gegen eines der Zehn Gebote. Kaffee ist das Getränk der Stunde, weil es angeblich den Geist schärft, Schnäpse hingegen sind nicht mehr en vogue, weil sie die Urteilskraft schwächen. Man kann ruhig fast nackt baden, in einem superknappen Badeanzug, und niemand wird sich aufregen; aber wenn man keine Sonnencreme mit hohem Lichtschutzfaktor aufträgt, um sich vor Krebs zu schützen, wundern sich die Leute. Gesunde Nahrung zu sich zu nehmen ist etwas Bewundernswertes, ungesunde Ernährung wird dagegen immer häufiger zusammen mit dem Wörtchen »Schuld« gebraucht. In anderen Zusammenhängen hat Schuld nicht mehr viel zu suchen. Ein kontemplativer Genuss wie ein ausgedehntes heißes Bad wird gern gesehen, doch gefährliche Vergnügungen, wie auf einem Motorrad dahinzurasen oder sich nicht anzuschnallen, gelten als moralisch unverantwortlich. Sportarten wie Aerobic, Skilanglauf und die Fortbewegung auf Inlineskates liegen voll im Trend, während andere Sportarten, die wenig zur Stärkung der Herztätigkeit beitragen wie Pool-Billard, Bowling und Pingpong, definitiv als Sport der Unterschicht gelten. Sogar ein Nachmittag, den wir spielend mit den Kindern verbringen, ist ein guter Nachmittag; helfen wir damit doch den Kleinen, Geschicklichkeit zu entwickeln (man sollte einmal Bobo-Eltern dabei zusehen, wie sie mit ihren Kindern »spielen«), bessere Beziehungen zu anderen und Selbstbewusstsein aufzubauen (»Gut gemacht! Das hilft dir!«).

Damit haben wir das protestantische Arbeitsethos durch das Spielethos der Bobos ersetzt, das gleichfalls hohe Anforderungen stellt. Alles, was wir tun, muss in die Lebensplanung passen, die Kultivierung, Fortschritt und persönliche Weiterentwicklung vorsieht.

Dazu passt ganz gut, dass die beiden Freizeit-Institutionen, die im Bobo-Zeitalter besonderen Zuspruch erfahren, die Fitnessclubs und Museen sind. Beide Einrichtungen gestatten sinnliche Befriedigung in stilvollem Ambiente. In Fitnessclubs kann man die Freuden brennender Muskeln erfahren und gleichzeitig sein virtuelles Selbst in den überlebensgroßen Spiegeln bewundern und lieben lernen. In den Museen kann man in ein sinnliches Füllhorn tauchen, die Farben und Formen von Malereien und Materialien genießen, während man per Kopfhörer die Erläuterungen einer sachkundigen Führung in sich aufnimmt; gelehrte Texte zieren die Wände und zum Ausklang gibt es den wunderbaren Museums-Buchladen. Fitnessclubs und Museen sind die Kapellen und Kathedralen unseres Zeitalters. Die einen helfen bei der Ertüchtigung des Körpers, die anderen bei der des Geistes.

Dazu passt auch, dass wir Bobos das ultimative Symbol des dionysischen Rückzugs, die Party, mit der Arbeit verbunden haben. Vor einigen Jahren erschien im *New Yorker* ein Essay von James Atlas, »The Fall of Fun«, der die Veränderungen in der Literatur-Party-Szene ziemlich gut wiedergab und auch die Parties der gebildeten Schicht genauer unter die Lupe nahm.

Verglichen mit den Schriftstellern, Poeten und Essayisten vergangener Jahrzehnte sind die »Kreativen« von heute nach Atlas' Ansicht ein ziemlich lahmer Haufen. Er erinnert sich, wie die literarischen Helden seiner Studentenzeit in Harvard hingebungsvoll feierten und zechten. »Meine Gurus waren die berühmten trinkfesten Literaten aus einer vergangenen Zeit: ein angeschlagener, verkaterter Robert Lowell, der am Seminartisch im Untergeschoss des Quincy House auf Kette Menthol-Zigaretten der Marke ›True‹ rauchte; ein betrunkener Norman Mailer, der im Sanders-Theater eine Whiskeyflasche schwenkte; Allen Ginsberg, der einen Joint rauchend bei einem Dinner der Signet Society auftauchte und zur hypnotisierenden Begleitung eines Akkordeons seine Gedichte sang. Die Poesie der Nachkriegszeit war eine Hymne auf den Exzess.«

Das waren Künstler, die demonstrativ das Leben der Boheme führten. Atlas beschrieb schnapsselige Treffen der »alten« Literaten, die verrauchten Parties, die peinlichen Szenen, die bitteren Fehden, die darauf folgenden Scheidungen. Sogar die Tagebücher des ernsten Edmund Wilson berichten Ehebruch und Trunkenheit. Edmund fand sich eines Abends, zu seiner eigenen Überraschung, bei einem flotten Dreier auf einer Couch wieder. Viele dieser Leute tranken sich allerdings in ein frühes Grab. Delmore Schwartz starb mit zweiundfünfzig; John Berryman brachte sich mit siebenundfünfzig um; Shirley Jackson starb mit fünfundvierzig, Robert Lowell mit sechzig – relativ alt für seine Kreise.

Heute sind die Zecher und Trinker ziemlich bald mit medizinischen Diagnosen konfrontiert: Alkoholismus, Drogenabhängigkeit, Depression. Sogar in den Vierteln, in denen früher die Boheme regierte, sind – wie Atlas zu berichten weiß – die Tage des Saufens und Lärmens vorüber. Parties sind heute Arbeitstreffen; ein Glas Weißwein oder zwei, ein bisschen Kontaktpflege mit Verlegern und Agenten, und dann geht's heim zu den Kindern. Fast niemand trinkt mehr Alkohol zum Mittagessen. Keine nächtelangen Sitzungen um einen Küchentisch mehr, zuhörend und palavernd. Jeder lebt nun gesünder, geordneter und erfolgsorientierter.

Auch in anderen Kreisen hat sich dieser Stil durchgesetzt. Früher waren Journalisten rauchende und trinkende Prolos. Jetzt – die älteren Reporter werden nicht müde uns daran zu erinnern – füllen sich die Wahlkampfbusse mit braven Universitätsabsolventen, die Mineralwasser trinken. Bei Journalistenparties besäuft sich keiner mehr, und wer es täte, wäre der Verlierer des Abends. Auch das gesellschaftliche Leben an den Unis ist heute, wie uns Artikel im *Chronicle of Higher Education* verraten, trockener und zahmer als vor zwei Jahrzehnten. Sogar Hollywood, eigentlich Epizentrum des Hedonismus, ist vom Gesundheits- und Karrierebewusstsein erfasst worden. Bobos haben heute nach einer Party eher ein paar Visitenkarten verloren als das Bewusstsein durch zu viel Alkohol.

Was den Alkoholkonsum betrifft, erleben wir derzeit vielleicht die trockenste Periode seit der Prohibition. Alte Begriffe verblassen, und bald wird niemand mehr wissen, was ein Sour, ein Sling, ein Highball, Fizz oder Nightcap ist.

Ein Grund für das wilde und freizügige Gebaren der Boheme war ihre Rebellion gegen die engen und strengen Sitten der Bourgeoisie. Aber als die Bourgeoisie die Freiheitskultur der Sechzigerjahre endlich geschluckt hatte, war da nichts mehr, wogegen man rebellieren konnte. Die Boheme-Symbole wurden vom Mainstream aufgesaugt und der antikulturelle Schwung musste verloren gehen. Die Romane von Henry Miller waren scheinbar »cool«, weil sie die Mittelschicht zu beleidigen suchten, aber heute kommen sie einem längst nicht mehr so gewagt vor. Strip-Darbietungen waren früher vielleicht ein erregendes Wagnis, doch als sie zum Zeitvertreib für Touristen wurden, verloren sie ihren revolutionären Impetus. Als die Disco-Kids aus Queens und die Yuppies von der Wall Street in den Siebziger- und Achtzigerjahren die Drogen entdeckten, waren diese plötzlich nicht mehr Mittel zur Erweiterung des Selbst, sondern eher ordinäres Spielzeug. Einfach Spaß am Leben zu haben, ist kein so rebellisches Bekenntnis mehr wie früher.

Obendrein war Freizeit in früheren Jahrzehnten mehr ein Ausleben. Menschen hatten langweilige Jobs, also wollten sie wenigstens abends ein wenig Spaß. Die Kreativen hatten das Gefühl, in einer langweiligen Gesellschaft kaltgestellt zu sein, und so wollten sie die Regeln auf den Kopf stellen. Aber Bobos finden ihre Arbeit durchaus nicht langweilig. Sie ist interessant und eine Herausforderung. Daher ist es womöglich nicht abwegig, dass sie das Spiel zur Arbeit machen. Bobos sind schließlich die großen Kompromissler, und so kann man wohl nichts daran ändern, dass sie Pflicht und Vergnügen vermischen, wodurch erstere angenehmer und letzteres braver wird.

Sinnvoller Urlaub

Ein Straßencafé an der Piazza della Serenissima in einem toskanischen Dorf. Da sitzen Sie also und haben gerade zwanzig Minuten des Entzückens hinter sich, da Sie ein Kleinod gefunden und besichtigt haben: eine kleine Basilika abseits der üblichen Touristenpfade. Sie haben ein paar eiserne Tische zusammengeschoben, um mit den anderen weltläufigen Paaren zusammen zu sitzen, die Sie da drinnen getroffen haben. Während Sie an einem Drink nippen, der zu Hause leicht als Hustensaft durchginge, werden Urlaubsgeschichten ausgetauscht. Jemand spricht von einer nicht lange zurückliegenden Reise in das Göreme-Tal in der Türkei und erwähnt diese wunderbaren Höhlen, die die Hethiter in den Vulkanboden gegraben haben. Ein feiner Herr mit einem Hemd, das durch eine Vielzahl von Taschen auffällt, lehnt sich lässig zurück und wirft ein: »Na ja. Aber ganz Kappadokien ist doch im Eimer. Vom Tourismus ruiniert.«

Einige Minuten später gibt eine Frau am Tisch Einzelheiten wieder, die sie auf einer Öko-Tour durch das südliche Belize von ihren Reiseführern erfahren hat. »Seit sie da Elektrizität haben«, beklagt sich der Mann mit den zahlreichen Taschen, »ist es auch nicht mehr wie früher.« Hier haben Sie es fraglos mit einem Reise-Snob zu tun. Es gibt eine ganze Menge dieser hoch kultivierten Reisenden, die sämtliche von ihnen heimgesuchten Reiseziele wie kleine Verdienstorden mit sich herumtragen. Ihr größtes Glück scheint darin zu bestehen, Zwischenrufe mit dem Inhalt abzufeuern, dass sie da, wo Sie sich gerade aufhalten oder hinfahren möchten, bereits waren; und dass eine Reise in ebendieses Land oder -jene Stadt damals noch etwas bedeutet habe. Schwer zu sagen, woher diese Leute die Zeit nehmen, alle diese exotischen Schauplätze zu besuchen – außer irgendein Menschenfreund bezahlt sie dafür, dass sie um die Welt reisen und anderen Touristen Minderwertigkeitskomplexe in Sachen Kultur anhängen. Sie sind die Meister der unerträglichen Fragen. »Hat nicht der Atabeg von Damaskus da 1139 Station gemacht?«, wird einer von ihnen zielsicher fragen, wenn eine bestimmte entlegene Oase erwähnt wird, und garantiert wird er dabei hoffnungsvoll in die Runde schauen, als werde ihm gleich einer die Richtigkeit dieser kleinen Information bestätigen. Anscheinend haben diese Menschen am Abend nichts Besseres zu tun, als zerfledderte Bücher über obskure Stämme zu wälzen: »Der Mobabi-Stamm hat hier mal gefischt, denke ich, bis die Contutis sie weiter flussaufwärts getrieben haben.« Man muss kaum noch erwähnen, dass Reise-Snobs oft auch Sprachen-Snobs sind: »Mit ein bisschen Chinook kommt man hier durch, oder?« Sie sagen nicht profan, dass sie eine Sprache »können«; nein, sie sagen: »Ich habe ein paar Portugiesisch-Kenntnisse.« Oder, in dieser heuchlerischen beiläufigen Art hingeworfen: »In ein paar romanischen Sprachen kann ich mich verständlich machen, natürlich.« Das weckt bei allen anderen Aggressionen, genau wie der Vietnam-Bericht eines Reiseschwätzers, der sich auf penetrante Weise in jeder Lebenslage als souveräner Dschungelheld der Sorte Dr. Livingstone darstellt. Dabei man kann sich denken, dass er für die Bewohner jedes vietnamesischen Dorfes, das er betrat, nur eine dicke, schnaufende Geldbörse voller Dollars war. Wenn dieser Mensch plötzlich irgendwo tot auf dem Boden läge mit einem Dutzend Buttermessern im Leib, dann wäre das wie in einem Roman von Agatha Christie: Jeder Zuhörer hätte ein Motiv.

Ich glaube, was uns davon abhält, dem Reiseschwätzer den Mund zu stopfen, ist, dass keiner von uns in dieser Beziehung ganz frei von Schuld ist. Wir alle sind als Angehörige der gebildeten Schicht bis zu einem gewissen Grad Reise-Snobs: Nur dass wir Snobs gegenüber den Horden fetter Touristen sind, die sich in große

Reisebusse quetschen und gemeinsam Notre Dame erobern; während er sich uns gegenüber als Snob verhält. Er steht auf der Leiter des anspruchsvollen Reisens einfach noch ein paar Sprossen höher.

Eine Faustregel für nützliches Vergnügen besagt, dass wir die Zeit, die wir für den Urlaub aufwenden, an dem Erreichten messen müssen – haben wir etwas gelernt, welche spirituellen oder emotionalen Gipfelerlebnisse waren dabei, welche neuen Gefühle haben wir gehabt? Dabei können wir uns natürlich nur Punkte geben, wenn wir die ungewöhnlichsten Blickwinkel wählen und überdurchschnittliche Vergnügungen anstreben. Daher nehmen Bobos unglaublich viel auf sich, um sich von den passiven, einfallslosen Touristen zu unterscheiden, die via Reisebus über die klassischen Reiseziele herfallen. Die Touristen haben Kameras, also hüten sich Bobo-Reisende davor, eine mitzunehmen. Touristen sitzen an den berühmtesten Plätzen, also sitzen Bobo-Reisende unendlich lange an unbekannten, düsteren und verfolgen nicht-touristische Freizeitvergnügungen, etwa alte Männer, die Eisenkugeln über staubige Bahnen rollen.

Touristen sind meistens rasch von Sehenswürdigkeit zu Sehenswürdigkeit unterwegs, also wählt der hart arbeitende Reisende die langsamste Art der Fortbewegung. Bobo-Reisende fahren die Loire im Schiff hinunter, durchqueren Neuseeland mit dem Fahrrad und paddeln auf einem Floß durch Costa Rica. Touristen strömen zu einem altbekannten Ziel, also wirft sich der Bobo auf ein anderes, noch unbekanntes. »Die meisten Touristen in Tansania besuchen den Serengeti-Nationalpark, um wilde Tiere zu sehen, obwohl der Selous-Wildpark größer und ruhiger ist«, schreibt Bruce Stuts, Herausgeber der Zeitschrift *Natural History*, im Stil des kultivierten Reisenden.

»Die Nordwestpassage haben wir zwar nicht gefunden, dafür aber den Weg zu uns selbst.« Abenteurern wie Lewis und Clarke wäre ein solcher Satz nie über die Lippen gekommen. Aber genau das ist der Geist einer Bobo-Reise. Unsere Reisedollars sind Investitionen in unser Persönlichkeitskapital. Wir wollen nicht nur berühmte Sehenswürdigkeiten sehen; wir wollen in andere Kulturen eindringen. Wir wollen andere Leben anprobieren.

Aber nicht nur andere Leben. Die typischen Reisen und die Reiseliteratur der Bobos weisen klare Präferenzen auf. Der Bobo sucht überall die große Ruhe – zum Beispiel an einem Ort, an dem die Menschen ihre Wurzeln haben und einfache Rituale wiederholen. Bobo-Reisende wollen wegkommen von ihren satten, karrieregetriebenen Ichs und in eine spirituell überlegene Welt eintauchen, die von der weltweiten Leistungsgesellschaft noch unberührt ist. Bobos finden Geschmack an Menschen, die »zu leben verstehen« – an Menschen, die Folklorekunst anfertigen, Sagen erzählen, Volkstänze aufführen und Volksmusik hören, an allen Eingeborenen, weisen Wilden und souveränen Handwerkern.

Deswegen gieren Bobos danach, wettergegerbte Knechte, alte Bauern, drahtige Fischer und korpulente Köche, die noch nach traditionellen Rezepten kochen, kennen zu lernen: eben Leute, die nicht wissen, was Miles & More ist. Deswegen lungern die Bobos in volkstümlichen Bars und Restaurants herum, in denen für gewöhnlich »einfache« Leute verkehren – in den Hügeln der Provence, der Toskana, Griechenlands oder in den Dörfern der Anden oder Nepals. Da hat keiner unbezahlte Kreditkartenrechnungen oder ein T-Shirt mit Michael Jordan drauf am Leib. Ärmer sind sie, diese Menschen, aber ihr Leben scheint reicher als das unsrige.

Die kleinen Dinge – ein Olivenbaum oder eine kleine Kapelle – spielen für den Bobo auf Reisen eine enorme Rolle. Idealerweise will er einen Teil jedes Tages damit verbringen, einfach alles auf sich wirken zu lassen.

In abgeschiedenen Dörfern ist das Leben so köstlich. Aber nachdem das Ferienhaus nur für zwei Wochen gemietet ist, sollte sich der Bobo mit seiner spirituellen Entwicklung beeilen. Viele kennen intuitive Techniken, um wenigstens für ein paar Momente Teil des authentischen Lebens einer Bauernfamilie zu sein. Man kann sich zur Dorfhochzeit einladen lassen oder im Gespräch mit den Einheimischen längst verschüttete Vorfahren wieder ausgraben: »Um genau zu sein, war der zweite Ehemann meiner Großmutter Portugiese.« Damit kann man an einem Tag vielleicht bis zum Mittagessen gleich mehrere unvergessliche Augenblicke erleben, einen oder zwei köstliche bis zum Abendessen, und danach vielleicht noch eineinhalb tiefe Einsichten gewinnen.

Leiden als Bereicherung

An der Spitze des Statussystems in Sachen Freizeit finden wir Aufenthalte, die mit schier unendlicher Qual und Schmerz verbunden sind. Es gibt Urlaube, bei denen man in Gewaltmärschen über Gletscher oder durch öde Wüsten auf den Spuren der Legionäre Alexanders des Großen unterwegs ist, die sich das damals nur antaten, weil ihnen ein Schwert im Nacken saß. Oder man sitzt im Regenwald, umgeben von gefährlichen Insekten, um sein Umweltbewusstsein zu stärken. Solche Trips sind kein Spaß, aber Spaß ist auch das Letzte, was die Trekking-Urlauber der gebildeten Schicht suchen. Sie wollen die kostbarsten Wochen des Jahres damit verbringen, sich zu quälen und dabei möglichst spirituell und intellektuell zu wachsen. Also schicken die Reiseagenturen ihre Scouts aus, um weltweit Reiseziele mit hohem Status und geringem Komfort zu finden. Genau diese Abenteuerreisen und Öko-Touren boomen heute bei der Oberschicht.

Naturalismus bedeutete für frühere Generationen immer den Verzicht auf Ehrgeiz und gesellschaftliche Mobilität. Aber Bobo-Naturfreunde bringen ihren Ehrgeiz überallhin mit. Sie setzen sich nicht einfach nur in einen Wald; sie hetzen einen Berg hinauf, stapfen durch einen Regenwald, besteigen einen vereisten Felsen, radeln zur kontinentalen Wasserscheide. Wenn es einen leichten Weg auf einen Berg gibt, nehmen sie den schwereren. Wenn es einen wunderbaren Weg zu einem Ort gibt, plagen sie sich mit dem Mountainbike über schreckliche Straßen dorthin. Sie machen die Natur zu einem großen Hindernisparcours, der nur durch das Vollbringen von Heldentaten gemeistert werden kann. Sie gehen hinaus in die Natur, um sich unnatürlich zu verhalten. In der Natur scheuen Tiere die Kälte und suchen Wärme und Bequemlichkeit. Bobo-Naturfreunde indessen scheuen den Komfort und suchen Kälte und Kargheit – um sich lebendiger zu fühlen und weil ihr Leben ohnehin ein einziger Leistungstest ist.

Lange Zeit vermieden es Führungskräfte in der Wirtschaft, über ihre Kriegserlebnisse zu sprechen. Die gebildeten Führungskräfte von heute prahlen jedoch mit den Eroberungen irgendwelcher Gipfel. Jeder Vierte scheint entweder gerade von einer jener berüchtigten Gletscherexpeditionen zurückgekehrt zu sein oder sich intensiv auf eine vorzubereiten. Bei einer Dinnerparty grübeln Sie vor Ihrem Salat vielleicht gerade über ein persönliches Problem – da hören Sie plötzlich die verheißungsvollen Worte »Basislager« und »schneeblind« herüberwehen. Dann wissen Sie, dass der Sprecher sich gleich zu erzählerischen Höhen aufschwingen wird, während Sie als Zuhörer innerlich in sich zusammensacken. »Es war nicht nur körperlich, sondern auch mental eine echte Herausforderung«, wird der Abenteurer seinem Publikum verraten, zu dessen Gewohnheiten keine Urlaube gehören, die monatelanges vorbereitendes Training erfordern. Die Geschichte wird länger dauern als Pearys Marsch zum Pol und gespickt sein mit Weisheiten eingeborener Führer, zurückgelassenen Ausrüstungsgegenständen (»Die Lage war verzweifelt, wir mussten uns von der Espressomaschine trennen«), erfrorenen Zehen (es gibt immer irgendeinen Kameraden, der Zehen verliert) und scheußlichen Tagen im Zelt, an dem der Wind mit einer unglaublich hohen Geschwindigkeit reißt. Man bekommt unweigerlich den Eindruck, dass auf jedem begehbaren Fleck der Erde, der mehr als 4 000 Meter hoch liegt, Wettbewerbe im Luxus-Leiden abgehalten werden.

Warum fahren diese Leute nicht einfach zwei Wochen nach Minnesota, frage ich mich dann. Aber sie wollen es eben ästhetisch. Es reicht nicht, zu leiden; man muss in Schönheit leiden. Man muss sich schreckliche Qualen zufügen – auf einem eisigen Berggipfel oder in einem Regenwald, wo Malaria droht –, um die spirituell erhebende Großartigkeit der erbarmungslosen Natur erfahren zu dürfen.

Diese Trips sind schon ein unglaublich teurer Weg, um das Fleisch zu kasteien und den Geist zu reinigen. Anstatt zu fasten oder sich mit Ketten zu geißeln, spart man heute zehn-, zwanzig- oder sechzigtausend Dollar zusammen, fliegt um die halbe Welt an einen unbewohnbaren Fleck und quält sich dort um göttlicher Transzendenz willen. Dieselbe grausame Reinigung müssen Mönche gesucht haben, die auf den felsigen Halbinseln von Wales wenig einladende Klöster errichteten – doch sie harrten immerhin jahrelang auf ihrem Außenposten aus, während der Trekking-Fan von heute ein Hol-dir-das-große-Abenteuer für eine Woche oder zwei bucht und am Montagmorgen darauf wieder frisch am Arbeitsplatz erscheint. Der Antrieb ist freilich derselbe. Komisch, dass wir es vom drogengebeutelten Hedonismus der Woodstock-Generation zum Asketentum gebildeter Extrem-Urlauber gebracht haben.

Ernstes Spiel

Es sind ja nicht nur die Expeditionstypen, die diesen Impuls ausleben. Auch wir anderen pflegen den Lebensstil der beständigen Feuerprobe. Wir tragen Wanderstiefel, die für das Klettern im Himalaja gemacht sind. Wir gehen an Herbstwochenenden in Anoraks spazieren, die für minus vierzig Grad Celsius gedacht sind. Und wir kaufen unsere Kleidung bei Versandhäusern wie Land's End, auf deren Katalogen Bergsteiger am Mount Everest prangen. Kürzlich habe ich die Zentrale von Microsoft in Redmond, Washington, besucht und jeder war dort wie für eine Gletschertour angezogen – mit Stiefeln, abgewetzten Khaki-Hosen und mit Karabinern an den Gürteln, an denen Handys baumelten.

Dann bin ich zu dem Laden in Seattle gefahren, wo die Microsofties ihre Ausrüstung erwerben: das REI mit seinen 7 500 Quadratmetern Verkaufsfläche. Ein riesiges Ding, das Freizeitausrüstung an Leute verkauft, die auch ihre freie Zeit leistungsbewusst verbringen oder wenigstens so wirken wollen.

Ich lenkte also meinen gemieteten Kleinbus nach Downtown Seattle und parkte inmitten von schlammstarrenden Autos in der REI-Garage. Ich ging an einem briefmarkengroßen Wald vorbei, den die REI-Mitarbeiter angelegt haben, damit man Mountainbikes Probe fahren kann. Ich fuhr im Aufzug mit Steinboden hinauf zu einem großen Frontbalkon mit hölzernen Bänken. An jeder dieser Bänke ist die tröstliche Mitteilung angebracht, dass das Holz, das für sie verwendet wurde, 1995 bei einem Sturm brach; es mussten also keine Bäume extra gefällt werden, um diesen Ruheplatz zu errichten. Weiter oben zeigen Uhren die Ortszeit auf dem Gipfel des Mount Everest und auf der Eiger-Nordwand – falls jemand dort anrufen möchte.

Ich ging durch die Vordertür und war wenige Schritte von der Abteilung mit den Eispickeln entfernt. Vor mir dehnte sich ein großer Bezirk mit Waren für Höllentrips aus, eine Insel nach der anderen, voll gepackt mit Schneeschuhen, Steigeisen, Kajaks, Zelten und Parkas, eine einschüchternde Vielfalt von Ausrüstungs-Optionen. Ich muss zugeben, dass ich an Sauerstoffmangel zu leiden begann. Das Café weiter oben, auf dem Gipfel des Warenhauses, schien unerreichbar. Ich kam mir plötzlich vor wie eine Figur in einem Buch von Jon Krakauer. Schwindlig durch diese mir fremde Umgebung wusste ich, dass ich irgendwie die Kraft aufbringen musste weiterzusteigen.

Nicht die Verkäufer machten mich fast wahnsinnig. Von ihnen wusste ich, dass sie Geschöpfe der Seattle-Kultur, also in der freien Natur wildernde Machos sein würden. Sie bewegen sich rasch und stellen dabei ihre mächtigen Schenkel zur Schau, als hätten sie noch vorgestern mit dem norwegischen Olympiateam trainiert. Es waren auch nicht die anderen Kunden, die mich in diesen seltsamen Zustand brachten. Darauf war ich vorbereitet – auf Truppen von superfitten Software-Designern mit Gletscherbrillen vor der Brust (da man nie weiß, ob nicht ein 200 Meter hoher Eisberg plötzlich auf Seattle zurollt und die Stadt in blendendes Licht taucht).

Was mich umhaute, war die gigantische Nachfrage. Wenn man seine Freizeit mit Mitgliedern der gebildeten Schicht verbringt, muss man beweisen, dass man alles, was man tut, mit dem gebotenen Ernst betreibt. »Ernsthaft« ist das höchste Prädikat, mit dem Bobos Freizeitaktivitäten belegen können.

Und um ein ernsthafter Mensch im harten Leben in der freien Natur zu sein, ist umfassendes Wissen – ja: fast eine Wissenschaft – darüber gefordert, wie man sich ausrüstet, und eigentlich braucht man dafür Abschlüsse in Chemie und Physik am Massachusetts Institute of Technology. Hinter dem Eispickel-Bereich gibt es zum Beispiel einen Tank, an dem Kunden ein Dutzend verschiedener Wasserfilter und Wasserreiniger vergleichen können. Dazu sollte man zwischen Reinigern mit Jodharz und Tri-Jodharz unterscheiden können, zwischen solchen mit Glasfasern und gefalteten Glasfasern, zwischen einem Keramik-Mikrofilter und einem strukturierten Matrix-Mikrofilter.

Es wird aber noch schlimmer. Jeder Artikel in dem Warenhaus kommt in einer verwirrenden Vielzahl von unterschiedlichen Materialvarianten daher, die nur noch erfahrene Krieger der Wildnis verstehen können. Sogar etwas so Schlichtes wie Sandalen gibt es in High-Tech-Versionen, mit expeditionstauglichen Schnallen und Hochleistungs-Laufflächen, falls Sie vor dem Konzert von Alanis Morissette noch schnell den Mount Pinatubo besteigen wollen.

Langsam dämmerten mir ein paar Regeln der Kennerschaft im Abenteuerbusiness. Wirkliche Naturfreaks wollen manche Dinge wie Stiefel und Fahrzeuge richtig groß haben. Andere Sachen wie Öfen und Lebensmittelpakete sollten so klein wie möglich sein. Und wieder andere wie Zelte und Schlafsäcke sollten erst klein sein und dann ganz groß werden.

Doch warum es das REI einfach geben muss, erfährt man oben im Zwischengeschoss: in der Bekleidungsabteilung. Es gehen ja nicht wirklich viele Menschen auf Gletscher, aber Millionen andere ziehen sich so an, als täten sie es. Darum ist im Zwischenstock am meisten los. Da hatte ich mich eigentlich von dem ganzen High-Tech-Brimborium der Ausrüstungsabteilung erholen wollen. Ich musste aber nicht weit gehen, und schon wurde ich von grellem Kobaltblau, das von Polyester abstrahlte, geblendet. Ich erkannte bald, dass Polyesterleute – in den Siebzigerjahren die verachteten Dauer-Herumhänger in den Discos – heute hoch angesehene, sturmerprobte Naturburschen sind. Zwischen mir und dem Café am anderen Ende des Zwischengeschosses erstreckte sich ein wahres Feld von Parkas aus Kunstfasern, Paddeljacken,

Hosen mit Reißverschlüssen, Stretchwesten, Anoraks und Ponchos. Und an jedem Stück hingen Gebrauchsanweisungen von überraschender Größe, in denen auf dem Niveau einer Doktorarbeit die technischen Details und die Einzigartigkeit ausgeführt wurden. Ich muss gestehen, dass ich völlig mutlos wurde. Ich sackte zusammen. Sollte doch jemand meinen leblosen Körper inmitten dieser Berge aus Goretex finden.

Aber eine innere Stimme – sie glich der von Reinhold Messner – trieb mich weiter, und ich schleppte mich vorbei an zahllosen Ständen mit Kleidung aus den schönsten Chemielabors der Welt, von Cordura, Polartec und all den »ex«-Fabriken: Royalex, Spandex, Supplex und Gore-Tex. Es gab Vierhundert-Dollar-Anoraks, die ihre Belüftungsschlitze, kinetischen Systeme und Universal-Radial-Scharniere am Ärmel priesen (schätzungsweise bedeutete Letzteres, dass man seine Arme darin bewegen könne). Mein Favorit war ein Omnitech-Parka aus Titan mit doppelt geripptem Wasser abweisendem Nylon und Säumen aus Polyurethan-Stoff. Ich stellte mir vor, wie ich mich mit diesem Titan-Omnitech-Dingsbums ins Gelände begeben und mir plötzlich sagen würde: »Hier stehe ich mitten im Wald und trage das Raumschiff Enterprise.«

Schließlich musste ich mich noch durch die Sektion mit der leistungsstarken Unterwäsche wühlen, bis ich in zwanzig Metern Entfernung das Café erspähte. Ich kam an der Kunstgalerie mit ihren majestätischen Naturfotos vorbei, am Saal für Veranstaltungen, lief durch den Buchladen und durch die Station der Park-Ranger. Und schließlich bot mir ein lächelnder Barkeeper ein warmes Gebräu und multikulturelle Sandwiches an. Da merkte ich, wie ganzheitlich ich mich plötzlich fühlte.

Es wimmelte von gesunden Menschen, Naturliebhabern aus der Bildungsschicht, die anscheinend regelmäßig Sport trieben, sich bewusst ernährten und maßvoll feierten. Sie waren – nach ihren Stiefeln, Rucksäcken und Einkaufstaschen zu urteilen – gut über ihre Ausrüstungs-Optionen informiert. Was die Cafégäste lasen, verriet einem, dass es sich um Leute handelte, die die Erde und sich selbst zu bewahren verstanden. Natur hat einmal Wildnis, Hingabe und dionysische Lust bedeutet. Hier jedoch saßen Menschen, die nur behutsam ins Freie gingen, die empfindliche Balance nicht stören wollten, sich auf die Begegnung mit der Natur vorbereiteten und dafür trainierten.

Wer sich die vorsichtigen Sadomasochisten von Arizona Power Exchange und die umweltbewussten, perfekt informierten Trekking-Fans im REI ansieht, erkennt klar die Grundzüge des Lustprinzips eines Bobos. Wir sind nicht engstirnig, aber wir sind verantwortungsbewusst. Sauftouren interessieren uns nicht. Dafür treiben wir uns gegenseitig zu Höchstleistungen an, auch in unserer Freizeit. Und was am Ende angesichts all der Disziplin und Selbstkontrolle am meisten verblüfft, ist die Tatsache, dass diese nicht auf formalen Regeln beruhen. Andere Gruppen und frühere Eliten unterwarfen sich göttlich inspirierten moralischen Regeln oder achteten sie wenigstens: Masturbieren ist Sünde. Trinken ist ein Laster. Aber Bobos mögen universelle moralische Gesetze nicht, die das Vergnügen regulieren. Verboten ist, was ungesund oder unsicher ist. Gefördert wird, was die Persönlichkeit bereichert oder Kalorien verbraucht. Mit anderen Worten: Wir regeln unsere fleischlichen Lüste nach gesundheitlichen, nicht mehr nach moralischen Prinzipien.

Bobos prangern nicht den bösen Dämon Alkohol an;

wir warnen jedoch davor, betrunken Auto zu fahren. Wir preisen Keuschheit nicht als göttliche Tugend, aber wir reden über »safer Sex« und betonen, dass Abstinenz die sicherste Form des sicheren Sex sei. Alles, was wir dem Körper abverlangen, stützt gewissermaßen als Zusatznutzen ein moralisches Verhalten. Menschen, die sich dafür entscheiden, führen ein Leben in disziplinierter Selbstbeschränkung – aber im Namen ihres Körpers, nicht ihrer Seele.

Viele Gesellschaftskritiker würden natürlich sagen, dass die gebildete Schicht moralisch arm dran sei, wenn in Sexualität und Freizeit vor allem Gesundheit, Sicherheit und ähnliche Faktoren zählen. Wenn man in einer Gesellschaft wie der unseren lebt, in der niemand etwas dagegen hat, wenn jemand den Namen des Herrn nutzlos im Munde führt, aber alle empört sind, wenn eine schwangere Frau raucht – dann lebt man eben in einer Gesellschaft, die das Weltliche höher achtet als das Göttliche. Gott kann man nicht wirklich kennen lernen, wenn man seine Gesetze ignoriert. Man ist vielleicht verantwortungsvoll und gesund, aber zugleich auch seicht und inkonsequent.

Bobos reagieren sensibel auf Kritik. Sie befolgen ungern formale Gebote, weil ihnen Autonomie zu wichtig ist. Doch sie stecken voller spiritueller Ziele und sehnen sich nach Transzendenz. Sie sind nicht bereit, harmlose Vergnügungen aufzugeben, nur weil eine religiöse Autorität sie ihnen verbietet, aber dennoch wollen sie die spirituellen Aspekte des alltäglichen Lebens in sich spüren. Und um diese Kämpfe zwischen Autonomie und Unterwerfung, Materialismus und Spiritualität soll es im nächsten Kapitel gehen.

6. Auf der Suche nach der eigenen Tiefe: Spiritualität

Ich sitze im Big Blackfoot River. Besser gesagt, ich sitze auf einem Felsen in dem Fluss, der durch das westliche Montana fließt. Die Sonne glitzert auf dem Wasser, das Ufergras leuchtet satt im herbstlichen Glanz. Die Luft ist frisch und still, und ich bin der einzige Mensch, wenn auch nicht das einzige Lebewesen hier: Ein Falke gleitet weit oben dahin und eine Forelle steht im Wasser unter mir. An diesem Schauplatz muss Norman Maclean *Aus der Mitte entspringt ein Fluss* angesiedelt und Robert Redford den gleichnamigen Film gedreht haben. Und jetzt sitze also ich hier und warte auf einen dieser perfekten Augenblicke, in denen die Zeit stillsteht und ich das mystische Einssein mit der Natur empfinden werde.

Aber nichts passiert. Ich hänge nun schon eine halbe Stunde hier herum in dieser wundervollen Landschaft und habe dabei nicht eine Sekunde erweiterten Bewusstseins erlebt. Die frische Luft flüstert, die Zweige schwanken, Enten fliegen vorüber, überall vollziehen sich die ewigen Zyklen der Schöpfung, doch in mir vollzieht sich – nichts. Vielleicht ist es schon zu spät im Jahr für ein transzendentes Erlebnis, denke ich mir.

Plötzlich fällt mir auf, dass es immer Sommer ist,

wenn die Superspirituellen in Montana einfallen und nach tieferen Harmonien graben. Wenn Filme wie *Der Pferdeflüsterer* gedreht werden oder wenn abgehetzte Großstädter zur Seelenmassage nach Montana kommen, ist es immer Hochsommer. Aber jetzt haben wir Oktober, da muss der Bundesstaat Montana ja spirituell völlig leer gesaugt sein.

»Endlich werden alle Dinge eins, und aus der Mitte entspringt ein Fluss«, schrieb Maclean. Als ich das vor ein paar Monaten in meinem Wohnzimmer las, kam es mir wie eine gewichtige Aussage vor. Jetzt weiß ich nicht mehr, was zum Teufel er damit gemeint haben könnte. Das Einzige, was eins wird, sind meine Finger: Und zwar werden sie zu einem einzigen Block aus gefrorenem Fleisch. Die Kälte ist in Abenteuerbüchern immer etwas Anregendes oder wenigstens Elementares, aber dieser Wind beißt einem in die Extremitäten. Außerdem macht mich dieses Alleinsein verrückt. Vermutlich ist im Umkreis von 15 Kilometern keine Menschenseele zu finden, und wenn ich mir vorstelle, ich würde mir das Bein brechen, der Wagen spränge nicht an, ein unvermuteter Allergieschock träte auf oder ein Grizzlybär mir in den Weg (wo gerade ein Ast so verdächtig knackt) … Mir wird klar, welche Vorteile es hat, inneren Frieden in der Nähe einer Telefonzelle und in Reichweite eines Krankenwagens zu suchen. Ein Blick auf meine Armbanduhr sagt mir, dass ich schön langsam mal mit dem Einssein mit der Schöpfung beginnen sollte. Ich habe um sechs Uhr in Missoula eine Verabredung zum Abendessen.

Der Glücksrausch

Ich glaube, bei jedem Boom gibt es immer ein paar Dumme, die kommen, wenn schon fast alles zu Ende ist. Die Goldsucher, die in den späten Fünfzigerjahren des 19. Jahrhunderts nach Kalifornien aufbrachen, waren vermutlich zu spät dran, um noch herumliegende große Nuggets zu finden. Auch der Kampf um transzendente Erlebnisse im Glücksrausch von Montana ist heute fast so hart wie der in Kalifornien vor hundertfünfzig Jahren. Montana, dieser gebirgige Bundesstaat im Nordwesten, nimmt in den Herzen der Amerikaner einen besonderen Platz ein. Da ist das Leben noch in Ordnung. Montana hat sich als ein perfektes Gegenmittel zu unserer Büroexistenz erwiesen, es ist der majestätische Hintergrund, vor dem sich unser von Ehrgeiz getriebenes Leben besonders unschön abhebt. Montana ist schön, geheimnisvoll, ruhig und einfach, eine amerikanische Mischung aus, sagen wir, der Toskana, Oberbayern und den Pyrenäen.

Darum haben sich Firmenbosse und Hollywoodstars in ihre Lear-Jets gesetzt und sind nach Montana gekommen. Und zwar nicht nur Ted Turner, Jane Fonda, David Letterman und Steven Seagal oder andere Große, sondern auch empfindsame Kardiologen aus Chicago, raue Grundstücksmakler aus Atlanta und wanderlustige Spezialisten für Erbrecht aus San Jose. Alle haben sie hier einen Ort gefunden, um ihre Batterien wieder aufzuladen, den Duft der Kiefern einzuatmen und sich einsam und hart zu fühlen – im Sommer. Jedes Jahr reisen zwei Millionen Menschen zum Glacier National Park hinauf und fühlen sich im Angesicht der gewaltigen Gletscher spirituell erhöht. Filme wie *Der Pferdeflüsterer* sind die

Märchen der oberen Mittelschicht: Überkultivierte New Yorker Chefredakteurin kommt nach Montana, findet einfachen, ehrlichen Mann, der mit Pferden kommuniziert und ihr hilft, sich wieder auf die wirklich wichtigen Dinge im Leben zu besinnen. Die gesellschaftlichen Aufsteiger haben dem echten Montana die Fiktion von einem wohlhabenden Montana übergestülpt, das immer Ferien hat. Dieses künstliche Montana setzt sich aus einer Idee von Montana und seiner Schönheit zusammen und hat nichts zu tun mit dem Leben der unteren Mittelschicht dort, das eine Plackerei ist wie überall.

Der Glücksrausch fing an, als ein paar Leute aus Montana mit literarischer Begabung eine entscheidende Entdeckung machten. Sie spürten, dass ihnen ihre Gegend eine Identität gab. Jeder lebt natürlich irgendwo, aber nicht alle Orte haben jene spirituelle Aura der »Identität«. Ein Esoteriker würde vielleicht von »Orten der Kraft« reden oder von »Energiezentren« – und das sind immer Orte, an denen Ehrgeiz fehl am Platz ist. Es ist eine Umgebung, die sich nur zögernd und unwillig verändert, abgelegen ist, wo man an den alten Bräuchen hängt und weniger neue Verhaltensformen annimmt und wo man bestimmt nicht reich und berühmt wird. Schriftsteller haben für solche Orte die Metapher vom toten Wasser gebraucht. Wer jung ist, will von da weg. Doch für die Mitglieder der gebildeten Oberschicht, allesamt überlastet und immer in Zeitnot, sind diese »ewigen« Orte Oasen der Zufriedenheit, an denen die Einwohner – das meinen zumindest die Besucher – auch gelassen den Tod akzeptieren und sterben.

Dass Montana eine Identität hat, wurde zuerst von den einheimischen Dichtern bemerkt. Montana ist zwar dünn besiedelt, weist aber eine große Dichte von Landschaftspoeten auf. Neben den bekannteren wie Norman Maclean, Wallace Stegner, Richard Ford, William Kittredge und Ivan Doig muss es Tausende Poeten geben, fast so viele wie Kiefern in der Landschaft. Man kann in diesem Staat kaum eine Zeitschrift aufschlagen, ohne dass man auf die Zeilen eines Verseschmiedes stieße, der lyrisch die Forelle oder den Baum besingt.

Nachdem sich einmal herumgesprochen hatte, dass es eine eigene Montana-Literatur gibt, eilten sofort Abgesandte von Stiftungen dorthin und durchstreiften das Land auf der Suche nach dem ursprünglichen, dem echten Poeten, den Literaturagenten noch nicht verdorben haben. Es gab Sonderausgaben über das »Schreiben im Westen«. Das Montana-Komitee für Menschlichkeit packte Dutzende dieser authentischen Stimmen der Gegend in eine Tausend-Seiten-Anthologie mit dem Titel *The Last Best Place,* ein grabsteingroßes Zeugnis der Spiritualität dieser Rocky-Mountain-Gurus. Dieses Werk ist wie ein dicker, geschwätziger Lautsprecher, gewidmet den stillen und stoischen Leuten aus dem Westen.

Philosophische Fischer stehen bis zu den Oberschenkeln im Wasser, den Kopf in den Wolken – in der einen Hand die Angel, in der anderen eine Zeitschrift. Literaturmagazine, Kurse für kreatives Schreiben und Keramik-Workshops schießen wie Pilze aus dem Boden. Jeder Trucker auf dem Interstate-Highway schlägt sich beim Fahren in Gedanken mit einem Bildungsroman herum. Hier arbeitet ein Töpfer, da läuft einem ein freiberuflicher Filmemacher über den Weg und dort ein Drehbuchautor vom Fernsehen. Und auf jeden Pseudo-

Künstler kommt ein Makler, der diesen zu einer luxuriösen Holzhütte überreden will.

Die Saloons sind voll mit Rocky-Mountain-Buddhisten und weisen Cowboys, die mit glitzernden neuen Gürtelschnallen von ihrer Ranch kommen, um Bier aus einheimischen Brauereien zu trinken und Countrysängern mit Doktortitel zu lauschen. Selbstverständlich gibt es inzwischen auch schon einen regelrechten Kampf um die besten Titel. Autoren aus Montana präferieren Titel aus einfachen, elementaren Worten wie Himmel, See, Berg oder Schnee. Wenn also einer der ihren von den Bergen herunterkommt und verkündet, seine Novelle *Brücken aus Schnee, die auf Bergzedern fallen* zu nennen, ist die Wahrscheinlichkeit groß, dass sich den Titel schon jemand anderer gesichert hat. Der Ärger ist dann vorprogrammiert.

Wenn man hier in den Achtzigerjahren auf einer Ranch ein Pferd mietete, gab einem der Besitzer eine zehnminütige Einführung zum Thema Sicherheit. Heute, mitten im Glücksrausch, kann man sicher sein, dass man mit einem Vortrag nicht unter siebzig Minuten bedacht wird, in dem alles, aber auch alles abgehandelt wird: das spirituelle Leben der Pferde, das Pferdeflüstern, die evolutionären Geheimnisse der Pferdepsychologie und etwaige Zen-Erlebnisse, die einen unterwegs erwarten könnten. Nicht einmal das Tanken ist eine gewöhnliche Verrichtung. Der Mann an der Zapfsäule hat diesen weltabgewandten Blick, als habe er bereits die Weisheit aller Welt getankt.

Rabbi Gershon Winkler führt die einzige jüdische Gemeinde in Missoula, Montana. Da viele Juden von überall her nach Missoula gekommen sind, aus New York und aus Los Angeles, kann Rabbi Winkler keine rein orthodoxe, konservative, reformistische oder rekonstruktionistische Richtung vertreten. Also nennt er seine Mischung einfach »Flexidoxie«.

Das ist zwar kein schönes Wort, aber es eignet sich gut, um die grassierende Montana-Spiritualität zusammenzufassen, diese seltsame Mischung aus Flexibilität und Freiheit auf der einen und Sehnsucht nach Strenge und Orthodoxie auf der anderen Seite. In Montana hat man immer große Stücke auf Flexibilität, Freiheit und Unabhängigkeit gehalten. In diesem Staat gab es bis vor kurzem kein Tempolimit auf den Highways, und dementsprechend wollte auch keiner von irgendeiner Autorität hören, wie er sein Leben führen solle. Darum war es nur natürlich, dass die Angehörigen der gebildeten Oberschicht mit ihren eigenen antiautoritären Impulsen gerade hier ihre spirituelle Heimat fanden.

Doch Montana ist kein locker-flockiges New-Age-Wunderland. Das harte Klima ist nicht gerade ein Freund experimenteller Lebensweisen. Die Schriftsteller Montanas schreiben vielleicht mit Inbrunst über die Seele der Forellen, aber in Wirklichkeit bewundern sie die Härte und Disziplin der Fischer. Die echten Einheimischen mögen die schnell zu begeisternden Amateure nicht, die für eine schnelle Umarmung der Natur hierher kommen, sich aber in ihre Städte verziehen, wenn der Himmel grau wird. Montana ist immer noch der Staat der Rancher und Pick-up-Fahrer, nicht der von Gruppen für transzendentale Meditation.

Das Montana-Ethos steht dem sentimentalen »Ich bin OK, du bist OK« entgegen. Das wird am deutlichsten, wenn die Leute hier über ihr Land reden. Dann hört man, wie sehr die Spiritualität Montanas auf etwas Greifbarem beruht, und man hört ein fernes Echo des »Blut-und-Boden-Nationalismus« heraus, der seine Wurzeln eher in Europa als in den Vereinigten Staaten hat. Es ist eine konservative, sogar reaktionäre Bindung. Es ist eine Bindung, die tiefer angesiedelt ist als Vernunftdenken und freie Wahl; man muss sie sich über Generationen hinweg verdienen: durch Blut, Schweiß und Tränen.

Hier in Montana herrscht die Tradition, nicht der Trend. Hier zu leben heißt, auf gewisse Möglichkeiten zu verzichten – etwa viel Geld zu verdienen oder verschiedene Lebensstile auszuprobieren.

Der Begriff Flexidoxie passt recht gut. Er steht für eine Ethik, die Flexibilität, Freiheit, das Leugnen von Autorität und die Autonomie als Ausgangspunkt hat. Aber er steht auch für einen zweiten, konträren Impuls – für den Wunsch, das spirituelle Leben in der Realität und innerhalb fester Regeln zu »erden«. Es muss Werte geben, die tiefer angesiedelt sind, die eben jenseits von Vernunft und freier Wahl liegen.

Und ist dieser Wunsch, Freiheit und Verwurzelung miteinander in Einklang zu bringen, nicht Kern der spirituellen Suche der Bildungsschicht?

Heute sieht diese Gruppe ein, dass Freiheit und freie Wahl nicht alles sind. Spiritualität ohne Grenzen kann dazu führen, dass sie sich verliert und langsam einschläft, Religiosität kommt als Religion daher und schließlich sind wir beim Narzissmus der New-Age-Bewegung. Das Verschwinden der alten Autoritäten brachte nicht die erhoffte Erleichterung und eine glorreiche Zukunft, sondern einen dramatischen Verlust an Vertrauen in die Institutionen, spirituelle Verwirrung und gesellschaftlichen Zusammenbruch. Darum versuchen die Bobos, wohin man schaut, das Wertesystem ihrer Väter wieder zu entdecken. In Wayne im Bundesstaat Pennsylvania kaufen betuchte, aufgeklärte Leute Möbel im Landhaus-Stil, die alte Rituale und das einfache Leben heraufbeschwören. In Burlington, Vermont, loten gebildete Karrieristen aus, welche Möglichkeiten man in einer kleinen Stadt hat. Urlaub machen sie, wie wir gehört haben, in abgeschiedenen Enklaven, wo die Bauern wie vor Jahrhunderten leben. Und sie träumen von Montana und nennen das ihre Heimat.

So progressiv sich die Bobos manchmal geben mögen – spirituell sind sie reaktionär. Sie würden so gerne einfacher leben. Und gerade sie, die rastlos unterwegs sind und sich gierig auf jede neue Chance stürzen, sehnen sich nach der Weisheit derer, die ein eintöniges Leben führen, dafür aber eine Heimat haben.

Das Problem der Gebildeten ist: Kann ich mir den Pelz waschen lassen, ohne dabei nass zu werden? Kann ich frei und trotzdem verwurzelt sein? Kann ich auf zwei Hochzeiten gleichzeitig tanzen? Natürlich wollen die Angehörigen der gebildeten Schicht die Zeit nicht zurückdrehen. Sie finden stattdessen versöhnliche Lösungen. Doch die sind nicht immer einfach. Denn die Fragen von heute lauten etwa so: Kann ich mich in meiner Gemeinde zu Hause fühlen, auch wenn ich weiß, dass ich vermutlich das nächste attraktive Jobangebot annehme und bald wieder wegziehe? Kann ich Rituale und Ordnung in mein Leben bringen, auch wenn mich etwas tief in meinem Inneren dazu zwingt, immer wieder ein neues Experiment zu wagen?

Das begrenzte Leben

Auf das Buch zum Trend musste man nicht lange warten. Kaum hatte die gebildete Schicht die Vorzüge der kleinräumigen Bindungen und die Bedeutung tiefergehender Beziehungen im spirituellen Leben eines Menschen entdeckt, kamen die ersten Artikel und Bücher dazu auf den Markt. Seither ist eine Menge über Gemeinschaft, die bürgerliche Gesellschaft und darüber erschienen, wie man zwischen den Menschen etwas Verbindendes aufbaut. Ein sehr klares, informatives Buch ist *The Lost City* von Alan Ehrenhalt aus dem Jahr 1995. Der Autor beschreibt ohne Nostalgie einige Stadtviertel Chicagos in den Fünfzigerjahren. Diese Viertel, die ganz der Mittelschicht und der Arbeiterklasse gehörten, waren Vorbilder des gelebten Kommunitarismus, der heute so hochgehalten wird. In der Gegend um die Pfarrei St. Nick's an der Südwestseite von Chicago durften die Kinder zum Beispiel nach Belieben von Haus zu Haus laufen, weil es genügend Erwachsene gab, die sie beaufsichtigten. An Sommerabenden waren alle draußen, man plauderte oder scherzte mit den Nachbarn. Die Einkäufe erledigte man in Geschäften, die meist Familienbetriebe waren, und dort tauschte man auch Klatsch und Tratsch aus. Viele aus dem Viertel arbeiteten in der Nabisco-Fabrik, manchmal sogar zwei oder drei Generationen einer Familie gleichzeitig. Die große Mehrheit war katholisch und ging am Sonntag zur

Messe. Wenn man diese Leute fragte, woher sie waren, dann sagten sie nicht etwa »Chicago« oder »Südwestseite«, sondern: »Ich komme von der 59sten und Pulaski«. Das war in vielerlei Hinsicht eine wunderbare Gemeinschaft, an die alle, die sie erlebt haben, gern zurückdenken.

Aber Ehrenhalt verschweigt in seinem Buch die Schwierigkeiten und die Not nicht. Weil die wenigsten eine Klimaanlage hatten, mussten sie die unerträglich heißen Sommerabende draußen verbringen. Das Fernsehen war erst im Kommen, also suchte man sich zwangsläufig andere Unterhaltung. Darüber hinaus waren die Bungalows, in denen die Familien hier wohnten, winzig; noch dazu gab es fast überall ein feines Wohnzimmer, das alltags nie benutzt wurde. Das Viertel war ethnisch homogen und geschlossen: »Eindringlinge« hatten mit Vorurteilen zu kämpfen, aber auch der Weg nach »draußen« war steinig. Ohne das richtige Benehmen, den richtigen Akzent, die richtigen gesellschaftlichen Kontakte – lauter Eigenschaften, die praktisch allen auf der Südwestseite fehlten – konnte man in der Mittelschicht nicht hochkommen und nirgendwo Karriere machen. Sogar die Innenstadt, Downtown Chicago, blieb denen aus dem Südwesten auf rätselhafte Weise verschlossen. Obwohl man nur zweimal mit dem Bus umsteigen musste, reisten die meisten Familien nur einmal im Jahr dorthin: an Weihnachten, um sich die Auslagen anzuschauen.

Kluge Frauen wurden meistens Lehrerinnen und an den Schulen herrschte Drill. Die Schulbänke waren aufgeräumt, die Uniformen und die Gesichtszüge gleich. Die Jobs in der Nabisco-Fabrik waren sicher, doch in der Lohntüte lag nicht immer das, was man erwartet hatte.

Denn die Gewerkschaft war korrupt und hatte mit der Fabrik einen Deal geschlossen. Die Arbeiter wussten das, konnten aber nichts tun. Auch die Politiker konnten nichts tun. Sie waren machtlos. Was zählte, war Loyalität ohne Widerspruch.

In der Kirche von St. Nick's mit ihren 1 100 Plätzen wurde sonntags die Messe auf Lateinisch gefeiert. Der Priester stand mit dem Rücken zur Gemeinde und wetterte und wütete gegen die Listen des Teufels. Es gab einen Weg zur Wahrheit, aber viele in den Irrtum – also wich man am besten nicht von dem schmalen, steinigen Pfad ab. Die Kirche und das spirituelle Leben waren ebenso hierarchisch strukturiert wie alles andere. Gefragt wurde nicht: Was suche ich?, sondern: Was befiehlt Gott und was gefällt ihm? In den Fünfzigerjahren boomte diese Art des Katholizismus in Chicago. Es gab zwei Millionen praktizierende Katholiken, 400 Pfarreien, 2 000 Priester, 9 000 Nonnen und etwa 300 000 Zöglinge an kirchlichen Schulen. In jedem Jahr zwischen 1948 und 1958 wurden sechs neue Pfarreien eröffnet. Und erstaunlicherweise zählten die Menschen mit höherer Bildung zu den besonders eifrigen Kirchgängern und Synagogenbesuchern – das ist heute umgekehrt.

Das befreite Leben

Schon in den Fünfzigerjahren brachten die »modernen Zeiten« die Grundpfeiler des alten Ethos – Ehrerbietung und Fügsamkeit – und damit das ganze hierarchische Wertgefüge ins Wanken. Schriftsteller und Sozialkritiker hatten den Eindruck, Amerika sei zu ordentlich, zu passiv und zu gruppenorientiert. In den Fünfzigern lautete der allgemeine Tenor der Sozialkritik – veröffentlicht in *Herr und Opfer der Organisation* oder in *Die einsame Masse* –, dass sich der Kleingeist des konformen Denkens lähmend über das Land gelegt habe. Viele Schriftsteller kritisierten Passivität und übertriebenen Respekt. Der protestantische Theologe Paul Tillich sah Amerika von einem Menschenschlag bevölkert, der sich auszeichnete durch »Sehnsucht nach Sicherheit im Inneren und nach außen durch den Wunsch, um jeden Preis von der Gruppe akzeptiert zu werden«. Die Amerikaner besäßen keine individuellen Charakterzüge und beschieden sich mit einem kleinen Glück, um keine großen Risiken eingehen zu müssen.

Autoren wie William Whyte und David Riesman wiesen auf die Unterschiede zwischen »traditioneller« und »reflektierter« Moral hin, zwei Kategorien, die der amerikanische Philosoph John Dewey eingeführt hatte. Traditionell ist es die Moral des Stammes, der Gruppe, des Heims und der elterlichen Regeln, die nie in Frage gestellt werden. Reflektierende Moral gründet sich auf bewusstes Denken – die alten Regeln werden dabei in Frage gestellt. In den Fünfzigerjahren hofften die meisten Autoren, dass die Amerikaner reifer werden und zum reflektierenden moralischen Denken übergehen würden. Sie sollten ihr behagliches Heim durch eigenverantwortliches Leben und die Religion durch Psychologie ersetzen. Das, so glaubte man, wäre der Weg des Fortschritts.

Dazu musste auch das spirituelle Leben anders werden. »Wir hoffen auf Nonkonformisten unter euch, euch zuliebe, der Nation zuliebe, der Menschheit zuliebe«, predigte Paul Tillich 1957 vor Studenten. Spirituelle

Erfüllung lässt sich nur finden, wenn man seinen eigenen Weg geht. Also rieten die Intellektuellen – Wissenschaftler, Theologen, Beatpoeten – den Jugendlichen, sich von ihren sozialen Gruppen zu lösen. Auch Kinder bekamen nun mehr Freiraum und lernten, dass Selbsterfahrung mehr wert ist als blinder Gehorsam. Auf der Südwestseite Chicagos werden die Kinder vermutlich immer noch eisern gehorcht haben, doch ein paar Kilometer in Richtung See, im Universitätsviertel und in Hyde Park sah es ganz anders aus. Isaac Rosenfeld meinte in einem 1957 erschienenen Essay, Haushalte von Akademikern und Nichtakademikern seien leicht zu unterscheiden: Bei Nichtakademikern könne man, auch wenn die Kinder zu Hause seien, sein eigenes Wort noch verstehen.

Pluralismus

Heute ist es vorteilhafter, als unkonventionell zu gelten. Es ist cooler, ein Rebell zu sein, als ein gehorsamer Fußsoldat. Der individualistische Pluralismus ist die Grundlage der Spiritualität eines Bobos.

Die spirituellen Pluralisten meinen, dass sich das Universum nicht auf eine natürliche Ordnung und einen göttlichen Plan reduzieren lässt. Es kann deswegen nicht nur einen richtigen Weg geben. Es gibt unterschiedliche Schattierungen von Glück, unterschiedliches moralisches Denken und verschiedene Pfade der Tugend. Niemand kann zudem eine erschöpfende Antwort auf die tiefsten Fragen oder auf den Glauben finden. Wir sind selbst unvollständig; wir wählen aus, wir erforschen und erschaffen. Wir sind wandelbare Geschöpfe. Wir sind immer unterwegs.

Die richtige spirituelle Haltung besteht also darin, sich neue Entscheidungen und Wege offen zu halten, tolerant gegenüber neuen Meinungen, Charaktereigenschaften und Weltsichten zu sein. Oliver Wendell Holmes schrieb einmal, Leben sei ein Ziel in sich selbst, und ob es wert sei, gelebt zu werden, entscheide sich erst im Nachhinein daran, ob man genug daraus gemacht habe. Hier stehen wir vor einem anderen Wertesystem: Verschiedenheit, Komplexität, Erforschung, Selbsterfahrung.

An diesen Werten orientieren sich heute Millionen. Der Philosoph Richard Rorty hat das in seinem Buch *Stolz auf unser Land. Die amerikanische Linke und der Patriotismus* treffend ausgedrückt. Das Ziel jeder Gesellschaft sei, so schreibt er, eine größere Verschiedenheit von Individuen – größeren, vollständigeren, einfallsreicheren und wagemutigeren Individuen. Unsere Anstrengungen sollten demnach darauf gerichtet sein, ein Land zu erschaffen, in dem sich die Zukunft endlos ausdehnt, Experimente mit neuen Formen individuellen und gesellschaftlichen Lebens aufeinander reagieren und sich gegenseitig verstärken. Das Leben des Einzelnen wird dann, laut Rorty, unglaublich mannigfaltig sein und die Gesellschaft unglaublich frei.

Das ist eine optimistische Ansicht. Erfüllung lässt sich erreichen, wenn dem Individuum keine Grenzen gesetzt sind. Und noch mehr: Freiheit kann zu einer neuen Ordnung führen. Wenn wir jedem die größtmögliche Freiheit einräumen, sein eigenes bestes Leben zu führen, wird das Zusammenspiel der Anstrengungen eine Art dynamische und komplexe Harmonie erzeugen. Alles, was man dazu braucht, sind gutwillige Menschen, die offen und tolerant ihren eigenen Lebensweg suchen, ohne zu versuchen, anderen auf genau diesen zu drängen.

Spirituelle Freiheit

Eine neue spirituelle Freiheit kündigte sich an und die Bildungsschicht ergriff freudig diese Chance. Manchen erging es wie Jerry Rubin, der sich auf die spirituelle Suche machte und, ohne es zu wollen, eine lebende Karikatur des damaligen Zeitgeistes wurde. In seinen Memoiren *Growing (Up) at Thirty-Seven* hat er das lapidar so geschildert: »In fünf Jahren, von 1971 bis 1975, versuchte ich es mit Gestalttherapie, Bioenergetik, Rolfing, Massage, Jogging, gesundem Essen, Tai Chi, Esalen, Hypnose, modernem Tanz, Meditation, Silva Mind Control, Arica, Akupunktur, Sexualtherapie, Reichs Therapie und More House – einem Sammelsurium von Kursen für das Neue Bewusstsein.«

Die New-Age-Gurus ermahnten ihre Gefolgsleute »Liebe dich selbst«, und also gaben sich unzählige Menschen der spirituellen Selbstbetrachtung hin. Natürlich kapitulierte nicht jeder vor dieser Droge. Amerika ist ein kompliziertes Land. Aber da gab es eine Zeit, in den Siebziger- und den frühen Achtzigerjahren, als Menschen ohne jede Ironie über ihr »Selbst« sprachen und therapeutische Sensibilität überall angesagt war. Das war die hohe Zeit des spirituellen Individualismus; die Bewegung »Human Potential« hatte größten Zulauf, und ein wahrer New-Age-Zauber, der eigentlich Spiritualität ohne jede Verpflichtung ist, erfasste das Land.

Als Robert Bellah und sein Forschungsteam 1985 *Habits of the Heart* veröffentlichten, berichteten sie über eine Nation, oder zumindest eine Schicht, die tief in Selbsterfahrung verstrickt und nicht länger geneigt war, sich spirituellen Autoritäten zu beugen. *Habits of the Heart* war ein wichtiges Buch, weil es belegte, dass die gebildete Schicht vor den extremeren Formen des spirituellen Individualismus doch zurückzuschrecken schien.

Bellah und seine Kollegen wollten aufzeigen, welche Probleme entstehen, wenn individuelle spirituelle Freiheit auf die Spitze getrieben wird. Und diese grundlegende Kritik ist in den Bobo-Kreisen seither allgemeines Gedankengut. Zuallererst gibt es vielleicht kein »wahres Selbst«, das man von all den äußeren Bindungen trennen könnte, die unser Leben ausmachen. Oft reisen Menschen, die tiefer und tiefer in ihr Ich abtauchen, in Wirklichkeit in eine Leere. Zweitens fällt es auch kreativen Individualisten schwer, für die großen Übergänge im Leben wie Geburt, Heirat und Tod eigene neue Rituale zu erfinden. Das Fehlen alter – und neuer – Rituale macht es uns schwer, den eigenen Glauben an unsere Kinder weiterzugeben. Die organisierte Religion verfügt über ein System von festen Zeremonien, um Kinder durch ihre spirituelle Entwicklung zu geleiten. Selbst ausgedachte Religionen kennen das nicht. Und viele Menschen, die erst begeistert die New-Age-Selbsterfahrungstechniken praktizierten, sind, manchmal reumütig, zu den institutionalisierten Glaubensformen zurückgekehrt, die sie früher abgelehnt haben – ihren Kindern zuliebe.

Doch das ultimative Problem mit spiritueller Freiheit ist, dass sie nie an einen Endpunkt kommt. Wie Rorty darlegte, dehnt sie sich endlos aus. Freiheit bedeutet, sich immer alle Möglichkeiten offen zu halten, also kann man nie bei einer Wahrheit stehen bleiben; man kommt nie an, hat nie Ruhe. Das Anhäufen spiritueller Höhepunkte – der »Peak Experiences« – wird zur Sucht wie die Jagd nach immer mehr Geld. Je mehr du bekommst, desto größer wird deine Gier. Das Leben der ewigen freien Wahl ist ein Leben der ewigen Sehnsucht, da man von dem unstillbaren Verlangen getrieben ist, die nächste Möglichkeit auszuprobieren. Doch wonach es die Seele letztendlich verlangt, ist vielleicht nicht eine Vielzahl interessanter und bewegender Einsichten, sondern eine einzige universelle Wahrheit. Dostojewski lässt seinen Großinquisitor sagen: »Denn das Geheimnis des Menschenlebens liegt nicht im bloßen Dasein, sondern im Zweck des Daseins. Ohne eine feste Vorstellung davon, wozu er leben soll, wird der Mensch gar nicht leben wollen, und er wird sich eher vernichten, als dass er auf Erden leben bliebe – selbst dann nicht, wenn um ihn herum Brote in Fülle wären.«

Heute könnte der Großinquisitor sagen, dass die Bobos Sklaven ihres unstillbaren Wunsches nach Freiheit und Verschiedenheit seien. Er könnte die Bobos davor warnen, dass ihre vielfältigen Erfahrungen sich in nichts auflösen, wenn sie sich nicht für etwas einsetzen, das größer ist als sie selbst. Die Endstation des Pluralismus, würde er vielleicht sagen, ist eine endlose Suche nach mehr und mehr unwichtigen Idealen, die allesamt die wichtigen Fragen nicht beantworten können. Das pluralistische Ethos eignet sich gut für die Suche, macht es aber schwer, einen Ruhepol zu finden. Diese Ruhe gewähren eher wenig flexible Glaubenssysteme wie der christliche Glaube.

Die Rückkehr der Ordnung

Die Bobos haben weder ihre Vorliebe für die freie Wahl noch ihre pluralistischen Überzeugungen geopfert. Doch es gibt eine Gegenströmung, die sich noch nie so deutlich gezeigt hat wie heute. In unseren Tagen zelebrieren Schriftsteller und Sozialkritiker ihren Nonkonformismus nicht mehr so stark, wie sie es von 1955 bis 1965 taten. Sie sind nicht mehr so überzeugt davon, dass die größtmögliche persönliche Freiheit auch automatisch eine dynamische und grundlegend wohltuende Ordnung hervorbringt. Plötzlich rufen immer mehr Sozialkritiker nach *mehr* Gemeinschaft, nach *mehr* Bürgergesellschaft, nach *mehr* sozialem Zusammenhalt. Die Autoren von heute versuchen viel eher, das individualistische Denken zu zügeln, das die Kritiker vor vierzig Jahren propagierten. Man versucht jene Rituale und Strukturen zu stärken, die im Zuge der großen Emanzipation der Bildungsschicht geschwächt wurden.

Im vergangenen Jahrzehnt ist ein ganzer Schwung Bücher und Artikel über den Kommunitarismus erschienen, über die Bedeutung von »Mediations-Einrichtungen« und nachbarschaftlichen Bindungen. Hillary Clinton schrieb das Buch *It Takes a Village*, in dem sie die Vorzüge des Zusammenlebens in einer kleinen Stadt pries. Colin Powell rief einen Kreuzzug von Freiwilligen ins Leben, um mehr Menschen zum Engagement in ihrer Gemeinde zu bewegen. Der Soziologe Robert Putnam aus Harvard erregte Aufsehen mit dem Essay »Bowling Alone«, in dem er behauptete, dass der Niedergang der Bowlinggemeinschaften ein Symbol dafür sei, dass die Amerikaner nicht mehr viel miteinander zu tun haben wollten; dass sie sich in den Kirchen und den Gemeinden immer weniger beteiligten. In den Sechzigerjahren hätte niemand Bowlinggemeinschaften als repräsentative Beispiele angeführt, denn Bowling und seine Anhänger galten als lächerlich und reaktionär. Hätten die Bowlingteams sich vollständig aufgelöst, kein Intellektueller hätte ihnen eine Träne nachgeweint.

Engagierte Advokaten der Bürgergesellschaft und die »Kommunitaristen« versuchen dem radikalen Individualismus der Amerikaner Grenzen zu setzen. Liberale betonen gerne, dass die Globalisierung die Moral in geordneten und fest gefügten Gemeinden untergräbt. Und Konservative meinen gar, dass die Globalisierung das Ende der traditionellen Moral mit sich bringe. Aber beide Seiten bewegen sich in dieselbe Richtung – zurück zu den lokalen Gemeinschaften und der im kleinen Rahmen ausgeübten Autorität, weg von einem System, das es der freien, individuellen Wahl erlaubt, über alle anderen Werte zu triumphieren.

Der große Eintopf

Das Ergebnis sehen wir jetzt: einen großen spirituellen Eintopf. Wir sehen ein Gemisch aus Selbständigkeit und Zusammengehörigkeit. Wir sehen auffallend oft jüngere Bobos, die sich in Kirchen und Synagogen engagieren, aber sie haben nicht die geringste Lust, sich vom Popen, Priester oder Rabbi sagen zu lassen, wie sie leben sollen. Viele kehren jetzt zur Religion zurück, aber eine Religion reicht ihnen nicht; mehrere gleichzeitig müssen es sein. Der Soziologe Robert Wuthnow, der in Princeton lehrt, lernte eines Tages die 26-jährige Tochter eines Methodistenpredigers kennen, die mit Behinderten arbeitete. Sie bezeichnete sich als »methodistische, taoistische, indianische, quäkerische, russisch-orthodoxe, buddhistische Jüdin«.

Nicht jeder hat sich so reichlich am spirituellen Büffet bedient. Jedoch hat man auch in traditionelleren Kreisen, in denen die Religiosität eine Renaissance erlebt, das Gefühl, es ginge ebenso sehr um das Dabeisein und Mitmachen wie um den Glauben. Das *New York Times Magazine* brachte kürzlich eine Sonderausgabe über Religion, in der sich auch die scharfsinnige Überschrift »Die Religion erlebt ein Comeback (der Glaube kommt später)« fand. Francis Fukuyama hat in seinem Buch *Der große Aufbruch* das Ethos der Bobo-Religiosität treffend geschildert.

Das soll aber nicht heißen, dass Bobos in der Kirche nicht ernsthaft sein können. Oft befolgen sie mit außergewöhnlicher Disziplin Speisevorschriften oder ähnliche Regeln. Irgendwie ist das jedoch eine Strenge ohne Unterwerfung. Zwar gab es früher Gläubige, die paradoxerweise meinten, Freiheit lasse sich durch völlige Unterwerfung unter Gottes Willen erreichen; doch dieser blinde Gehorsam ist dem Bobo fremd. Unter den Juden gibt es zum Beispiel eine moderne orthodoxe Bewegung, deren Anhänger Hebräisch können, die Thora studieren und die Gesetze koscheren Essens beachten. Sie befolgen streng die Regeln, aber sie wählen auch aus und verwerfen diejenigen alten Gebote, die mit dem Lebensgefühl von heute nicht vereinbar sind – etwa die Vorschriften, die Frauen Beschränkungen auferlegen. Sie schrecken vor allen politischen Lehren zurück, die mit dem Pluralismus kollidieren, und vor allen Lehren, die verkünden, dass der Judaismus die einzig mögliche Religion sei und alle anderen ein Irrglaube. Das ist Orthodoxie ohne Gehorsam – also Flexidoxie.

Die organisierte Religion, die früher einmal als hoffnungslos rückständig, als Krücke für die Schwachen im Geiste und Opium für das Volk betrachtet wurde, hat ein gewisses Ansehen wiedererlangt. Wenn es Bobos gelingt, bei zwanglosen Gesprächen ihre Besuche in der Kirche oder der Synagoge einfließen zu lassen, wallt eine kleine moralische Befriedigung in ihnen auf. Dadurch beweisen sie, dass sie keine hoffnungslosen Narzissten sind, sondern Mitglieder einer Gemeinschaft mit bestimmten ethischen Grundsätzen. Dennoch hat sich der Charakter der Gespräche über Religion geändert. Sektiererische Diskussionen, früher beliebt unter Theologen, sind nicht mehr sehr gefragt. Der tschechische Präsident Vaclav Havel hat einmal im *Community Magazine* geschrieben: »In meinen Augen sind die Unterschiede zwischen den Religionen bei weitem nicht so wichtig wie ihre grundlegenden Gemeinsamkeiten.« Wichtig und gut ist das innere religiöse Streben, nicht das Regelwerk eines bestimmten Glaubenssystems oder einer Sekte. Es tut keinem weh, wenn jemand sich zunächst ein wenig umsieht, mit ein paar Religionen experimentiert oder je nach Laune zwischen verschiedenen Sekten hin- und herpendelt, bevor er sich festlegt. Das heißt, die freie Wahl mit der Verpflichtung und Bindung zu versöhnen.

Die meisten Menschen sind offenbar der Meinung, diese Versöhnung könne funktionieren, oder wenigstens unternehmen sie einen Versuch dazu. Und vielleicht *kann* sie funktionieren. Robert Nisbet, der 1953 mit seinem Buch *The Quest for Community* ein Vorläufer der heute propagierten Bürgergesellschaft war, glaubte sehr wohl, dass man am besten in Gemeinschaft lebe, aber nicht in nur einer Gemeinschaft. Man solle mehrere ausprobieren, empfahl er. Damit könne man ein Zugehörigkeitsgefühl empfinden und gleichzeitig Flexibilität und Freiheit erfahren.

Andere glauben indessen nicht, dass man größtmögliche Freiheit so einfach mit spiritueller Erfüllung versöhnen kann. Sie halten die Synthese der »kooperativen Individualisten« für falsch und trügerisch. Diese Individualisten reden – nach Ansicht ihrer Kritiker – über Traditionen, Wurzeln und Gemeinschaft, ohne dass diese schönen Werte für sie eine tiefere Bedeutung hätten. Wenn es darauf ankäme, würden sie immer ihrer freien Wahl den Vorzug vor ihren Verpflichtungen geben. Sie verlassen die Gemeinschaft, wenn ein besserer Job winkt. Sie geben Traditionen und Lebensregeln auf, die sie für zu mühsam halten. Sie lassen sich scheiden, wenn ihre Ehen unerfreulich zu werden beginnen. Sie kündigen bei ihrer Firma, wenn sie sich langweilen. Sie kehren ihrer Kirche oder Synagoge den Rücken, wenn die Sache ihrer Meinung nach stumpfsinnig wird und der Dank ausbleibt. Und das alles ist für diese Menschen äußerst schädlich, da sie nichts Tiefgründiges und Dauerhaftes mehr haben, an das sie sich klammern können.

Alan Ehrenhalt vergleicht unser Leben, im Unterschied zu dem in geschlossenen Gemeinschaften wie im Chicago der Fünfzigerjahre, mit jemand, der mit der Fernbedienung in der Hand vor dem Fernseher sitzt. Die Fernbedienung sei »die allerletzte Waffe der persönlichen Wahl, die im Laufe einer Stunde Dutzende visuelle Darbietungen auswählt oder verwirft; und wenn uns ein Programm länger als ein paar Minuten zu fesseln versteht, ist dieser Genuss schon durch den Verdacht beeinträchtigt, dass ein paar Kanäle weiter etwas noch Spannenderes lauern könnte«.

Mit unseren breit angelegten, verschiedenartigen Lebensentwürfen laufen wir Gefahr, etwas ganz Wichtiges zu verlieren: das Gefühl der Zugehörigkeit. Wer sich auf eine Gemeinschaft oder einen Ehepartner beschränkt, wird sich ihr oder ihm in stärkerem Maß zugehörig fühlen als jemand, der sein ganzes Leben lang nur experimentiert. Wer sich für einen einzigen Glauben entscheidet, wird sich diesem stärker verschreiben als der, der sich von Neugier getrieben im Zickzack von Sekte zu Sekte bewegt. Der Mönch führt in seinem Kloster kein experimentelles Dasein, womöglich aber eine tiefgründige Existenz.

Und das bringt uns wieder auf das vielfältige, offene Bobo-Leben zurück, das eben nicht ein Leben der profunden Wahrheiten, der tiefen Emotionen und hochfliegenden Sehnsüchte ist und auch nicht ein Leben voller Hingabe und mit spektakulären Entscheidungen. Der Versuch, Freiheit mit Verpflichtung, Tugend mit Wohlstand und Autonomie mit Gemeinschaft zu versöhnen, führt womöglich nicht einmal zu einem katastrophalen Zusammenbruch oder zu einem malerischen Abgleiten in Unmoral und Dekadenz. Er produziert nur viele Kompromisse und spirituelle Fluchten, und das ist das Problematische. Menschen, die alles tun, um möglichst endlose Wahlmöglichkeiten zu haben, enden mit halben Verpflichtungen und halben Freiheiten. Mit grau getünchten Seelen gehen sie durchs Leben und finden nichts Heroisches, nichts Inspirierendes – nichts, in dem sie sich wiederfänden. An manchen Tagen schaue ich mich um und stelle fest, dass diese Versöhnungen uns einen hohen Preis gekostet haben: Wir sind oberflächlicher geworden und ignorieren einfach tiefere Gedanken und hohe Ideale, die uns nur quälten, wenn wir uns wirklich an ihnen messen würden. Wir machen es uns zu leicht.

Die Ironie im spirituellen Leben der Bobos ist, dass es mit einem Paukenschlag anfing – der Augenblick der Befreiung, das Abwerfen alter Fesseln, die ersten köstlichen Experimente mit einer totalen Freiheit – und nun so still und unspektakulär dahinplätschert. Die Bourgeoisie mit ihrer lauwarmen Lebensführung, ihrer seichten Zufriedenheit und ihren bequemen Sitten stieß die Bohemiens ab. Also stachelten sie die Mittelklasse auf, die ausgetretenen Pfade der Wohlanständigkeit zu verlassen. Das Leben sollte doch ein Abenteuer sein! Und wo wir nun unseren eigenen Weg finden und gehen müssen – was machen wir da mit denen, die einen anderen Weg wählen? Das Leben besteht aus vielen unvereinbaren Werten, jede Religion hat einen guten Kern, jede getroffene Wahl erfüllt ein menschliches Bedürfnis. So lernt der Bohemien, der unterwegs war zu einem neuen Bewusstsein, anderen gegenüber tolerant zu sein und die eigenen Visionen auf niedriger Flamme zu köcheln, damit er den Nachbarn nicht stört. Das lodernde Freudenfeuer der Emanzipation schrumpft so rasch zu einem flackernden Flämmchen der Toleranz und Mäßigung zusammen.

Die Angehörigen der Bildungsschicht betrachten Menschen, die ihre Ansichten vehement, feurig und kompromisslos vertreten, mit Argwohn. Sie betrachten auch jene mit Argwohn, die Sicherheit ausstrahlen oder sich intolerant gegenüber Menschen verhalten, die nicht wie sie sind. Bobos scheuen Feuer und Hitze. Sie weichen vor denen zurück, die anderen ihre Ansichten oder ihren Lebensstil aufdrängen wollen. Sie ziehen Toleranz und zivilisiertes Benehmen vor. Bobos sind von ihrer Herkunft her gemäßigt; sie glauben, dass niemand die ganze Wahrheit gepachtet hat und dass man darum Unstimmigkeiten ausweichen sollte, um irgendwie eine gemeinsame Basis zu finden.

Diese Mentalität hat etwas zutiefst Menschliches. Mit Bobos kann man gut auskommen, sie sind angenehme Zeitgenossen, und das ist ja nicht wenig. Aber wie immer büßt man dadurch etwas ein. Nietzsche meinte einmal, niemand werde bereitwillig eine Ansicht als wahr anerkennen, bloß weil sie die Menschen glücklich oder tugendhaft mache. Propheten und Heilige haben schließlich nicht geglaubt, was sie glaubten, weil es sie glücklich machte. Viele von ihnen wurden zu Märtyrern, weil sie ohne Rücksicht auf die Folgen an ihrer Wahrheit festhielten. Bobos jedoch sind pragmatischer; vielleicht ist diese Art von Hingabe und Heldentum außerhalb der Reichweite ihrer Spiritualität.

Versuchen wir einmal, Für und Wider dieser Bobo-Spiritualität abzuwägen. Sie ist eher eine Sache des Temperaments als eine des Glaubens. Bobo-Moralisten sind nicht heldenhaft, aber sie wissen, was Verantwortung heißt. Sie ziehen das Bekannte dem Unbekannten vor, das Konkrete dem Abstrakten, das Bescheidene dem Hochfahrenden, Höflichkeit und Mäßigung dem Konflikt und dem Aufruhr. Sie mögen tröstliche religiöse Rituale, aber keine unabänderlichen Restriktionen, moralistischen Kreuzzüge und keinen religiösen Eifer. Sie haben spirituelle Gefühle, solange diese flexibel sein dürfen, und lassen sich auf theologische Diskussionen ein, solange es in ihnen mehr um Lob als um Schuldzuweisungen geht. Sie haben nicht das Bedürfnis, auf etwas zu reagieren; sie nehmen einfach hin, was sie nicht direkt angeht. Ein bisschen Experimentieren mit Lebensstilen kommt ihnen zupass, solange es dabei sicher und ruhig zugeht. Konkretes Unrecht wie Grausamkeit oder Rassismus trifft sie direkt; relativ unberührt bleiben sie aber von Lügen und Grenzüberschreitungen, die offensichtlich niemandem schaden. Sie loben gute Vorsätze und lassen sich viel von Leuten gefallen, die ihr Herz auf dem rechten Fleck haben. Sie möchten gerne anständig sein, nicht unbedingt heilig: prosaische Güte, nicht heroische Größe, Fairness, nicht Tiefsinn stehen hoch im Kurs. Kurz gesagt: sie schätzen eine moralische Haltung, die keine Erschütterungen mit sich bringt, aber den Status quo dort zementiert, wo er angebracht und gut ist; zugleich ermöglicht diese Einstellung aber auch, sanft zu vergeben und Dinge zu reformieren, um die es nicht so gut steht. Das ist die rechte Moral, um eine ordentliche Gesellschaft zu errichten, aber womöglich nicht die passende Einstellung für Menschen, die sich um ihr Leben in der nächsten Welt sorgen.

Der Himmel der Bobos

Bei dieser gemäßigten, geradezu kleinlichen Ethik der Bobos hat man Mühe, sich vorzustellen, was mit uns passieren wird, wenn es mal zu Ende geht. Wird es ein feuriges Jüngstes Gericht geben mit scheußlichen Szenen, wenn der Gott der Gebildeten diejenigen erlöst, die ihre Zeitungen gebündelt und für die Altpapiersammlung auf die Straße gelegt haben, und diejenigen verdammt, die dies versäumt haben? Schwer vorstellbar. Bobos sind so sanft und stets zur Vergebung bereit. Da seine Moral eher in der gemäßigten Zone angesiedelt ist, erscheint auch das unerbittliche Fegefeuer als ein unpassender Ort für den Bobo. Andererseits gehört er, dessen Welt immer offen und neu ist, auch nicht an einen vollkommenen und endgültigen Ort, wie es der Himmel nun mal ist. Vielleicht wird es statt des Jüngsten Gerichts eine Jüngste Diskussion geben.

Vielleicht aber ist für uns Montana der Ort, der dem Himmel am nächsten kommt. Näher werden wir ihm nicht kommen. Denn unser idealer Himmel ist kein großartiger Ort weit weg von der Erde und unserer Realität. Schließlich laden wir uns spirituell an ganz greifbaren Dingen auf. Wir brauchen Orte der Kraft und sinnlich gestaltete Gegenstände. Wenn wir in unserem Kopf eine klare, logisch zusammenhängende moralische Ordnung hätten, würden wir uns womöglich in übernatürlichen Welten wohl fühlen. Doch da uns der Glaube an eine jenseitige Welt abgeht, erfahren wir unsere spirituellen Höhepunkte im Kontakt mit den handfesten Manifestationen des Diesseits. Wir entdecken große Wahrheiten im Kleinen, darin, wie ein Blatt geformt ist oder das Ohr unseres Kindes – die göttliche Vision aber passt nicht zu uns. Da wir ohnehin immer vom Frieden an einem stillen Flecken träumen, ist unser Paradies vielleicht ein hübscher Zweitwohnsitz in atemberaubender Berglandschaft.

Stellen wir uns eine fromme Bobo-Frau vor, die in der Abenddämmerung in den Bergen Montanas innehält: Sie denkt an ihre Anwaltspraxis, an die Investmentfonds oder an ihren Lehrauftrag, obwohl das alles in großer Ferne liegt. Die reglose Luft ist schwer von natürlichen Düften, und sogar ihre Hunde Caleb und George sind ausnahmsweise einmal still und genießen selber die Ruhe. Als eine leichte Brise aufkommt, schließt sie den Kragen ihres Hemds aus hochwertigem Flanell. In den ein Stück entfernten Häusern hinten im Tal gehen die Lichter an. Dort haben frühere Stadtbewohner Firmen für Spezialitäten gegründet – Uncle Dave's Pestos liegt auf der Hügelkette im Norden, Sally's Sauces findet sich im Westen und Yesterday's Chutney ein paar Hundert Morgen südlich davon. Stolz schaut unsere Bobo auf das Potpourri aus wilden Wiesenblumen auf einem Feld, das völlig verwildert war, als sie und ihr Lebensgefährte diese Ranch kauften, und dann fällt ihr liebevoller Blick auch noch auf die alte Kiefer, für deren Rettung sie einen Baumchirurgen hinzuziehen musste.

Jemand hat einmal gesagt, in der amerikanischen Geschichte sei es immer nur darum gegangen, den Garten Eden zu Geld zu machen. Doch mit einem gewissen Einkommen, gutem Willen und den richtigen Handwerkern kann ein gebildeter Mensch mit Geld den Garten Eden erschaffen. Im Umkreis von Hunderten von Kilometern machen es sich gerade zufriedene Ehepaare auf ihren alten quietschenden Sofas bequem und öffnen Bücher von Schriftstellern, die in die Provence gezogen sind und deren Romane die Gestressten wie Pornografie anmuten. Und allmählich macht sich auch die Bobo-Frau auf den Weg zu ihrem Zweitheim. Sie achtet darauf, die Erde über den Baumwurzeln nicht festzutreten, und erinnert sich dabei an eine wunderschöne Stelle bei John Steinbeck, wo es von einem sanften Menschen heißt, dass er »hoch über Insekten hinwegsteigt«. Sie geht durch die Laube, die sie im letzten Jahr errichtet hat, und vorbei an dem Teich, den sie und ihr Lebensgefährte angelegt haben, um darin nackt schwimmen zu können. Hier oben entdeckt man wieder die Sinnlichkeit; trotzdem würden sie nichts tun, was die Falken irritieren könnte. Als sie sich dem Haus nähert, hört sie den Soundtrack eines Films von David Ivory als Gruß; die Melodie dringt aus den benachbarten Gebäuden, die nun als Gästehäuser genutzt werden.

Beim Renovieren war der größte Akt, die Fensterfläche zu verdreifachen. Sie wollten Innen und Außen näher zueinander bringen und damit fast im Schoß der Natur leben. Wie schön ist es doch, in einem Schlafzimmer aufzuwachen, in dem eine Wand ganz aus Glas ist, durch die man erst einmal eine Stunde lang den Sonnenaufgang verfolgt (gut, wenn man die 150 Hektar ringsum auch noch besitzt, damit kein Nachbar den Genuss stören kann). Sie kommt ihrem Haus immer näher und hat auch noch Zeit, die seltenen Moose zu bewundern, die sich neben dem Fußweg zur Haustür breit gemacht haben. Sie riecht die einheimischen Grassorten, die um das Haus gepflanzt sind und betritt leichten Fußes die Veranda, wobei ihre Hand zärtlich den akkurat aufgeschichteten Stoß aus Espenholz berührt. Dieses Holz wird keineswegs verbrannt. Sie haben sich bloß in die Ästhetik aufgeschichteter Holzstöße verliebt, die in Form und Struktur dem Ort die letzte Vollendung geben. Sie gehören einfach hierher. Als sie die Tür aus Ahornholz öffnet, die aus Neuengland eingeflogen wurde, hört sie ihren Partner in seinem Studio bei der Arbeit. Das Anwesen gestattet ihm, sich den Dingen zu widmen, für die er früher nie Zeit fand. Neben seinem neuen Zeitvertreib als Off-Sprecher in Dokumentarfilmen zu Umweltthemen spielt er wieder Geige, liest Romane weiblicher Autoren des asiatischen Subkontinents und engagiert sich ein bisschen in der Gemeinde – momentan ist er Kassenwart im örtlichen Verschönerungsverein.

Das Wohnzimmer ist groß, aber sparsam möbliert. Die breiten Dielen scheinen zu glühen und heben sich gut von dem Kaminsims aus Rotholz in der Mitte ihres massiven Steinkamins ab. Der Baum, aus dem der Sims gemacht ist, brach vor drei Jahren bei einem Sturm, und die Steine haben sie noch ein paar Jahre früher während eines Wanderurlaubs in Colorado gefunden. Das Mobiliar ist rustikal, aber gemütlich. Da gibt es diese Sessel zum Sich-Hineinkuscheln, drei an der Zahl, und jeder ist so groß wie ein VW-Käfer. Die sind viel netter als die Ohrensessel der Elterngeneration. In denen musste man aufrecht sitzen, während man sich in diesen Möbeln mit dem schäbigem Schick räkeln und die bequemste Sitzposition suchen kann.

Die Bobo-Frau betrachtet ihre Sammlung von hölzernen Schöpfkellen. Die sachten Kurven gefallen ihr; diese Kellen geben ihr mehr als alle anderen Gegenstände, die sie bei ihren Streifzügen mit Kennerschaft zusammengetragen hat. An der großen Wand hat sie einige Schildkrötenpanzer und kleine Statuen aus Kambodscha angebracht. Ihre Lieblingsstatue zeigt Bodhisattwa, das spirituelle Geistwesen, das die Erleuchtung erlangte, aber seinen Eintritt ins Nirwana hinauszögert, weil es anderen helfen will hineinzukommen.

Gerade als eine köstliche Ruhe über sie kommt, bemerkt sie, dass jemand auf der Türschwelle zur Küche steht: der Todesengel, der speziell für die Bobos zuständig ist. In seinem alten Tweedjackett sieht er blendend aus, und er muss wohl schon länger da stehen und auf sie gewartet haben, denn in der Hand hält er eine der riesengroßen Keramiktassen, die sie erst im Frühjahr bei einem Kunstgewerbemarkt in Santa Fé gekauft hat. Der Todesengel will eine Menge Einzelheiten über die Renovierung im letzten Jahr wissen. Sie verrät ihm, dass sie sich entschlossen habe, den neuen Küchenflügel in einer nordischen Technik errichten zu lassen, die die Wälder schone. Die Wände werden mit gestampfter Erde gefüllt, die man so fest zusammengepresst hat, dass kräftige Mauern in der Farbe von Karamell entstehen, die noch dazu Waldgeruch verbreiten. Die neuen Türen stammen aus wieder verwendetem Holz einer alten Mission in Arizona; sie knarren so herrlich, wenn man sie aufmacht. Versteckte Sensoren kontrollieren die Innentemperatur und die Klimaanlage und schalten das Licht aus, wenn jemand den Raum verlässt. Der Todesengel ist besonders angetan davon, wie sie die Grundfläche des Ranchgebäudes verdreifacht haben, ohne dass der ursprüngliche Charakter beeinträchtigt wurde. Er unterrichtet sie davon, dass sie zwar gerade gestorben sei, dass er jedoch nicht vorhabe, sie irgendwohin zu transportieren. Sie darf künftig weiter inmitten all dieser erlesenen Materialien verbleiben. Das Einzige, was er von ihr verlangt, ist, den Bodenbelag in der Eingangshalle zu erneuern, den sie ohnehin nicht so gelungen fand.

So eine letzte Ruhestätte hält nicht den Segen der Erlösung bereit, aber wir haben es mit einer watteweichen, zarten New-Age-Ewigkeit zu tun, durch die sachte und allezeit die Klänge des Radio-Kulturprogramms schweben. Sie dankt dem Todesengel, der noch schnell einen Schluck Nusstee nimmt, bevor er entschwindet, sich in der Ferne verliert und beim Entschwinden ihren Range Rover mitnimmt, den sie ja nun nicht mehr braucht.

7. Ab durch die neue Mitte: Politik

Entspannt schauen Sie auf dem Sofa Ihres Wohnzimmers eine Reihe von Büchern und Aufsätzen durch, die »Zeichen der Zeit« oder so ähnlich heißen. Dabei wird Ihnen auffallen, dass nirgends der bedeutungsschwangere Satz fehlt: »Wir leben in einem Zeitalter des Übergangs.« Ob die Menschen in den Achtzigerjahren des achtzehnten Jahrhunderts, in den Fünfzigerjahren des neunzehnten oder in den Siebzigerjahren des zwanzigsten Jahrhunderts lebten: Sie fühlten sich von etwas Ungeformtem, Fließendem umgeben. Die alten Begriffe und die alten Methoden, wie man Dinge anpackte, schienen überholt zu sein. Neue Modelle und Ideen schienen noch nicht Gestalt angenommen zu haben.

Wir hingegen sind wohl etwas Besonderes. Wir leben nicht in einem Zeitalter des Übergangs – wir haben gerade ein Zeitalter des Übergangs hinter uns. Wir leben im Kielwasser eines gerade zurückliegenden Kulturkampfes, der das Leben in Amerika eine Generation lang aufwühlte. Zwischen den Sechziger- und den Achtzigerjahren starteten die Kräfte der Boheme und der Bourgeoisie ihre Schlussoffensive. Die Gegenkultur der Bohemiens griff das Establishment an, erst die Vorort-Existenzen und später die Begleiterscheinungen der

Reagan-Jahre. Konservative Politiker und Autoren kritisierten wiederum die Sechziger und gaben dieser Epoche die Schuld an fast allem, was in Amerika schief lief. Jede Gruppe der Links-Boheme – von den radikalen Studenten bis hin zu den Feministinnen – trat eine Reaktion in der Rechts-Bourgeoisie los, und zwar angefangen bei der »Moralischen Mehrheit« bis hin zu den Opportunisten. Das letzte Aufwallen dieses langen Konflikts gipfelte in einer unruhigen Zeit mit Protesten, Unruhen, Massendemonstrationen und in einem wahren Zusammenbruch der gesellschaftlichen Ordnung.

Doch ging aus diesem zyklischen Durcheinander ein versöhnlicher, mit vereinten Kräften gefundener Kompromiss hervor. Eine neue Ordnung und ein neues Establishment, die ich versucht habe zu beschreiben, haben sich gut eingerichtet. Die Mitglieder dieses neuen Establishments mit seinen unscharfen Rändern haben beide Seiten des Kulturkampfes vereinnahmt. Sie haben von »den Sechzigern« genauso viel gelernt wie von »den Achtzigern«. Sie haben eine neue Balance zwischen den Werten der Boheme und der Bourgeoisie gefunden. Diese Balance hat uns halbwegs den in den Jahrzehnten des Umsturzes und des Übergangs verloren gegangenen sozialen Frieden zurückgegeben.

Politik jenseits der Konfrontation

Die Politiker, die in dieser neuen Ära Erfolge feiern, haben die Sechzigerjahre der Boheme und die Achtzigerjahre der Bourgeoisie geschickt verrührt. Sie haben das alte Vokabular des Kulturkampfes über Bord geworfen. Sie sind nicht wie viele ihrer Vorgänger Menschen mit festen Überzeugungen, die sie unbeirrbar und missionarisch vertreten. Nein, sie weichen aus. Sie versöhnen. Sie wissen, dass sie unterschiedliche Gruppen ansprechen müssen. Diese Politiker suchen einen dritten Weg neben den alten Kategorien Links und Rechts. Sie treten ein für leidenschaftlichen Konservatismus, praktischen Idealismus, nachhaltige Entwicklung, intelligentes Wachstum, Wohlstand mit Sinn.

Was immer zum Gespann Clinton/Gore zu sagen wäre, eines ist gewiss: Es verkörperte den Geist des Kompromisses, der ja das Wesen des Bobos ausmacht. Die Clintons waren beide in den Sechzigerjahren Anti-Vietnam-Aktivisten, und in den Achtzigerjahren handelten sie mit Futures. Sie betraten das Weiße Haus gut gerüstet mit Idealen aus der Boheme und mit einer Portion bürgerlichem Ehrgeiz. Sie kämpften gegen die »faden alten Begriffe Rechts und Links«. 1997 fasste Bill Clinton seine Vorstellung von Politik in einer Rede vor der Führungsspitze der Demokraten griffig so zusammen: »Wir mussten Bereich für Bereich durchgehen und aus jedem diese falsche Entscheidung verbannen – diese sterile Debatte darüber, ob jemand die liberale oder die konservative Position vertritt. Sie hat Amerika nur gespalten und nicht weitergebracht.«

Die Clinton-Anhänger machten drei Schlagworte zu Dauerthemen ihres Wahlkampfs: Chance – Verantwortung – Gemeinschaft. Dass sich zwischen den dreien Spannungen ergeben könnten, störte sie herzlich wenig. Sie sprachen sich für die gute alte Schuluniform aus – aber auch für Kondome in Schulen. Clinton hielt einen ausgewogenen Haushalt ohne schmerzhafte Einsparungen für möglich, eine Reform des Sozialsystems ohne Härten, die Verschärfung des Kriegs gegen Drogen bei gleichzeitiger Verstärkung der Suchtbehandlung, den Erhalt der staatlichen Schulen bei gleichzeitiger Förderung von privaten Alternativen. Dem Problem, ob Homosexuelle in die Armee aufgenommen werden sollten, begegneten die Clintons mit dem Wahlspruch »Don't Ask, Don't Tell«. – Vielleicht der gelungenste Versuch, den dritten Weg und seine friedlichen Absichten in Worte zu fassen.

Viele der Clintonschen Bemühungen, einander widersprechende Ansätze zu versöhnen, waren unrealistisch. Dennoch bleibt als Erinnerung an die Clinton-Regierung deren »neue« Politik, die ungeheuer einflussreich und völlig im Einklang mit dem Bobo-Zeitalter war. Dieser dritte Weg ist ein andauernder Balanceakt. Wenn man sich in den industrialisierten Ländern umschaut, übernehmen die Vertreter des dritten Weges eine Regierung nach der anderen. Vor einigen Jahrzehnten sagten Theoretiker voraus, dass die »neue Klasse« ideologischer sein würde als vorangegangene, anfälliger für utopische Entwürfe und abstrakte Konzepte. In der Tat aber stellten die Kinder der Sechzigerjahre Regierungen auf die Beine, die sich der Mitte zuneigten, keine klare Richtung hatten, aber jedenfalls unideologisch waren.

Dieser Politikstil setzte sich durch, weil er für die wohlhabenden Bewohner der Vorstädte ebenso attraktiv ist wie für diejenigen, die heute in Amerika über das Geld, die Medien und die Kultur herrschen. Es gibt in den Vereinigten Staaten neun Millionen Haushalte mit einem Einkommen von mehr als 100 000 Dollar jährlich, und das ist der tonangebende und aktive Teil der Bevölkerung. Dieses neue Establishment, das in beiden großen politischen Parteien des Landes die Oberhand hat, schliff die scharfen ideologischen Kanten ab und dämpfte den dogmatischen Eifer. Bobo-Demokraten arbeiten manchmal für Investmenthäuser wie Lazard Frères, Bobo-Republikaner hören manchmal Grateful Dead. Sie wollen keine kulturkampfähnlichen Scharmützel über Grundsätze und keinen polarisierten Wahlkampf um die Präsidentschaft.

Das alte protestantische Establishment war vornehmlich konservativ und republikanisch – das neue Bobo-Establishment ist eher unabhängig und der politischen Mitte zuzurechnen. Deren Politiker aus den Stadtvierteln, in denen Range Rover oder Toyota Lexus gefahren wird, können nichts mit der Radikalität ihrer Kollegen aus den weniger wohlhabenden Wahlbezirken anfangen. Sie sind mehr an Konsens als an Konflikt interessiert und schätzen Höflichkeit mehr als Hass.

Im Bobo-Zeitalter sind die innerparteilichen Richtungskämpfe offensichtlicher als die Konflikte zwischen den Parteien. Es sind die Kämpfe zwischen denen, die die Sechziger- und Achtzigerjahre glücklich in ihrem Denken vereint haben, und denen, die diese »Fusion« ablehnen – und es ist nicht mehr das Aufeinanderprallen Sechziger- gegen Achtzigerjahre, wie der Philosoph Mark Lilla von der University of Chicago behauptet.

Die lauwarme Politik der Bobo-Generation macht die echten Linken und Rechten, die sich eine radikale und heroische Politik wünschen, fast wahnsinnig. Die Radikalen sehen Probleme in der Gesellschaft und rufen nach radikalen Änderungen. Frustriert vom neuen Establishment der Mitte, haben sie dennoch größte Mühe, den Gegner frontal anzugreifen. Denn der bietet keine Angriffsfläche. Es gibt da kein System aus zusammenhängenden Ideen, die man herausfordern und widerlegen könnte – stattdessen immer nur Zugeständnisse und Freundlichkeit. Bobo-Politiker übernehmen rasch die Rhetorik und das politische Gedankengut anderer, und irgendwie gelingt es ihnen dabei noch, alle Radikalität herauszufiltern. Sie neigen sich mal nach links, dann wieder nach rechts, doch sie stellen sich keinem Kampf. Sie schlendern freudig auf ihrem Pfad dahin, versöhnlich, einnehmend und immer glücklich. Während Rechte und Linke nach Konfrontation und radikalen Veränderungen dürsten, scheinen Bobos nach der Maxime vorzugehen: »Ein gutes Leben ist die beste Rache.«

Das Projekt

Aber das heißt nicht, dass es der Bobo-Politik an einem Ziel fehlen würde. Bobos haben sehr wohl ein Projekt für die kommenden Jahre. Das Projekt heißt: Korrigieren wir die Exzesse der zwei gesellschaftlichen Revolutionen, die uns an die Macht gebracht haben. Wenn es in den Sechzigern und in den Achtzigern darum ging, Freiheit und Individualismus auszuweiten – diese beiden Werte hatten die gegensätzlichen Bewegungen gemeinsam –, so bleibt es nun den Bobos überlassen, exzessive Freiheit und exzessiven Individualismus zu bekämpfen.

Die beiden Schlüsselworte des politischen Projekts der Bobos sind gegenwärtig *Gemeinschaft* und *Kontrolle*. In der amerikanischen Gesellschaft kann man überall die Anstrengungen beobachten, die unternommen werden, um den gesellschaftlichen Zusammenhalt zu stärken und Autorität wiederherzustellen. Grundsätzlich ist man bestrebt, die Energien wieder in den Griff zu bekommen, die im vergangenen Vierteljahrhundert entfesselt wurden. Der Gesetzgeber versucht alles, um Schweinereien im Internet zu unterbinden, Waffenbesitz zu kontrollieren, Zigarettenwerbung einzudämmen und gewaltverherrlichende Fernsehprogramme und Videos zu verbieten. Eine historische Welle von Sozialreformen ist über das Land hinweggeschwappt. Lokale Behörden, Staats- und Bundesbehörden erlegten Empfängern von Sozialleistungen mehr Einschränkungen auf. Viele Städte verfolgen Betteln, Landstreicherei, das Trinken von Alkohol in der Öffentlichkeit und Umweltverschmutzung. Die Polizei bekam in Gebieten mit hoher Kriminalitätsrate mehr Befugnisse.

Einige der dramatischsten Versuche, Autorität wiederherzustellen, betrafen die Privatsphäre und die Nachbarschaft. In den Sechzigerjahren leitete ein Mann namens A. S. Neill in Großbritannien eine Schule, die Summerhill hieß und in der es keine Regeln gab außer denen, die sich die Kinder selbst gaben. Neills Buch über Summerhill verkaufte sich in den Vereinigten Staaten zwei Millionen Mal und stützte dort eine breite Bewegung, die den Kindern den größtmöglichen Raum geben wollte, um sich frei und natürlich zu entfalten und ihr kreatives Potenzial auszuschöpfen. Die von uns, die damals die Schule besuchten, kennen solche Programme und progressiven Reformen für mehr schulische Freiheit und Individualismus – Schulen ohne Wände, offene Klassenzimmer, der offene Campus. Sogar Raucherzimmer gab es in öffentlichen Schulen, obwohl Minderjährigen das Rauchen verboten war.

Heute aber ist dieses Ethos völlig den Bach hinunter. Führende Politiker beider Parteien sprechen sich für Schuluniformen aus, Kinder werden überwacht und gedrillt, mit Regeln und Plänen in Schach gehalten. Nie zuvor hat man sich so um die Sicherheit seiner Kinder gesorgt. Fahrradhersteller erleben einen Einbruch bei den Verkäufen, weil Eltern es nicht mehr gerne sehen, dass ihre Sprösslinge unbeaufsichtigt in der Gegend herumradeln. Kinder werden heute in einem Maße indoktriniert, das sogar das viktorianische Zeitalter übertrifft: Von früh bis spät wird in Fernsehshows für Kinder gegen Rassismus und für Recycling geworben, und die Lehrer sollen nicht nur für Bildung, sondern auch für das moralische Rüstzeug sorgen und von der Gefahr durch Drogen bis zur Höflichkeit einfach alles vermitteln. Nach der Schießerei von Littleton, Colorado, bei der zwei Jungen 25 Mitschüler und auch Lehrer umbrachten, gab es eine Welle von Kommentaren, die sich nur in einem einig waren: Eltern müssen mehr Autorität über ihre Kinder ausüben. Die Tage der Freiheit, wie sie Jean-Jacques Rousseau predigte, sind vorüber.

Ähnlich stark fallen Bemühungen ins Auge, vor allem in wohlhabenden Vierteln das ungebremste Wachstum zu bremsen und die Stadtentwicklung zu kontrollieren. In der Reagan-Epoche mag man das Laissez-faire geschätzt und vertreten haben, doch in den Bobo-Vorstädten unserer Tage ist das längst passé. In den Bobo-Wohngegenden findet man fast immer eine einflussreiche Gruppe von Bürgern, die die Wohn- und Geschäftsflächen neu verteilen will, sich gegen weitere Riesenmärkte wehrt und Spekulanten das Handwerk legen will, die ein Gebäude auf einem Grundstück niederreißen, um dort ein größeres zu bauen. Statt sich fortschrittlich und weit blickend zu geben, scheint man in den »besseren« Vierteln zurückzuschauen. Man will die alte Ordnung bewahren oder wenigstens eine schaffen, die sich an den Mustern orientiert, die in der Vergangenheit für Ordnung bürgten. Bobos wenden mehr Zeit auf, um heruntergekommene Schätze zu restaurieren, alte Strukturen zu renovieren und alte Gebäude zu erhalten, als Neues auf die Beine zu stellen und Experimente zu wagen. Jedes dritte Bobo-Auto scheint einen Aufkleber mit »Rettet die –«, »Rettet das –« zu schmücken. Bobos retten alte Theater, alte Stadtviertel, alte Fabriken und Warenhäuser oder auch historische Speisewagen. Wenn sie einem neuen Gebäude zustimmen, muss es sich mindestens an die alten angleichen. Sie debattieren über den Erhalt des Regionalcharakters, bekämpfen Zersiedlung und ungeregeltes Wachstum, während sie gleichzeitig die »Lebensqualität« beschwören. Auch da reden sie dem Erhalt der Ordnung und der Stabilität das Wort und wollen die Selbstkontrolle der Gemeinschaft wiederherstellen.

Autorität im Kleinen

Das größte Augenmerk der Bobo-Politik aber gilt der Wiederherstellung der Autorität im Kleinen. Bobos haben kein großes Interesse daran, die staatliche Autorität durch bedeutende Manöver zu sichern. Anders als vor hundert Jahren scheint die Parole Dekonsolidierung zu heißen. Wohlhabende Amerikaner machen heute – wie die Amerikaner überhaupt – keine Anstalten, sich in große politische Abenteuer zu stürzen wie einen neuen Krieg gegen die Armut oder einen großen konservativen Kampf gegen den kulturellen Niedergang. Bobos schätzen ganz besonders politische Handlungen auf lokaler Ebene, wo man von Mensch zu Mensch spricht und Debatten weniger ideologisch aufgeheizt sind. Wenn es um Probleme des Landes wie Armut und Bildungsdefizite geht, setzen Bobos eher auf eine Umkehr der Entwicklung: Dezentralisierung und Rückgabe der Macht an die niedrigste Instanz. Damit kann jedes Mitglied der Gemeinde oder jede Gemeinde selbst ihre eigene Lösung finden, ohne sich in scheinbar fruchtlosen Grundsatzdiskussionen aufzureiben.

Autorität im Kleinen wird vermittelt, sie wird einem nicht auferlegt. Sie ist eine Art fortwährender sanfter Zwang, den auch gute Eltern und Nachbarn ausüben: Sei höflich, wenn du jemandem vorgestellt wirst, wirf im Park nichts weg, schwindle nicht, trage den schwer Beladenen den Koffer, tröste die Traurigen und ermutige den Unsicheren. Diese Art von Autorität hat nichts mit Vorschriften und Gesetzen zu tun; es geht dabei vielmehr darum, Muster, Verhaltensweisen und Zusammenhänge zu etablieren und zu erzeugen, in denen Menschen aller Wahrscheinlichkeit nach individuelle Verantwortung übernehmen. Das bedeutet ganz konkret, neue Nachbarn mit einer Party willkommen zu heißen oder ehrenamtlich im Jugendzentrum zu arbeiten, damit sich die Jugendlichen ernst genommen fühlen. Dazu gehört auch so Triviales wie, dass im Supermarkt ein Topf mit Pennies steht, wenn jemand an der Kasse einen braucht. Es kann aber bedeuten, dass im Zuge der »neuen Urbanierung« Nachbarschaftsprojekte entstehen, die dafür sorgen, dass immer jemand die Straße im Auge hat, die Leute aufeinander aufpassen und selbst darüber wachen, dass der Verhaltenskodex eingehalten wird.

Autorität im Kleinen ist die wahre Versöhnung, der dritte Weg zwischen dem exzessiven Individualismus und der unerbittlichen Autorität von oben. Dabei handelt es sich nicht um ein Phänomen aus der Physik, etwa wenn ein Körper Druck auf einen anderen ausübt. Es ist eher ein biologisches Phänomen – alle Mitglieder des Ökosystems üben einen allmählich wachsenden, sanften Druck aufeinander aus, damit das ganze Netzwerk gut funktioniert.

Genau diese Art von sozialem Druck stieß die alten Bohemiens ab, und zwar so sehr, dass sie aus den kleinen Städten flohen, um in den großen Anonymität und Freiheit zu suchen. Aber heute suchen die meisten Bobos Gemeinschaft und Kontrolle, nicht Freiheit und Unabhängigkeit. Sie sind in dieser Hinsicht zu Konservativen geworden.

Konservative in Jeans

Ich meine nicht, dass die Angehörigen der gebildeten Schicht hemmungslose Konservative geworden sind, wie die Republikanische Partei sie versteht. Das wären Leute, die weniger Steuern zahlen und den Einfluss des Staates zurückdrängen wollen sowie einen größeren Verteidigungshaushalt fordern (obwohl viele Bobos diese Ziele bestimmt unterstützen). Die Bobos verbindet eher eine altmodischere Art von Konservatismus, der bei ihnen – wie alles andere auch – eher eine Grundstimmung als eine Ideologie ist. Fast immer lehnen sie große, aus der Vernunft geborene Pläne ab, da sie die Welt für zu kompliziert halten, als dass sie dauerhaft durch die Absicht eines einzigen Menschen veränderbar wäre. Sie sind zwar eine Elite, deren Fundament gute Bildung ist, doch haben sie etwas gegen die Hoheit von Gutachten.

Ihnen scheint fast schmerzhaft bewusst zu sein, wie wenig sogar die größten Geister über die Welt wissen und wie komplex die Wirklichkeit ist, gemessen an unserem Verstand. Sie wissen – durch politische Ereignisse wie den Vietnam-Krieg –, aber, dass technokratische Entscheidungen fürchterliche Ergebnisse zeitigen können, wenn man lokale Gegebenheiten dabei vernachlässigt. Sie wissen – durch das Scheitern der Planwirtschaften in Osteuropa –, dass komplexe Systeme sich nicht von einem Zentrum aus lenken lassen. Erkenntnistheoretisch sind sie also durchaus bescheiden: lieber die nicht ganz perfekten Institutionen erhalten, die ihren Nutzen bewiesen haben, als mit unerprobten Visionen ein Risiko eingehen. Bobos haben gelernt, dass der Rückstoß von Revolutionen heftig sein kann und bei Gesellschaftsreformen der stetige langsame Wandel am besten ist. Viele Bobos würden es meilenweit von sich weisen, konservativ zu sein, aber gerade die in Birkenstock-Schuhen und mit Pferdeschwanz sind die Konservativsten von allen. In Berkeley oder Burlington, Vermont, stößt man auf diese Art von Konservatismus, die aus dem Liberalismus hervorgegangen ist.

Was die Bobos erreicht haben

Es ist zum großen Teil dem Bobo-Establishment zu verdanken, dass wir in einer Zeit relativen sozialen Friedens leben. Die politischen Parteien, jedenfalls die großen, haben sich zur Mitte hin orientiert. Zum ersten Mal seit den Fünfzigerjahren gibt es zwischen ihnen keine grundlegenden ideologischen Unterschiede mehr. An den Universitäten ist es ruhig geworden: keine wütenden Proteste mehr. Das intellektuelle Leben ist vielfältig, doch Radikalismus von links oder rechts ist hier nicht gerade auf dem Vormarsch. Die leidenschaftlichen Töne sind verstummt. Washington ist ein wenig langweilig geworden. (Ich kann das beurteilen. Ich lebe dort.) Die vergangenen dreißig Jahre haben schmerzhafte soziale Veränderungen mit sich gebracht. Vielleicht braucht unser Land jetzt einfach ein bisschen Ruhe, damit sich die neuen gesellschaftlichen Normen stabilisieren können und der Bobo-Konsens greift.

Es scheint also so weit zu funktionieren. Viele der Probleme, die sich in den Sechziger- und Siebzigerjahren epidemieartig verschlimmerten, sind verschwunden. Es gibt weniger Verbrechen, weniger Scheidungen, weniger Abtreibungen, es wird weniger Kokain und von Jugendlichen weniger Alkohol konsumiert, und auch die Promiskuität ist in dieser Altersgruppe zurückgegangen. Die Wirtschaft, die man sich nicht losgelöst von ihrer Kultur vorstellen kann, feiert einen Erfolg nach dem anderen.

Die Bobos können stolz sein auf den Beitrag, den sie zur Entwicklung ihres Landes geleistet haben. Wo immer sie sich breit machten, ist das Leben angenehmer geworden (zumindest für die, die es sich leisten können). Die Geschäfte sind interessanter. Das Angebot in den Lebensmittelgeschäften und Restaurants ist bei weitem besser und reichhaltiger. In den Gemeinden gibt es genügend Treffpunkte und Versammlungsräume. Die Wohnungen sind heute weniger formell und viel gemütlicher. Obendrein haben die Bobos den amerikanischen Kapitalismus zu seinem Vorteil verändert. Die Bobo-Geschäftsleute haben einen Arbeitsstil etabliert, der auf Kreativität, flache Hierarchien, Flexibilität und Offenheit setzt. Der unvergleichliche Erfolg der amerikanischen Informationstechnologie im vergangenen Jahrzehnt lässt sich einfach nicht wegdiskutieren.

Auch das intellektuelle Leben hat Verbesserungen erfahren. Sicher ist eine gewisse Intensität verloren gegangen. Wenige Menschen leben noch so für ihre Ideale wie früher die Autoren der *Partisan Review*. Dafür stehen die heutigen Karriere-Intellektuellen mit beiden Beinen auf der Erde, und diese »Erdung« bringt es mit sich, dass sie weniger abwegige Vorstellungen von der Welt haben als ihre Kollegen in der Vergangenheit. Nur noch wenige fallen auf Utopien wie zum Beispiel den Marxismus herein oder vergöttern Revolutionäre wie Che Guevara. Im Großen und Ganzen sind vernünftige und weltläufige Intellektuelle wohl besser als leidenschaftliche, aber destruktive.

Auch die Freizeit macht heute mehr Spaß. Zwar ist Ökotourismus im Regenwald und das Entspannen in der Toskana immer für Witzchen gut, aber letzten Endes ist nichts gegen die Suche nach bedeutenden Erfahrungen zu sagen. Und schließlich haben die Bobos eine gesunde Balance zwischen zügelloser Sexualität und strengem Puritanismus gefunden. Sie haben sexuelle Aktivitäten domestiziert, so dass diese ohne größere Gefahr für die gesellschaftliche Ordnung ausgeübt werden können. Das ist ebenfalls keine gering zu achtende Errungenschaft.

Wenn wir noch einmal kehrtmachen und einen Blick auf die Vielfalt im Handeln und Denken der Bobos werfen, finden wir ein paar Dinge, über die man lachen kann, aber auch ein paar, die einfach wunderbar sind. Die Bobos haben damit begonnen, ein System von Werten und Moralvorstellungen zu schaffen, die im neuen Jahrhundert funktionieren könnten. In der Bobo-Welt lässt es sich leben.

Danksagung

Ich hatte bereits für mehrere Magazine über die neue Mainstream-Kultur geschrieben, bevor mir auffiel, dass sich dieses Thema für ein Buch eignete. Für den *Weekly Standard* hatte ich über die Asymmetrie zwischen Einkommen und gesellschaftlichem Ansehen, über die Kapitalisten der Subkultur, Latte-Städte und Umweltaktivisten mit Handys geschrieben. Teile davon finden sich auf diesen Seiten wieder. Bill Kristol, Fred Barnes und John Podhoretz bin ich zu Dank verpflichtet, weil sie mir Mut machten, über diese Themen zu schreiben. Zudem möchte ich die Gelegenheit nutzen, ihnen endlich einmal zu sagen, wie dankbar ich ihnen bin, dass sie den *Standard* gegründet und mich und zahlreiche Freunde gebeten haben, für sie zu arbeiten. Die vielen Stunden, die wir Woche für Woche gemeinsam im Büro gesessen und geplaudert haben, zählen zu den schönsten in meinem Leben.

Es gibt noch ein paar andere Verleger, denen ich danken möchte. Der Beitrag über die Hochzeitsseiten der *Times* erschien in anderer Form zuerst im *City Journal* und ich danke hier vor allem Myron Magnet.

Meinen ersten Ausflug in das Reich des Überflusses begleiteten Brian Kelly und Steve Luxenberg, die bei der

Washington Post für die Rubrik »Outlook« zuständig sind. Danken möchte ich auch Henry Finder und Susan Morrison vom *New Yorker*. Für sie verfasste ich Beiträge über Kultur und Kommerz, als ich mir meines Buchprojekts bereits sehr sicher war. Ihre beiläufigen Anmerkungen flößten mir immer wieder Respekt ein. Sie kannten so vieles, von dem ich nichts wusste, und sie entdeckten Muster, die mir niemals aufgefallen wären. Die Abschnitte über Handwerk und Restaurierungsarbeiten basieren auf Arbeiten, die ich in ihrem Auftrag schrieb.

Auch von vielen anderen Menschen erhielt ich Unterstützung. Allen voran von Erich Eichman, Dan Casse und John Podhoretz, die das Manuskript lasen und mir wertvolle Tipps gaben. Michael Kinsley und Jack Shafer gewährten mir einen Einblick in das Leben in Seattle, und Mike nahm mich sogar mal mit zum Campen. John Baden verriet mir, was man in Montana tun und lassen kann. Irving Kristol verdanke ich den Hinweis auf César Granãs Buch *Bohemian versus Bourgeois*, das meinen Gedanken den richtigen Schliff verlieh. Tori Ritchie vom *San Francisco Magazine* öffnete mir die Augen für die ganze kulturelle Bedeutung der Küche. Mit meinen Agenten Glen Hartley und Lynn Chu bin ich nun schon seit mehr als zehn Jahren befreundet. Ihr Einsatz für mich ging immer weit über das rein Geschäftliche hinaus. Marion Maneker ist die Lektorin, die dieses Buch für Simon & Schuster akquiriert hat. Ich bewundere ihre Fähigkeiten. Als sie zu HarperCollins wechselte, hatte ich das Glück, mit Alice Mayhew weiterarbeiten zu dürfen. Kein Autor könnte sich ein verständnisvolleres Lektorat erhoffen! Sie schien jedes Wort auf die Waagschale zu legen, und ihre Anmerkungen veränderten das Manuskript im Großen wie im Kleinen.

Und schließlich ist da noch meine Familie. Meine Eltern zogen nach Wayne, Pennsylvania, weil Lewis Mumford der Meinung war, dass es sich in den Vorstädten aus der Zeit vor dem Ersten Weltkrieg am besten leben ließe. Als Schüler empfand ich die Gegend als bürgerlich und reaktionär – und das war sie auch. Aber jetzt hat sich diese Gegend verändert – wie auch ich mich verändert habe –, und ich weiß Wayne heute als Gemeinde sehr zu schätzen. Ich danke meinen Eltern und meinem Bruder Daniel für die glückliche Zeit, die wir dort verlebten. Der größte Dank jedoch gebührt meiner Frau Jane und unseren Kindern Joshua, Naomi und Aaron für die Nachsicht, die sie mit mir hatten, als ich mich im Keller verkroch, um dieses Buch zu schreiben.